인 권 을 위 한 강 의

편견을 넘어 평등으로

편견을 넘어 평등으로
인권을 위한 강의

초판 1쇄 발행 • 2006년 2월 10일
초판 5쇄 발행 • 2019년 9월 9일

엮은이 • 김동춘 한홍구 조효제
펴낸이 • 강일우
편집 • 신채용 안병률 권나명 황문정
미술·조판 • 윤종윤 한충현
펴낸곳 • (주)창비
등록 • 1986년 8월 5일 제85호
주소 • 10881 경기도 파주시 회동길 184
전화 • 031-955-3333
팩시밀리 • 영업 031-955-3399 편집 031-955-3400
홈페이지 • www.changbi.com
전자우편 • human@changbi.com

ⓒ 인권평화센터 2006
ISBN 978-89-364-8532-0 03330

편견을 넘어 평등으로

인권을 위한 강의

김동춘 · 한홍구 · 조효제 엮음

창비

이 책은 우리의 젊은이들에게 인권을 친근하게 소개할 목적으로 마련되었다. 오늘날 한국사회에서 가장 많이 쓰이고 있는 화두로 '인권'을 꼽는 데 주저할 사람은 많지 않을 것이다. 그러나 막상 인권이란 무엇인가 하는 원론적인 질문에 대해 답하기는 간단하지 않다. 더구나 인권에 대해 독자의 눈높이를 고려해 자상하게 알려줄 수 있는 입문서를 찾기도 수월하지 않다. 많은 이들이 인권을 접할 수 있는 적절한 수준의 도서를 물어오지만 그런 책을 쉽게 접하기 어려웠던 게 사실이다. 이 책의 필자들은 바로 이러한 사정을 이해하고 그것에 작은 도움을 주기 위해 원고를 집필했다. 물론 서점에 나가보면 인권을 다룬 책들이 없지는 않다. 그러나 시중의 다른 인권서들과 비교해서 본서의 특징을 꼽자면 다음과 같은 점을 들 수 있을 것이다.

우선, 인권의 총론과 각론을 모두 다루려고 노력했다. 인권이 왜 필요한지, 인권문제가 왜 발생하는지, 인권을 철학·문명사적으로 어떻게 보아야 하는지 등 사회·문화적 맥락을 고려한 바탕 위에서 인권의 의미를 찾은 다음, 각 분야별 인권이 어떻게 작동하는지를 살폈다. 인권서들이 흔히 총론에 치우치거나 각론만 다루는 경향이 있는 것에 비추어 이 책은 총론과 각론이 균형있게 취급된 책이라 할 수 있을 것이다.

둘째, 이 책을 읽을 한국의 독자들을 염두에 두고 기획했다. 인권은 '보편화'의 경향을 띤다는 점에서 '보편성'을 지향한다고 이야기되지만 그것이 실제 적용되는 것은 언제나 구체적이고 특정한 현실을 전제로 한다. 따라서 이 책에 실린 대부분의 글은 오늘날 이 땅의 인권상황을 바탕에 깔고 인권이 실제로 의미있게 추구될 수 있는 방법을 모색했다.

셋째, 이 글의 필진들은 모두 인권을 이론으로뿐만 아니라 실천의 영역으로 소중히 다루어야 한다는 점에 공감하면서 이 책을 준비했다. 필진 중에 실제 인권현장에서 치열한 활동과 경험을 통해 인권의 현실성에 남다른 통찰을 가진 분들이 많다는 것도 이 책이 내세울 수 있는 장점이라 할 것이다. 따라서 이 책을 통해 젊은이들이 현실의 척박함과 인권현장의 고민, 그리고 인권의 가치를 머리뿐만 아니라 가슴으로도 느낄 수 있도록 최선을 다했다.

원래 이 책은 성공회대학교 '인권평화센터'가 대학교 새내기 학생들의 인권 교양강좌를 위해 기획하고 집필한 것이다. 성공회대에서는 모든 학과의 학생들이 인권·평화 영역의 과목을 필수적으로 수강하도록 하고 있다. 따라서 인권·평화 영역을 담당하는 선생님들이 중심이 되고 또 인권의 연구와 실천에 관심이 많은 여타 선생님들이 참여해 강의실에서 가르칠 학생들을 염두에 두고 책의 얼개와 내용을 마련했다. 각 장마다 교육현장에서 교과서로 바로 활용할 수 있도록 추천도서 목록, 생각해볼 문제 등을 수록했다. 따라서 학생들은 이 책을 인권공부의 초행길을 거처 더욱 깊이 있는 공부길로 나아가기 위한 가이드북으로 이용할 수 있을 것이다.

바쁜 일정 속에서 원고를 집필해주신 모든 필진들, 이 책의 출판을 기획하고 측면지원해주신 '인권평화센터'의 전 소장 김동춘 선생님과 현 소장 한홍구 선생님, 그리고 알찬 입문서로 꾸며주신 창비의 편집진 여러분께 진심으로 감사의 말씀을 드린다. 아무쪼록 이 책이 이 땅의 모든 젊은이들에게 인권에 대한 관심과 감수성과 열망을 불러일으킬 수 있는 자극제가 되기를 기대한다.

2006년 1월
성공회대 '느티아래'에서
모든 필진을 대신하여
조효제 씀

차
례

한국의 인권상황과 인권문제

김동춘

1. 한국의 인권 현실

오늘날 인권(human rights)은 한국은 물론 세계적으로 가장 중요한 화두로 등장하고 있다. 오랜 세월 한국의 지배층은 인권보다는 국가안보나 경제가 중요하다고 말해왔다. 그러나 이제는 "인권이 밥 먹여주냐"고 말하던 사람들이 '북한 인권'을 운운할 정도로 인권담론은 유행어가 되었다. 아직도 국가인권위원회의 비정규직 노동자 인권 개선안 제안에 대해 국회의원과 노동부 장관이 "비정규직 문제는 인권문제가 아니다"라고 맞받아칠 정도로 인권에 대한 우리 사회의 인식은 매우 낮은 수준에 있지만, 어떤 관료, 기업가 및 정치가들도 "먹고살기 바쁜데 인권 운운할 여유가 없다"고 노골적으로 말하지는 못하게 되었다.

인간으로서 누려야 할 권리가 인권이다. 인권은 우선 헌법에 의해 보장되어 있다. 한국의 헌법에는 "모든 국민은 인간으로서 존엄과 가치를 가지며 행복을 추구할 권리를 가진다"(제10조), "모든 국민은 법 앞에 평등하다"(제11조), "모든 국민은 신체의 자유를 가진다"(제12조)라고 인권보장

정신을 담고 있지만 동시에 "국가안전보장, 질서유지, 공공복리"를 위해 기본권을 제약할 수 있다는 것도 밝히고 있다. 그러나 오랜 군사독재를 거치면서 법이 농단당하는 것을 지켜봐온 한국인들은 사실 헌법에 별로 관심이 없다. 그래서 법, 사법제도가 인권을 보장한다고 믿는 한국사람은 거의 없다. 사실 한국에서 인권을 좌우하는 것은 법 이전에 정치·사회적 관습과 가치관 등이다. 바로 이런 이유 때문에 한국과 세계에서 법치는 멀고, 인권문제의 심각성은 결코 완화되지 않으며, 인권문제 해결을 위한 방법론, 이론적 논의는 여전히 초보적인 수준에 있다.

지난 시절 한국은 국제사회로부터 인권침해 국가의 오명을 뒤집어쓴 바 있었다. 한국의 전통사회와 일제 식민지 시기, 그리고 분단상황은 모두 인권제약의 시대였다. 봉건적·신분적 차별과 억압, 남존여비문화가 지배한 전통사회에서는 소수의 특권층을 제외하고는 모두가 무권리 상태에 있었다. 일본의 군국주의 파시즘이 지배한 식민지 시기에는 조선인 모두가 정치·경제·문화적 억압을 받았으며 육체적·정신적 노예상황에 있었다고 볼 수 있다. 해방과 더불어 한국사회도 본격적으로 인권과 민주주의를 구가할 수 있는 초보적인 조건을 갖추게 되었다. 그러나 범세계적 냉전·반공체제의 형성과 남북한의 분단, 전쟁은 이러한 가능성을 현실화시키는 데 제약조건으로 작용했다. 결국 이후 한국의 인권문제는 가부장주의 유산과 더불어 남북분단과 자본주의 산업화라는 두 조건에 의해 결정적으로 좌우되기에 이르렀다.

지난 1997년 오랜 세월 동안 정치적 박해를 받아온 김대중이 대통령이 됨으로써 한국은 가장 모범적인 인권국가로 거듭날 수 있을 것으로 기대를 모았다. 그러나 오늘의 싯점에서 볼 때 두 문민대통령의 집권을 거치면서도 한국의 인권상황은 별로 진척되지 않았다는 비판이 많다. 1999년 3월에서 5월 사이 국제사면위원회에서는 한국을 인권상황 개선을 위한 집중 캠페인 대상국으로 선정하고 대사관을 항의 방문하는 등 여론을 조성하기도 했다. 물론 김대중 정부 들어서 국가인권위원회의 설치, 의문사진상규명위원회의 활동, 제주도 4·3 사건 관련 특별위원회의 구성 등 뚜렷한 진전이 있었던 것이 사실이다. 그러나 검찰에 의한 피의자 고문치사사건이 발생하는 등 구시대적인 인권침해는 근절되지 않았다. 시위진압중 폭력·모욕·추행 등 공권력에 의한 인권침해가 여전히 자행되는 가운데, 외환위기 이후 빈부격차가 심각해지고, 다수의 노동자가 비정규직화되고, 외국인 노동자가 대량으로 유입되면서 노동자의 권리는 여전히 심각한 제약을 받고 있다. 의식주를 완전히 해결하지 못하는 빈곤층의 낮은 사회·경제적 권리 및 외국인과 사회적 약자에 대한 차별문제 등도 심각하게 논의되고 있다. 그뿐 아니라 환경권, 여성과 아동의 권리, 동성애자의 권리, 인터넷 통신 검열문제 등 과거에는 별로 심각하게 고려하지 않았던 새로운 인권문제가 계속 제기되면서 오늘의 한국은 세계인권규약에서 정하는 시민적·정치권 권리가 아직 완전히 보장되지 못한 채 사회·경제적 인권문제가 좀더 심각해지고 있으며, 더 나아가 소수자문제 등 새로운 인권영역이 이것들과 공존하는 양상을 보여주고 있다.

2. 한국 인권문제를 보는 시각

인권문제를 둘러싸고 많은 이론적 논쟁이 있다. 그중에서도 개인의 권리, 즉 개인의 독자성과 책임을 강조할 것인가, 공동체의 집단적 책임을 강조할 것인가(개인주의와 공동체주의), 인권은 진정으로 보편적이며 강제할 수 있는 성질의 가치인가, 서구적 인권개념이 보편적이며 인권에 관한 한 서구는 동아시아를 비롯한 후발국가의 모델인가(보편주의와 문화적 상대주의), 자본주의 혹은 근대국가체제와 인권은 어떠한 함수관계를 갖고 있는가(근대성과 인권), 국가의 주권은 인권에 우선하는가(주권과 인권), 인권은 민주주의 혹은 시장경제제도, 재산권 보장체제와는 어떠한 관계에 있는가, 세계화·정보화 사회에서 인권개념은 어떻게 변화되고 있으며, 전통적 인권문제와 새롭게 제기되는 인권문제에는 어떠한 것들이 있는가 등의 이론적 쟁점은 이제 한국사회에서도 자주 거론되고 있다. 이에 비해 현대 한국사회에서의 인권침해 실태는 어떠하며 그것을 어떠한 철학과 전망, 정책적·사회적 대안을 갖고서 해결해나가야 할 것인지에 대한 논의는 아직 초보적인 수준에 머무르고 있다.

인권개념은 분명히 근대화와 더불어 서구에서 온 것이다. 그러나 과연 서구의 계몽주의와 시민권 사상을 오늘날 한국의 인권문제 해결의 유일한 이론적 기반으로 삼는 것이 적절한가라는 의문이 제기될 수도 있다. 인권개념은 분명히 유럽 근대 사상가들의 자연법 이론, 칸트의 자유개념 등에서 출발했고, 이러한 원칙을 가장 중요한 사상적 기반으로 삼는다. 그러나 인권이 단순히 개인 차원의 '권리'의 문제로 국한될 필요는 없으며, 근대 유럽과 미국에서 발달한 자유주의/개인주의가 인간다움을 보장해주는 유일한 철학적·사상적 근거라는 보장도 없다. 인간은 상호책임·존엄성·신뢰 등 공동체를 유지하는 데 필요한 덕목이 유지되는 조건에서 오히려 온전한 인간성을 찾을 수도 있다.

따라서 인권개념은 서구의 전유물만은 아니다. 중국을 중심으로 한 동북아 문명권에서도 나름대로 인권사상이 발달했다. 유교의 인본주의, 민본주의(民爲邦本)는 피보호자로서의 '백성', 주체로서의 '개인'을 전제로 하는 점에서 서구의 근대적 인권개념과는 분명히 다르다. 그러나 서구의 근대적 인권개념이 인간의 이기심을 전제로 한 '최소한의 규범'이라고 한다면 동아시아의 도덕률은 '최대한의 도덕'에 가까운 것으로서, 법의 지배 혹은 최소한의 규범이 지켜진다는 조건에서는 반드시 이러한 덕성의 문제가 제기된다.

봉건 유교전통에서는 인격을 추구하는 존재로서의 군자, 선비, 양반을 중요시한다. 이는 이성적이고 자율성을 추구하는 개인으로서 서구의 근대적 인간관과는 다르다. 즉 유교문화권에서 인간 일반, 특히 여성, 백성, 노예 들의 인간다운 삶에 대한 배려는 존재하지 않는다. 이해의 다툼, 권리의 주장을 저열한 것으로 보는 사고에는 희생자들에 대한 고려가 설 자리가 없다. 즉 조화의 강요 속에서 개체의 억압이 존재하는데, 도덕이 법을 대체할 수 없는 현대사회에서 최소한의 규범은 반드시 필요하다.

한편 자유주의에 기초한 인권개념은 집단적 권리를 무시하며, 때로는 부르주아의 노동자 지배, 제국주의의 식민지 지배, 강대국의 약소국 침략을 정당화하는 논리로 사용될 수도 있다. 즉 국가의 권리, 국가의 안보, 국가경제, 성장이라는 집단주의 논리와 인권담론은 충돌하는데, 안보, 개발을 강조하는 이러한 집단주의는 분명 자유권 탄압을 합리화하는 측면이 있다. 또한 '인권 제국주의', 즉 서구 강대국이 자신의 패권을 강화하기 위해 인권담론을 활용할 수도 있다. 미 클린턴 대통령의 중국 비판, 과거의 카터 대통령의 박정희 비판, 이라크 북한 등 이른바 '악의 축'으로 지목된 국가에 대한 미국의 공격도 모두 이러한 논리에 기초해 있다. 1989년 천안문 사태 이후 유럽과 미국은 중국의 인권문제를 공격하면서 군사·경제적 제재를 가해왔는데, 최근 국력이 크게 신장한 중국이 미국을 향해 "너희나 잘해"라면서 '테러와의 전쟁'을 빌미로 한 미국의 인권침해에 대해 역공을 편 것도 이와 관련되어 있으며 미국이 제정한 '북한인권법'도 같은 맥락에 있다.

물론 그렇다고 해서 중국과 북한의 역공이 정당화되지는 않는다. 가족의 안전, 개인의 자유를 보장하지 않는 채 강조되는 인권 특수주의나 문화적 상대주의는 과거 한국의 독재정권이 그러하듯이 매우 위험하다. 인권 민주주의 절차를 존중하지 않는 집단주의나 민족주의는 언제나 인권탄압의 빌미가 된다. 그리고 개발권이 아무리 중요하다고 하더라도 사회구성원의 의식주문제를 해결하지 못하는 체제는 어떤 변명으로도 용납되기 어렵다. 이처럼 빈곤이 인간성의 실현을 제약하는 건 사실이다. 그러나 탈빈곤담론이 국가주의·성장주의 이데올로기로 변하고, 기업의 경영 및 자본축적 활동에 대한 피고용자의 무조건적인 복종만을 강요한다면 그 역시 비민주·반인권적이라는 비판을 면할 수 없다. 결국 추상적으로 제기되는 '인권'담론은 제국주의, 강대국의 자국이기주의를 정당화하는 정치적 수사로도, 독재·반민주·국가주의에 대한 저항의 무기로도 활용될 수 있다.

이러한 문제를 고려하더라도 근대성 혹은 근대 국가체제와 인권이 양립 가능한가, 혹은 근대 자본주의 경제 질서하에서 모든 사람의 인권이 보장될 수 있는가, 하는 문제는 남는다. 푸꼬(M. Foucault)를 비롯한 탈근대적 사고, 혹은 베버(M. Weber)주의적인 사고는 감시체제, 정보독점체로서 근대국가의 성격을 강조하며, 이러한 점을 주목하여 바우만(Z. Bauman)처럼 근대사회의 관료주의적 합리성과 대량학살(Holocaust)의 상관성을 지적하는 사람들도 있다. 한편 맑스주의자들은 시민권을 부르주아적 권리로 보며, 인권은 자유주의적인 담론이라는 점을 강조한다. 페미니스트들은 근대국가와 남성지배체제의 상관성을 강조한다. 그러나 국가 주권의 결여에서 초래된 생명과 안전 위협, 국가에 의해 저질러진 인권침해, 권위주의 가부장주의로 인한 차별이 명확하게 구분되는 것은 아니다. 예를 들면 일제하 성노예로 동원되었던 한국의 정신대 피해자들의 경우, 일본의 제국주의 국가권력에 의해 위안부가 되었지만, 일본 패망 후에도 한국사회가 이들의 고통을 인정해주지 않음으로써 이중으로 비인간화되었다고 볼 수 있으며, 분단 이후 미군기지촌 여성들의 처지도 이러한 각도에서 접근해볼 수 있다.

결국 제국주의 침략과 외생적 근대화를 겪어온 한국사회에서 인권문제는 일본 제국주의 침략의 역사, 이후 국가 건설과정에서의 한국전쟁과 군사주의, 현재에도 여전히 지속되는 가부장주의, 자본주의 산업화 등의 요소를 모두 고려해야만 제대로 접근 가능하다.

3. 안보국가(national security state), 국가지상주의와 인권

'인혁당' 관련자들이 처형당한 지 벌써 30년이 흘렀다. 선고 판결 이후 24시간 안에 관련자들이 모두 처형된 이 사건은 '사법살인'으로도 불려진다. 국가전복을 꾀했다는 이유로 인간으로서 가장 존엄한 권리인 생명권이 박탈된 대표적인 사례인 셈인데, 관련자 가족들은 다음과 같이 절규한 바 있다.

단란했던 가정들 행복했던 가정탑을 하루아침에 쑥대밭을 만들어놓고 선량한 가장들을 끌고 가 무슨 증거가 있다고 무기, 20년, 15년이라는 중형을, 과연 권력이 무엇이건데 떡 먹듯이 밥 먹듯이 간첩의 누명을 씌워놓는단 말입니까. 저희들은 가는 데마다 멸시와 천대를 받았으며 따돌림을 받았습니다. 그런데 어느 날 앰네스티에서 인혁당 가족들에게도 영치금을 준다는 소식을 들었습니다. 그런데 거기에 계신 목사님 말이 인혁당 가족에게는 중앙정보부에서 영치금을 못 주게 한다는 것입니다. 왜 무슨 이유냐고 물었더니 그 가족은 아내와 자식까지도 빨갱이라는 것입니다. (…) 이수병 씨는 사형장으로 끌려가면서 나는 인혁당이란 알지도 못한다, 가족이 보고 싶다 하면서 죽음을 당하였고, 우홍선 씨는 나는 너무 억울하여 말을 못하겠다, 나는 죄가 없다, 하면서 사형장의 이슬이 되었습니다. 문세광도 가족면회시키고 죽였다는데 이 사람들에게는 대법원 판결이 있은 지 24시간의 여유도 주지 않고 단 한번의 가족면회도 허락지 않은 채 사형장의 이슬을 만들도록 그 무

엇이 그리도 미웠단 말입니까. (한국기독교교회협의회 1986, 461~63면)

　인권에서 자유권보다 우선하는, 일차적인 권리가 생명권이다. 개인이 자신의 생명을 국가에 의탁할 수는 있어도, 국가는 적절한 이유 없이 국민의 생명을 박탈하거나, 그들의 신체에 고통을 가하거나 그들을 노예화할 수 없다. 그런데 한국에서는 '안보'의 이름으로 국가가 개인의 생명을 박탈한 일이 많았다. 근대 국민국가는 형식적으로는 모든 구성원에게 자신의 생명을 지킬 수 있는 권리를 포함해서 자유권을 부여한다. 따라서 자유권은 형식상으로는 신분·계급·이념·성에 의한 차별을 철폐한 조건 위에 수립된다. 한국의 경우에도 1948년 남한 단독정부의 수립과 헌법 제정은 일단 형식적으로는 우리 민족이 식민지 노예상황에서 벗어나 권리와 책임을 가진 시민으로 거듭날 수 있게 되었음을 의미했다. 그러나 한국의 국민국가가 실제 인권을 존중하는 정신에 기초하여 수립되었는가, 더 나아가 주권국가가 실제로 구성원에게 완전한 시민권 혹은 인권을 보장해주었는가,라는 좀더 근원적인 물음을 제기할 수 있다. 헌법 조항에 인민(people)이라는 보편적 용어 대신 일제의 유산인 '국민'이라는 용어가 채택된 것에는 개인을 권리의 주체로 보지 않고 국가에 복종해야 하는 존재로 본다는 암시가 깔려 있다.

　한국의 국민국가, 구체적으로는 이승만 정권, 각종 제도와 기구는 국민을 인격적인 존재로 대접할 수 있는 여건을 갖추지 못하고 있었다. 우선 한국이 미국의 냉전전략의 연장선에서 이뤄진 안보국가(national securiey state)였기 때문이다. 이것은 국가의 존립이 국민의 생존과 번영이라는 밑으로부터의 일차적 요구가 아니라 동북아에서의 공산세력을 저지한다는 전략적 목표를 앞세우고 수립되었다는 특징을 갖는다. 따라서 민주주의·시민권·인권·복지 등 근대 국민국가의 기본 가치는 부차적인 것이 되고 말았다. 이러한 조건에서 국가의 억압적인 법적 장치들은 일제 군국주의 파시즘의 것을 그대로 이어받게 되었다. 우리 민족을 완전히 노예화했던 일제하의 치안유지법이 국가보안법으로 이름을 바꾸어 부활했고, 계엄령이 그대로 적용되었으며, 억압의 대명사였던 일제의 경찰기구가 완벽하게 부활했다. 식민지 국가와 마찬가지로 분단된 국가도 '국가안보'를 일차적인 목표로 삼았다. 국민을 책임지거나 보호하기보다는 국민을 통제하려는 국가, 인권에 기초한 근대국가와는 거리가 먼 군주국가, 혹은 신격화된 국가가 된 것이다. 국가는 국민의 생명을 보호하는 존재가 아니었다.

특히 반공국가 수립과정에서 경찰 등 수사기관과 군부는 완전히 친일세력에 의해 독점되었다. 그리고 천황의 충복인 일본군대의 문화가 건국 이후 한국군대에 그대로 이어졌다. 이처럼 일제의 파시즘 지배체제에 협력하면서 민족의 독립을 방해하는 데 앞장섰던 세력이 건국 이후 억압기구를 전담했기 때문에 국민들을 멸시하는 일이 비일비재했고, 따라서 국가권력에 의한 인권유린은 피할 수 없었다. 특히 반공국가를 건설한다는 명분하에 이에 저항하는 사람들에 대한 고문·테러·구타가 만연했다.

그러나 한국전쟁은 모든 한국인들을 사실상 무권리 상태에 떨어뜨렸다. 우선 전쟁 직전부터 남한 내에서 정치적 갈등이 극한에 도달하면서 상호간에 폭력과 테러가 난무했으며, 대한민국 정부는 1948년 제주 4·3 사건과 여순사건을 빌미로 국가보안법을 제정했다. 게릴라 토벌작전 과정에서 수많은 무고한 민간인들이 살상되었다. 한국전쟁이 발발하면서 개인의 생명을 법에 의해 보호받을 수 있는 조그마한 가능성도 사라졌다. "빨갱이는 무조건 포살해야 돼"라는 이승만의 명령은 구체적으로는 전쟁 발발 직후 "비상사태하의 범죄처벌에 관한 특별 조치령"으로 구체화되어 반국가 사범으로 지목된 사람은 단심으로 처형할 수 있게 되었다. 그리고 전쟁으로 계엄령이 전국적으로 확대되면서 민간과 군인의 경계가 사라지고, 모든 '의심스러운' 민간인이 '적'으로 취급되었다. 전국

적으로 수많은 국민보도연맹원과 형무소에 수감된 미결수 정치범들이
적법한 절차 없이 처형되었으며, 1950년 9·28 서울수복 이후에는 부역자
로 지목된 사람들이 법적 절차 없이 처형되었다.

국민보도연맹(國民保導聯盟)
해방후 1949년 4월 21일 이승만 정권이 정권유지를 위해 고안해낸 좌익
포섭, 통제단체였다. 조직명칭은 "보호하여 지도한다"는 뜻인데, 실제로는 좌
익을 색출하고 전향시켜 국가의 일상적인 통제하에 두겠다는 취지였다. 이
것은 일제말의 대화숙(大和塾), 사상보국연맹(思想報國聯盟)에 그 뿌리를 두
고 있다. (김기진 2002, 19~22면)

한국전쟁이 종료된 후에도 한국정부, 군과 경찰에 의한 정치범 혹은
좌익 관련자 및 가족들에 대한 탄압과 차별은 지속되었다. 특히 한국전
쟁을 거치면서 60만으로 비대해진 군부는 결국 정치권력을 장악하는 데
성공했으며, 점차 개인의 자유를 제한해나가다가 유신체제를 수립한 후
에는 정치적 반대세력은 물론 모든 민간인을 권력에 일방적으로 복종하
도록 강제했다. 10월 유신 후의 한국은 그 자체로 거대한 감시사회였다.
남한 내의 자생적 '좌익'에 대한 국민적 경계가 일상화되었다. "의심나면
다시 보자" "침투간첩 잡아내어 적화야욕 분쇄하자"는 표어들은 온 국민
을 감시요원으로 만들었으며, 나아가 모든 국민을 의심할 수 있는 분위
기를 조성했다. '국민총화(國民總和)'라는 개념으로 집약된 70년대의 국
민개념은 국민구성원 사이의 분열을 용납하지 않는 파시즘적인 측면을
갖고 있었다.
특히 1974년 긴급조치 1호 이후의 한국은 인권에 관한 한 암흑시대였
다고 볼 수 있다. 우선 자유민주주의의 기본원리인 집회·청원의 자유가
제한되었으며, 약간이나마 보장되던 노동3권이 사실상 사문화되었다.

사상·언론·양심·표현·학문·예술의 자유도 억압되었다. 극단적인 반공사상과 군사문화, 성장지상주의는 국가안보의 이름으로 개인의 생명과 자유를 박탈할 수 있는 힘을 갖게 되었다. 그리고 반공법과 국가보안법이 긴급조치라는 초법적인 명령과 더불어 반정부사범이나 과거 사회운동 경력을 가진 사람들을 좌익으로 몰아서 법의 이름으로 살해했다. 앞에서 언급한 인혁당 사건, 살인적인 사상전향 공작 등은 현대 한국사회에서의 인권말살을 상징적으로 보여준 사건들이다.

한국전쟁 이전과 이후에도 개인의 권리를 가장 심각하게 제약한 초법적인 조치는 계엄을 비롯한 국가비상사태(state of emergency) 선포였다. 20세기 인권의 역사는 국가가 각종 사건을 빌미로 이러한 비상사태를 선포하고 인권을 제약해온 역사라 할 수 있는데, 일제 식민지하, 미군정, 그리고 전쟁중, 전쟁후 7,80년대까지 한국의 군부도 계엄령·긴급조치 등을 선포하고 정치범을 체포·구금·학살했다. 물론 헌법에 "전시·사변 또는 이에 준하는 국가비상사태에 있어서 병력으로써 군사상의 필요에 응하거나 안녕 질서를 유지할 필요가 있을 때" 대통령은 계엄을 선포할 수 있다(제77조)고 되어 있으나 국가긴급권의 요건을 명백하게 하지 않을 경우 이것은 국민의 기본권을 심각하게 제약할 수 있는 독소로 작용할 수 있고, 실제로 지난 7,80년대에 남발된 계엄령이 어느 정도 적법한 것이었는지는 논란이 될 수 있다. 80년 5·18 광주학살사건도 바로 비상계엄하에서 일어났다는 점을 상기할 필요가 있다. 한국의 국가권력은 여전히 의회의 동의를 거치지 않고서 이러한 긴급권을 발동할 권한을 갖고 있으며, 국가의 이러한 강대한 권한은 곧 인권이 언제나 심각하게 제약될 수 있다는 사실을 분명하게 보여준다.

한국의 국가는 억압적 기구를 통해서뿐만 아니라 각종 제도를 통해서도 국민들을 감시·통제하고 있다. 물론 기든스(A. Giddens)가 말했듯이 모든 근대국가는 주민을 일상적인 감시하에 두는 경향이 있는데, 한국의 경우 조직으로는 군사정권이 수립한 국정원(중앙정보부·안기부), 제도로는 주민등록제도에 전형적으로 나타나고 있다. 한국에서 주민등록제도만큼 한국국민의 성격과 지위를 잘 보여주는 제도는 없을 것이다. 현재의 주민등록제가 처음 실시된 1962년에는 말 그대로 주거등록, 즉 본적지에서 30일 이상 이탈할 경우 신고의무를 부과하는 수준이었으나, 점차 이를 강화해 모든 대한민국 국민에게 이름·성별·생년월일·주소·본적을 시·읍·면에 등록하게 했고, 급기야 세대별 주민등록표가 아닌 개인식별 코드가 부여된 개인별 주민등록증을 발급했으며, 75년 3차 개정 때 "안보태세를 강화하기 위하여 주민등록을 거주 사실과 일치시키고," 민방위대, 예비군, 기타 국가의 인적 자원을 효율적으로 관리하기 위하여 사법경찰관리가 간첩색출, 범인체포 등 그 직무를 수행함에 있어서 주민의 신원과 거주관계를 확인할 필요가 있을 때는 언제나 주민등록증 제출을 요구할 수 있도록 했다. 한국의 주민등록제도는 전 국민에게 강제되는 거주지 등록제도, 고유 불변의 번호를 부과하는 고유번호제도, 지문날인제도, 모든 성인에게 강제 발급하는 국가신분증제도이기도 하다. 주민등록제도는 생활공동체와 동떨어진 호적제도에 기초하여 개인별 식별 번호를 부과한다. 따라서 현재 지구상에서 존재할 수 있는 가장 완벽한 국가의 주민관리체제라 할 수 있다.

통치자의 입장에서 본다면 국민을 통제하는 데 이보다 더 완벽하고 효율적인 장치는 없다. 그러나 국민의 입장에서 본다면 이것은 사실상 '국민등록제'로서 온 주민을 국가에 복종해야 하는 '국민' 그리고 호주(戶主)의 통솔하에 있는 가족구성원으로 자리매김하고, 국가와 가족제도 밖의 주민은 대한민국 국민으로서의 권리를 인정받기는커녕 온갖 불이익을 감수해야 하는 가공할 만한 국가통제기제이다. 한국국민은 거주자 증명을 통해 자동적으로 국민이 되는 것이 아니라 '간첩' 혹은 '용공분자'가 아니라는 것을 언제나 입증해야만 국민이 된다. 아직도 길거리에서 행해지는 경찰의 불심검문이 바로 그 예이다. 공식석상에서 한국인들은 충성된 국민이라는 것을 끊임없이 서약해야 했다. 이 충성의 서약은 60년대부터 시작되어 70년대에 들어서 정점에 이르렀다. 국민교육헌장 및 공식행사에서의 국기에 대한 맹세 암송, 매일 오후 5시 하기식에서의 행동 정지와 국가에 대한 경례가 그것이다. 국민에 대한 충성서약은 앞의 주민등록제도처럼 안보와 간첩식별의 목적하에 정당화된다. 그것은 한국이 사실상 전시체제와 '총력' 국가안보체제에 놓여 있다는 상황논리에 의해 뒷받침되고 있는 셈이다.

전쟁과 유사한 상황에서 국가는 자신과 경쟁하는 국가 내의 다른 사회집단이나 국가에 위협을 가할 수 있는 모든 대항집단을 없애버리려는 경향이 있다. 그 다음 국가는 국민들에게 맹목적이고 배타적인 충성을 요구한다. 이제 전지전능한 신이나 다름없는 국가를 거역하는 자는 전근대 시절의 반역자와 같은 취급을 받았다. 국가의 주권이 국민에 기초하고 있다는 근대국가의 이상은 헌법의 조문에만 남아 있을 뿐이다. 주민등록증이 도입되던 싯점에 우리 농민들은 새마을운동의 일환이었던 당국의 '지붕개량 사업'을 거부할 자유도 없었고, '통일벼가 아닌 다른 벼를 심을 권리'도 갖지 못했다. 주권의 대행자인 대통령은 백지위임장을 부여받은 존재처럼 국민 위에 군림했다. 사실상 국민들은 국가의 불법행위를 고발하거나 그에 대해 저항할 권리도 갖지 못했다.

7,80년대 민주화운동 및 노동자의 분규와 저항을 통제하는 데 가장 빈번하게 동원된 논리가 바로 '빨갱이'담론이었다는 점을 주목할 필요가 있다. 즉 국가건설기의 '강압적 국민형성'의 논리는 7,80년대는 물론이고 심지어 90년대 이후의 국가 내 비판세력에 대해서도 그대로 관철되었다. '황국신민'임을 거부하는 '조선인'들에게 가해지던 일제 총독부의 철퇴, '국민'보다는 민족논리를 선호하던 '회색분자'들에게 가해진 반공국가의 폭력, 이웃의 '불순분자'는 물론 심지어 가족구성원도 신고하지 않

으면 '불고지죄'로 처벌하는 극우 파시즘의 논리가 한국인의 자유권과 생명권을 제약해왔다.

4. 자본주의 산업화와 인권

그동안 우리 국민들은 '배고픔'을 해결할 수 있다는 구호 아래 인간으로서의 권리를 포기해왔다. 그래서 노동자라는 개념 대신 '근로자'라는 용어가 선호되었다. 민주주의와 인권의 가치를 존중한다는 '국민의 정부'가 들어선 후에도 노동자들은 여전히 '이등 시민' 혹은 '시민 아래 시민'으로 취급되었다. '경제 살리기'의 명분하에 노동자들의 소규모 집단 행동이나 파업행동도 탄압의 대상이 되었기 때문이다.

1999년 1월 19일 오전 현대 석유화학 노조사무실에 들어온 회사 측 인사부 직원과 용역 경비직원들에 의해 회사 측의 징계에 맞서 농성을 준비하던 노조대의원들이 강제로 끌어내려지고 쇠파이프로 무장한 이들에 의해 사무실의 기물이 파손되었다. 회사 측은 단체협약에도 명시되어 있지 않은 '사조직 결성' '기초질서 문란' 등의 사유를 들어서 정직 2개월의 징계를 하는 등 인사권과 징계권을 무조건 휘둘렀다. 조폐공사 노동조합의 경우 경찰력을 투입하여 1월 7일 조폐공사에 중대 1천명의 경찰병력을 투입하여 노조원 150명을 강제해산하고 조직국장 등 3명을 연행하였다. 태광산업, 대한화섬의 경우에도 구사대 1천명이 전경 2개 중대와 합작하여 각목과 쇠파이프 등을 흔들며 조합원 15명을 연행해 갔다. 이 폭력 사태로 조합원 10여명이 갈비뼈, 코뼈가 부러지는 중상을 입고 병원에 입원하였으며 여성 조합원의 옷을 찢고 유린하는 등의 성폭행도 발생하였다. 이 경우 역시 노조 측의 교섭요구가 사용자 측에 의해 묵살당하고 반대로 사용자들이 잔업통제, 부서이동, 휴일통제 등으로 조합원을 탄압하고 노조간부를 징계위원회에 회부하고 고소, 고발하는 조치를 취하는 등의 결과로 사태가 진행된 것이다. 심지어는 노사정위원회의 부당노동행위 특위의 조사를 받은 8월 6일에도 구사대의 집단폭행이 일어날 정도로 실제로 작업장 현장은 무법천지의 상태가 되었다. (「태광산업·대한화섬의 구사대와 공권력이 저지른 만행을 규탄한다」, 성명서)

법 형식으로만 본다면 노동자의 파업이 불법이었기 때문에 '공공질서 유지'를 위해 이들의 파업을 강제로 해산한 일이 정당한 것처럼 보인다. 그런데 각종 범법행위와 부당노동행위를 수없이 저지르는 사용자는 법적 처벌을 피해가는데, 왜 탄압의 화살은 오직 노동자들만을 향하는가? 결국 민주화된 오늘의 싯점에도 여전히 경제발전 혹은 산업평화는 '국가안보'와 마찬가지로 노동자 개인의 요구와 주장을 묵살할 수 있는 면허장이 된다는 이야기인가?

자본주의적 산업화는 물질적 부를 증대시켜 인간을 빈곤에서 해방시켜줄 수 있다. 여러 후발국가에서 여전히 개발권을 인권보다 앞세우는 중요한 이유도 일정한 정도의 경제발전 없이는 다수의 인구에게 인간다운 생존을 보장할 수 없으며, 이 경우 개인의 인권보다는 사회 전체의 물질적인 향상이 우선한다고 보기 때문이다. 그러나 자본주의 산업화는 양날의 칼을 갖고 있다. 그것은 경제발전을 통해 다수 인구를 빈곤에서 벗어날 조건을 만들어준다는 점에서 인권신장에 기여할 수 있다. 그러나 다른 한편으로는 인간보다 이윤을, 노동력 상품보다 값비싼 자본재를 더 소중하게 생각하고, 미숙련 임시노동자를 언제나 대체될 수 있는 부속품처럼 취급하는 사회를 만들어낸다. 사업장에서의 사용자와 노동자는 전근대적인 신분억압이나 차별에 비하면 분명 대등하고 인격적인 관계를 맺을 수 있게 되었지만, 다른 한편, 노동자는 임금노예로 전락하고, 사용자는 전근대시절의 전제군주보다 더 무서운 존재로 둔갑할 수 있다. 그리고 최소한의 물질적인 생활을 유지할 수 있는 사회경제적 권리가 침해된다.

1970년 11월 청계천에서 분신자살한 전태일은 자신의 일기에서

> 인간을 물질화하는 세대.
> 인간의 개성과 참 인간의 본능의 충족을 무시당하고,
> 희망의 가지를 잘린 채 존재하기 위한 댓가로
> 물질적 가치로 전락한 인간상을 증오한다

(조영래 1991, 179면)

라고 물질이 상전인 한국사회를 비판한 바 있다. 그는 결국 비합법적인 방식으로 생산공들의 피와 땀을 갈취하는 일부 기업주들과 그들과 한패가 되어 스스로 노예의 길에 안주해가는 동료 노동자들의 슬픈 모습을 보고서 근로기준법 준수, 충분한 휴식시간, 시다공의 수당인상 등의 '인간 최소한의 요구'를 제출하고 스스로 몸을 불살랐다.

그동안 한국의 안보국가 혹은 발전주의국가(developmental state)의 면모는 국가안보 및 경제성장을 지상의 목표로 설정하고 체제유지와 기업의 생산활동을 격려한다는 명분하에 노동자의 생존조건, 노조 조직화의 기회와 제반 요구들을 유보 혹은 억제해왔는데, 그것은 저임금, 장시간 노동, 높은 산업재해 발생률, 노동자에 대한 인격 모독과 사회적 차별 등으로 나타났다. 박정희 정권의 경제제일주의, 성장지상주의는 바로 근대화라는 명분하에 노동자들의 조직·행동의 권리를 박탈하고, 극도의 빈곤, 비인간적인 노동통제와 작업장 조건에 몰아넣었다. 유신체제는 노동3권을 사실상 부정했으며, 이들이 자신의 권리를 찾기 위해 항거할 경우 마치 '적을 대하는 식'의 탄압을 반복했다. 노조활동을 원천봉쇄한 것이나 다름없는 1971년의 '국가보위에 관한 특별조치법' 제정 이후 1987

년 '노동자 대투쟁' 이전까지 노동자의 권리는 주로 공안기구, 노동법, 정부의 노동정책 등 국가권력의 직접 통제에 의해 제약을 받았다고 볼 수 있다. 이 시기에 노동자들이 임금인상, 노동조건 향상 등 권리를 주장하는 것 자체가 '산업평화'를 해치는 행위로 간주되었으며, 노조활동은 대체로 '감옥행'과 '해고'를 의미했다. 이러한 비인간적인 상황은 분명히 노동자를 인간으로서 보기보다는 돈을 벌어주는 기계로 간주하여 한번 사용하고 능력이 떨어지면 폐지해버리는 자본주의 초기 상황을 반영하고 있다.

> "기계에는 이상이 없느냐." 1978년 무렵 어떤 공장에서 노동자의 팔이 기계에 말려들어 생명이 위태롭게 되었을 때, 이를 보고받은 공장장이 제일 먼저 뱉은 말이다. (조승혁 1978)

87년 전국을 휩쓴 노동자 대투쟁 이후 노동법이 개정되어 노동자들의 단결권·단체행동권이 어느정도 보장되기 시작했다. 이제 노조를 조직하는 일이 과거처럼 위험한 일로 받아들여지지는 않았다. 사업장 단위, 지역별로 '민주노조' 협의체가 조직되었으며, 98년에는 법외노조로 있던 민주노총이 합법화되었고, 노동운동 탄압에 주로 활용되던 제3자개입금지법이 없어졌으며, 이후 교원노조가 합법화되었다. 그러나 기업단위에서 노조 결성이 용인되고 국가의 억압성이 완화된 90년대 중반 이후 여타 자본주의 국가에서 그러하듯이 국가의 직접 통제와 더불어 '재산권'과 '경영권'의 논리가 노동자의 개인적·집합적 권리를 제약하기 시작했다. 1992년 이후 노조의 존재와 파업활동은 민사상의 '손해배상' 청구, '업무방해' 고소·고발 등의 예상하지 못했던 사용자 측의 공격에 직면하게 되었으며 많은 노동자와 그들의 가족의 삶이 심각하게 파괴되었다.

2000년대 들어선 이후에도 노동자의 비인간화 현상은 줄어들기는커녕 더욱 심각해지고 있다. 기업, 그리고 노사분규와 조정의 현장은 아직 '인권', 특히 사회적 권리가 사치일 수밖에 없는 영역이다. 특히 앞의 사례에서 나타난 것처럼 1997년 말 시작된 아이엠에프(IMF) 관리체제는 신자유주의 경제정책을 가장 공격적이고 급진적으로 추진하는 계기가 되었다. IMF는 한국에 대해 성장둔화와 긴축정책, 금융산업 구조조정, 상품 및 자본시장의 완전한 개방, M&A의 허용, 재벌기업의 경영 투명성 제고, 노동시장의 유연화 등을 요구했다. 이러한 조치들은 겉으로는 무분별한 차입경영으로 국가부도의 위기를 초래한 재벌기업과 재벌 '총수'들에게 고통을 주는 것처럼 보였지만, 결과적으로 가장 극심한 고통을 겪은 것은 이들 재벌기업과 하청기업에 고용된 노동자들이었다. 즉 '생존'을 위한 기업의 '몸집 줄이기'는 노동자에게 '해고'를 가져다주었기 때문이다. 특히 현재 한국 노동인구의 과반을 차지하는 비정규직 노동자는 현대판 '노예'라고 해도 과언이 아니다.

피고용자가 경제활동 인구의 압도적 다수를 차지하는 오늘의 자본주의 질서하에서 해고의 위협, 실직의 고통, 임금삭감과 노동조건의 저하로부터 노동자의 생존을 보장받자는 요구는 노동자의 요구이기 이전에 이제 인간 일반의 요구이다. 그러나 한국상황에서는 이것이 개인의 양심과 표현의 자유 등 자유권의 박탈 전통과 함께 맞물려 있다. 낡은 형법이 노동자의 파업권을 제약하며, 사용자들에게 완전히 복종하고 충성을 맹세하도록 요구하고 있다. 2002년 발전노조 파업 이후 회사가 노동자들에게 강요한 것은 바로 국가가 정치범에게 요구한 서약서와 동일한 것이었다. 즉 한전의 사용자들은 파업을 철회하고 복귀한 조합원들에게 서약서를 강요했다. 파업이 불법이었다는 것을 인정하고, 민형사상의 책임도 감수하라는 요구였다. 이것은 양심의 자유를 침해하는 조치였다고 볼 수 있다. 사용자가 이러한 태도를 보이자 일반 조합원들과 해고자는 함께 식사하는 것도 피하고 카풀도 피했다고 한다. 이것은 국가나 사용자에 의한 통제보다 더 무서운 일이다.

결국 한국노동자들은 과거나 현재나 국가나 사용자에 대한 저항권을 박탈당한 상황에 있다고 볼 수 있다. 87년 이후 노조설립의 허용과 단체교섭의 제도화로 노동자의 인권이 크게 향상된 것은 사실이나, 일단 집단행동에 돌입한 노동자들에게는 사실상 권리요구를 모두 포기하라는 압력이 가해진다. 군사정권이 물러난 지 10년이 지났지만 한국에서 노동자는 아직 시민권을 가진 인간으로서 '승인'받지 못하고 있다. 그리고 자유권을 넘어서는 사회적 권리는 아직 초보적인 수준에 있다.

5. 유교전통, 가부장주의와 인권

우리나라 기혼여성의 61%가 남편에게 폭언을 포함한 학대를 경험했고, 신체적 학대를 경험한 경우도 30%를 차지한다고 한다. 학대를 경험한 여성의 50% 정도가 병원 치료를 받은 경험이 있고, 그중 52%가 3주 이상의 진단이 나올 정도로 심한 상처를 입었다고 한다. 1995년도 상반기 '여성의 전화' 측의 집계에 따르면 아내를 때리는 남편의 60%가 자녀를 구타하고 구타남편의 45%가 폭력 가정에서 자라난 것으로 되어 있다. 물론 이러한 가정폭력은 여러 가지 동기에서 발생한다고 볼 수 있지만, 남성들이 가정에서 절대적인 권력을 가지며, 가정의 문제를 사회나 국가에서 개입하거나 책임지지 않으려는 유교적 가족주의 전통이 그것을 더욱 조장했다고 볼 수 있다.

유교 전통을 가진 동아시아 국가에서는 법보다는 도덕적 모범에 기초하여 사회질서를 유지했다. 물론 법이 국가나 정치질서, 사회의 도덕률을 어기는 사람들을 처벌하기는 했지만, 그것은 자의적으로 행사되는 경우가 많았다. 유교 전통을 가진 사회에서는 모든 수준에서 조화를 강조하는 경향이 있고, 위계를 존중한다. 집단 내의 사람들간의 조화를 추구하는 것 자체는 긍정적이지만, 집단의 유지와 존속을 위해 부당한 권력에 복종하고 상급자의 명령에 따를 것을 강조하다보면 자연히 개인의 요구나 권리는 억제될 위험이 있다. 이러한 사회는 자신에 대한 존중감을 가진 인간들을 만들어내기 어렵다. 오늘 한국에서 상급자·연장자들이 하급자들에게 가하는 일방통행식 요구, 가정 내에서 여성이나 아동에게 가해지는 억압과 폭력의 상당수는 바로 유교 전통, 가부장주의와 관련되어 있다. 최근 유행한 '조폭 영화'에서도 엿보이듯 한국의 남성사회에서는 논리로 설득하기보다는 힘을 사용하는 경우가 많은데, 이는 개인의 개성과 의견을 존중하지 않고 권위와 질서에 무조건 복종하도록 강조해온 한국사회의 권위주의 문화의 산물이라고 볼 수 있을 것이다. 가부장주의가 가장 잘 드러나는 것이 여성에 대한 차별이다.

유교 전통과 가부장주의는 가정 내의 부부간의 권력을 불평등하게 배분한다. 이러한 권위주의적인 가족구조하에서 아내 구타, 어린이 학대 등과 같은 남성가장의 우월성을 보장하는 행위가 정당화되는 것이다. 피해여성들에 따르면 남편이 이유 없이 폭력을 휘두르는 경우가 많다고 하는데, 이것은 남편의 우위를 과시하기 위한 행동으로 볼 수 있을 것이다. 한편 법적으로 여성차별이 금지되어 있음에도 불구하고, 실제 사회 전반적으로 여성을 비하하거나 무시하는 일이 빈번한데 이것은 전통적인 남녀 성별분업과 여성비하의 관행이 사회 전반에 만연해 있기 때문일 것이다. 한국에서 고학력 여성들의 사회참여 기회가 크게 제한되어 있고, 사회에 진출한 여성들도 대체로 주변적이고 보조적인 업무에 종사하며, 채용시에도 '용모제한' 등의 차별을 받고, 직장 내에서는 각종 차별과 성희롱 등에 노출되어 있다. 그리고 성윤리에서 남성의 방종은 어느정도 용납되는 것도 이와 무관하지 않을 것이다.

1989년 가족법이 개정되었고, 90년대 중반 이후 여성발전기본법, 가정폭력방지법, 남녀고용평등법 등이 제정되면서 여성의 권리도 크게 높아졌다. 특히 2005년 들어서 호주제가 폐지되고 성매매금지법이 통과되어 여성인권의 향상에 큰 진전을 이루었다. 물론 법·제도의 변화에 비해 사회인식의 변화는 느리기 때문에 단기간에 가부장주의로 인한 여성 인권침해가 현격히 줄어들 가능성은 높지 않다.

6. 새로운 인권영역과 인권문제의 발생

(1) 인권의 신패러다임

앞에서 언급한 사례들은 주로 인권의 구패러다임, 즉 국가권력 혹은 자본주의 산업화 및 가부장주의로 인해 인간의 생명과 자유, 사회적 권리가 침해된 것들이었다. 지난 세월 한국사회의 인권문제는 주로 이러한 조건에서 발생한 것이며 여전히 가장 중요한 과제로 남아 있다. 그러나 권위주의 정권의 붕괴, 노사관계의 합리화, 가부장주의의 약화 등과 맞물려 지구화(globalization), 정보화사회의 도래에 따라 새로운 인권의제가 등장했다. 그리고 전통적으로는 '권리'의 영역에 포함되지 않았던 것들이 새롭게 '권리'의 영역으로 들어왔다. 이론적으로 이러한 인권개념은 국가·자본을 축으로 보는 근대론적 사고에 대한 비판, 그리고 인간의 단일 정체성의 해체라는 객관적 상황의 변화에 주목한다. 즉 국가·민족·계급으로 상징되는 근대적 주체의 해체와 이러한 근대의 기획 아래에서 억제되어온 다양한 영역들, 다원주의적인 주체 형성을 주목한다. 이 경우 보편적 인권은 시민권 즉 국가에 의해 보장되는 것이 아니라, 오히려 세계시민 혹은 추상적 인간이라는 관점에서 접근되는 경향이 있다.

결국 인권의 신패러다임은 국민국가라는 보호막이 약화된 세계화 시대에 발생하는 다양한 비인간화된 영역들, 억압·차별이 아닌 '차이'의 문제에서 발생하는 특정한 소수자의 인권, 그리고 정보화, 감시사회의 추세 속에서 발생한 인권침해, 환경문제 등이 제기되면서 권리를 인간에게 국한시키지 말고 자연, 특히 '동물 복지권' 차원으로 확대하자는 운동 등과 관련된다. 이것을 우리는 인권의 신패러다임이라 부를 수 있을 것이다. 물론 내용적으로 전통적 인권개념과 새로운 인권개념은 명확하게 구별되지 않는다. 예를 들면 여성인권의 경우 주로 국가나 가부장주의에 의해 초래되는 것이지만, 동시에 남성과 여성의 차이에 의해 발생하는 독특한 측면을 갖고 있다. 따라서 여성인권을 소수자 인권의 한 영역으로 취급하자는 주장과 여성은 소수자가 아니라는 주장이 공존하는 것도 이러한 이유 때문일 것이다.

(2) 새로운 인권영역들

세계화, 빈곤과 인권

한국에서 일하는 방글라데시의 노동자 꼬빌은 한국에 와서 처음 들어간 회사의 관리자에게 "야 인마 이리 와"라는 말을 들었다. 꼬빌이 "내 이름은 꼬빌이니 꼬빌이라고 불러달라"고 말하자 관리자는 그를 코피가 날 정도로 때렸다. 관리자는 "신고할 테면 해봐, 경찰에 잡혀서 돌아가고 싶으면"라고 윽박질렀다. 꼬빌은 "잘못했다고 해서 사람을 때릴 수는 없잖아요"라고 항변했으나 막무가내였다.

국내 한 잡지에 실린 위와 같은 사례는 오늘 한국사회에서 외국인 노동자들이 당하는 비인간적인 대우의 한 단면을 보여주고 있다. 세계화는 대량의 노동이민을 양산했고, 이들 이민자들 중 일부는 노예나 다름없는 처지에 놓여 있다. 국가와 자본은 사실상 이들에 대한 노동착취를 용인해준다. 따라서 이들은 임금체불, 폭력, 비인간적인 대우를 받거나 산재사고를 당하고도 사용자에게 자신의 권리를 호소할 수 없는 처지에 놓여 있다. 1995년 네팔 노동자들이 명동성당에서 "월급 주세요. 때리지 마세요. 우리는 노예가 아닙니다"라는 피켓을 들고 시위를 벌인 후 한국사회에서 외국인 노동자의 인권문제에 대한 경각심은 상당히 높아진 편이지만, 산업연수생을 제외한 대부분의 외국인 노동자들은 여전히 불법체류자의 신분이며, 임금체불 혹은 사고가 발생하더라도 법률상 '근로자'로 인정받지 못하기 때문에 온갖 비인간적인 대우를 감내하고 있다.

사회주의 붕괴 이후 미국을 비롯한 세계의 강대국들은 초국적 자본의 이동과 투자의 자유 및 그것에 적응하기 위한 자본시장의 자유화 정책을 적극적으로 추진했는데, 자본의 세계화가 증대되고 초국적 기업의 영향력이 확대된 시대의 자본 투자는 인권을 희생시키면서 추구되는 경향이 있다. 갈퉁(J. Galtung)이 말한 것처럼 세계화는 한편으로는 국민국가의 역할을 축소시킴으로써 인권을 신장시키는 측면이 있으나 다른 한편으로 사회복지 축소 등을 통해 사회권에 심각한 제약을 가하는데, WTO· IMF 등 국제 통치기관이 국민국가의 역할을 제한하면서 기업권력이 노동자와 주민의 인권을 제약하게 된다. 한국도 IMF 관리체제하에 들어선 이후 이러한 국제통치기관의 영향권하에 놓였다. 특히 한국은 IMF 외환위기 이후 경제를 개방하고 신자유주의 정책을 폈는데, 이 과정에서 빈부의 격차가 늘어나고, 대량의 비정규 노동자가 발생했으며, 외국인 노동자들이 한꺼번에 유입되었고, 기업 차원에서 노동자의 교섭력은 약화되고 노동자의 권리가 제약을 받게 되었다. 그리하여 빈부격차가 확대되었으며, 파견·용역 노동자 등 임시직·일용직 노동자의 인권이 심각하게 침해되었다.

한편 현재 한국에 거주하는 해외동포, 특히 탈북자의 인권문제 역시 자본의 지구화와 노동력 이동으로 초래된 인권문제의 하나이다. 현재 중국의 동북 3성과 러시아 지방의 탈북자 수는 적게는 10만명에서 많게는 30만명까지 추산되는데, 어린이와 여성이 대다수 포함된 탈북자들은 아무런 법적 보호를 받지 못하는 사실상의 난민(refugees)이지만 실제로는 난민 대우를 받지 못하고 있다. 이들 대부분은 기아를 견디지 못하고 생존을 위해 국경을 넘고 있지만, 중국 정부는 이들을 단순 월경자로 취급하여 강제송환하기 때문에, 이들은 생존을 도모하는 과정에서 각종의 착취와 폭력, 인신매매 등 비인간적인 상황을 감내하고 있다. 물론 탈북자 문제는 궁극적으로 북한의 경제위기 극복, 더 나아가 북한의 체제변혁과 인권개념을 통해 해결해야 한다는 목소리도 있다.

소수자 인권

90년대 들어서 아동과 청소년, 장애인, 동성애자, 외국인 노동자, 중국·북한 출신의 동포 등 사회적 소수자 혹은 주변인에 대한 차별이 점점 더 중요한 문제로 제기되었다. 이들은 모두 우리 사회의 '평균적인 인간'과는 다른 존재이다. 특히 이들은 스스로 조직화하거나 방어할 능력이 없기 때문에 이들이 당하는 고통은 사회적으로 부각되지 못하는 한계를 갖고 있다. 서구의 역사에서도 이민족, 동성애자를 포용하는 데 오랜 시간이 걸렸고, 나라마다 정도의 차이는 있지만, 아직도 이들은 완전한 시민권을 획득하지 못하고 있다. 그러나 21세기는 '차이의 시대'라는 말도 있듯이 이제 대의제 민주주의, 보편적인 시민권의 이름하에 무시·억압되어온 범주들이 자신의 정체성을 주장하고 있다.

한국사회에서도 이 모든 약자·소수자들에게는 심각한 사회적 편견이 작용하고 있다. 동질성을 강조하는 한국사회는 '다름'과 '차이'를 용납하지 않는 경향이 있다. 특히 한국사회는 신체적인 능력이나 외모 등에서 평균적인 보통 한국인과 다른 사람들이나, 육체·언어사용 등에서 능력이 떨어지는 사람을 이상하게 생각하는 경향이 있다. 귀속적 차이가 아닌 업적에 의한 차이 역시 심각한데, 한국사회에서는 무능력한 자를 멸시하고 능력 있는 사람만을 존중하는 사회일반의 풍조가 대단히 강력하다. 이와같은 소수자에 대한 차별과 억압, 편견의 구조는 한국이 인종·문화적으로 대단히 동질적인 사회라는 점과도 관련되겠지만, 무엇보다도 극단적인 반공주의와 군사권위주의가 획일주의를 강조했고, 이러한 정치·문화적 조건하에서 민주적 토론과 상호존중의 문화를 습득한 사회인을 양성하지 못했으며, 급속한 자본주의 산업화 과정에서 인간존중의 정신보다는 도구적 가치가 압도한 데 기인한다고 볼 수 있다.

90년대 중반 이후 여성·아동의 권리는 빈곤, 사회경제적인 양극화 등과 직결되었다. 가정폭력의 증가, 편모편부 가정의 증가와 이들에 대한 사회적 보호장치의 미흡 등이 여성과 아동의 인권을 크게 제약하는 요인들이었다.

감시사회에서의 인권

한국의 경우 지금까지 국가의 정보수집활동은 단순히 국방과 군사영역에 그치는 것이 아니라 경찰, 시·구청 같은 일반 행정기관, 언론, 학교, 심지어 노동조합에까지 국정원 요원이 개입하여 이루어졌다. 오랜 세월 동안 국정원·기무사 등은 국가 내의 국가, 혹은 국가 위의 국가로서 무소불위의 권력을 행사했으며, 정치인과 사회운동가는 물론 민간인의 일거수 일투족도 감시대상에 포함시켰다. 그 과정에서 불법체포·구금·고문·의문사 등의 사건이 발생했다. 김대중 정부 들어서 국정원의 이러한 반인권적 활동에 대한 비판이 제기되었다. 그러나 국가의 통제와 감시는 새로운 형태로 반복되고 있다.

지난 1996년 10월 한국에서는 '통합전자주민카드 시행반대와 국민의 프라이버시권 보호를 위한 시민사회단체공동대책위원회'라는 매우 새로운 형태의 사회운동 단체가 등장했다. 한국에서 처음으로 전자감시사회에 대한 비판의 목소리가 제기된 것이다. 1995년경 정부는 전자주민카드제도를 도입하겠다고 발표했다. 이에 대해 위의 공대위는 '전자주민카드와 전자감시사회'라는 홍보책자를 발행하고, 효율성의 이름하에 개인의 프라이버씨가 심각하게 침해될 수 있음을 경고했다. 이후 이 제도의 도입에 회의적이었던 김대중이 대통령으로 당선되자 민변 등 사회단체는 인권 관련 개혁의제의 하나로 전자주민카드 사업 폐지를 공식적으로 제안했고, 결국 이 제도는 도입되지 않았다. 2003년에는 교육부가 교육행정정보씨스템(NEIS)을 도입하려 하다가 전교조의 반대에 부딪혀 포기하기도 했다. 행정의 효율성을 앞세워 학생의 인권을 침해할 수 없다는 것이 전교조의 논리였다.

이 사건들은 정보화사회 혹은 감시사회에서 권력이 어떻게 개인을 통제하려 하며, 그에 대해 어떻게 대처해야 하는지를 보여준 작은 사례였다. 그리고 '프라이버씨권' 혹은 개인정보보호권이라는 개념이 새롭게 정립되고, 자유와 권리를 지키기 위해서는 과거와 다른 방식의 접근이 필요하다는 점을 일깨워주었다. 어떤 점에서 한국은 정보화·감시라는 개념이 도입되기 훨씬 이전부터 국가에 의해 개인정보파일이 관리되어온 사회라 볼 수 있다. 만약 이러한 제도들이 정부의 원안대로 도입된다면 주민등록전산망과 연계된 각종 전산망, 예를 들면 자동차전산망, 세무전산망, 경찰전산망과 연계되어 가공할 만한 전자관리 씨스템으로 변화될 위험성이 있었다. 이처럼 개인정보가 사적으로 이용될 경우 기업 등 영리조직이나 사조직이 개인 인권을 침해할 위험성이 있고, 주민등록제도에 대해 정부가 설명하듯이 단순히 프라이버씨를 침해할 뿐만 아니라 효율성의 이름으로 권력에 대한 개인의 저항능력을 더욱 더 악화시킬 가능성이 있다. 따라서 정보의 불균형, 국가의 개인에 대한 정보수집 권한 문제 등에 대해 본격적으로 논의해야 할 싯점에 이르렀다.

7. 맺음말

오랜 세월 동안 한국인들은 인권신장을 향해 줄기차게 투쟁해왔다. 한국에서 인권은 민족해방·민주주의를 위한 투쟁의 담론이었다. 1978년 폭압적인 유신체제하에서 조직된 한국인권운동협의회에서는 "한국 국민의 인권선언" "오천만의 인권"을 발표한 바 있는데, 이 선언문은 인권을 "굶어죽지 않고 먹고살 수 있는 생존권"으로 정의하고 한국이 분단된 상태에서는 인권문제가 개선될 전망이 없다고 못박았다. 그후 인권투쟁은 민주화 투쟁·통일운동·노동운동 등과 사실상 함께 진행되었다. 그리고 그것은 법적·제도적 개혁보다는 정치변혁과 연결되거나 대단히 전투적인 양상을 보였다. 저항운동의 전투성은 억압적 체제가 약자의 존재를 '승인'하지 않았기 때문이다. 따라서 전투성은 곧 인간성에 대한 강한 긍정과 부도덕한 권력에 대한 불복종 의지가 표현된 것이다. 그러나 87년 이후 민주화가 진척되면서 전투적 저항은 점차 제도적 개혁, 혹은 일상적 저항에 자리를 물려주고 있다. 자유권을 향한 투쟁이 주로 전투적인 양상을 보인다면 여성과 소수자의 권리투쟁은 주로 일상적 저항의 양상을 보이는 경향이 있다.

지난 2001년 말 인권증진을 위해 국제인권법의 국내적 실효성 제고를 목적으로 인권전담 국가기구인 국가인권위원회가 설립되었다. 인권침해에 대한 고발접수와 조사, 인권연구와 인권관행에 대한 조사, 인권 교육과 홍보 등을 주로 담당하게 될 국가인권위원회의 설치로 한국에서도 인권신장이 이루어질 수 있는 계기들이 확대되었다. 그러나 한국의 인권문제는 까렐 바자끄(Karel Vasak)가 제기한 '인간권리 3단계론'에 비추어 보면 아직 1단계인 자유권도 충분히 확보되지 못했다. 바자끄의 인간권리 3단계 중 1단계는 '자유'라는 국민의 정치적 권리에 관한 것이고, 2단계는 '평등'의 경제·사회·문화적 권리를 말하며, 3단계는 '우애'라는 단결 또는 연대에 대한 권리를 말한다(바자끄 1986)

　다른 한편 오늘날의 한국에서는 인권의 전근대적·근대적·탈근대적 과제가 공존하기 때문에 이 모든 문제를 해결하는 데는 앞으로 장기간의 시간이 소요될 전망이다. 또한 현재의 세계자본주의와 정치경제 질서의 변화 등과 연동되어 있기 때문에 한 국가의 독자적인 힘만으로 해결하기도 어렵다. 이제 국가 내에서의 충분한 시민권을 얻기 위한 투쟁과, 국가 밖의 세계사회에서 시민, 혹은 인간으로 대접받기 위한 투쟁이 공존하는 새로운 인권투쟁의 시대에 접어들었다. 그리고 인권투쟁은 한국인의 인권신장은 물론 남북한 한민족의 생존권과 복지 그리고 지구촌에서 우리와 더불어 사는 모든 인간과 생명체의 생존권을 위한 노력과 결합되고 있다.

■ 참고문헌

김기중 「국가의 국민관리체제와 인권──호적과 주민등록제도를 중심으로」, 세계인권선언 50주년 기념 발표논문, 1999.2.

김기진 『끝나지 않는 전쟁──국민보도연맹』, 역사비평사 2002.

김동춘 「국가폭력과 사회계약」, 『경제와사회』 1997년 겨울호.

김선수 「노동기본권」, 한상진 엮음 『현대사회와 인권』, 나남 1998.

까렐 바자끄 『인권론』, 박홍규 옮김, 실천문학사 1986.

대한변호사협회 『인권보고서』 제12집, 1997.

데이비드 스타인벡 「유교문화와 정통 이데올로기」, 『계간 사상』 1996년 겨울호.

사무엘 보울스·허버스 진티스 『민주주의와 자본주의──재산, 공동체 그리고 현대 사회사상의 모순』, 백산서당 1994.

서동진 「성적 소수자의 인권: 같음과 다름의 사이에서──다를 수 있는 권리, 하나가 아닌 것들을 위한 권리를 위하여」, 『인권과평화』 제2권 1호, 2001.

심영희 「여성의 인권──성적 자기결정권을 중심으로」, 한상진 엮음, 앞의 책.

악셀 호네트 『인정투쟁』, 문성훈·이현재 옮김, 동녘 1996.

유네스코 한국위원회 『인권이란 무엇인가』, 오름 1995.

이남석 『차이의 정치──이제 소수를 위하여』, 책세상 2001.

이승환 「유교와 인권──상호보완의 필요성에 대하여」, 한상진 엮음, 앞의 책.

이정은 「한국에서의 인권개념의 형성과 인권운동에 관한 연구」, 서울대학교 사회학과 석사논문.

이중섭 「21세기의 민주주의와 인권사상」, 『민주주의와 인권』 제1권 2호, 5·18 연구소 2001.

이효재 「한국사회의 성폭력과 여성인권」, 『계간 사상』 1996년 겨울호.

정진성 「정신대 문제와 성폭력」, 한상진 엮음, 앞의 책.

조국 『양심과 사상의 자유를 위하여』, 책세상 2001.

조승혁 「산업선교와 노동자의 인권」, 『씨알의 소리』 1978.11.

조시현 「국가비상사태와 인권」, 인권재단 엮음 『21세기 한국의 인권』, 한길사 2000.

조영래 『전태일 평전』, 돌베개 1991.

한국기독교교회협의회(NCC) 「1970년대 민주화운동 ── 기독교 인권운동을
　　중심으로」, 『1970년대 민주화운동』 1, 한국기독교교회협의회 인권위원회
　　1986.

한상진 「동아시아의 성장과 인권담론」, 한상진 엮음, 앞의 책.

Bauman, Zygmunt, *Modernity and the Holocaust*, Cornell University Press
　　1989.

생각해볼 문제

1. 한국에서 자유권을 제약하는 환경은 어떻게 변했는가, 그리고 자유권 보장을 위해 남은 과제는 무엇인가?

2. 한국의 인권은 외적 요인(식민지, 분단)과 내적 요인(유교문화 유산 등)에 따라 각각 어느정도 제약받고 있는가? 이러한 요인이 제거된다면 인권상황은 어떻게 달라질 수 있는가?

3. 인권의 구패러다임과 신패러다임의 충돌 양상은 어떠한가? 이런 문제는 어떻게 접근해서 어떻게 해결해야 하는가?

인권과 시민사회

조효제

1. 들어가면서

오늘날 사회과학에서 가장 많이 쓰이고 있는 용어 중의 하나가 '시민사회'이다. 어떤 용어가 많이 쓰인다는 것은 그 말이 시대정신을 잘 반영하고 있기 때문일 것이다. 역으로 그 용어는 어느 시대가 기대하는 바를 나타내기도 한다. 예를 들어 시민사회라는 말을 쓸 때는 오늘의 현실에서 어떤 점이 부족하거나 바람직하지 않으므로 그것을 보충하고 시정하기 위해 그 개념을 차용하는 경우가 있을 수 있다. 더 나아가 다른 모든 용어와 마찬가지로 '시민사회'라는 용어 역시 오용될 가능성이 있다. 이렇게 본다면 시민사회의 정확한 개념이 무엇인지, 그것이 어떻게 발전되어 왔는지, 그리고 이 말이 오용되지 않고 바람직하게 사용되려면 어떤 조건을 갖춰야 하는지를 살펴볼 필요가 크다고 하겠다. 그래야만 이 글이 의도하는 시민사회와 인권의 건설적인 관계를 정립할 수 있을 것이다. 따라서 2절에서는 우선 시민사회의 개념과 역사, 그리고 오늘날 한국사회에서 시민사회가 이해되는 방식을 살펴본다. 그리고 3절에서는 인권과 관련해서 시민사회가 어떤 내재적인 특징을 갖고 있는지, 또 '시민사회'의 어떤 속성을 부각시켜야 그것이 바람직하게 사용될 수 있는지 알아보고자 한다. 4절에서는 시민사회가 인권의 신장과 실현을 위해 구체적으로 어떤 활동을 하며 양자가 어떤 관계를 맺을 수 있는지 설명할 것이다. 나아가 5절에서는 전지구적 차원에서 대두되고 있는 초국적 시민사회를 스케치하고 그것이 우리에게 주는 함의를 살펴본다. 마지막으로 인권의 미래가 바로 시민사회의 발전에 달려 있다는 주장으로 결론을 내릴 것이다.

2. 시민사회의 개념과 역사

'시민사회'라는 용어만큼 긴 세월에 걸쳐 다양한 의미로 쓰인 말도 없다. 이 용어는 고전시대부터 나타나 역사 속에서 몇번의 부침을 겪었다. 따라서 같은 '시민사회'라는 용어라 해도 시대에 따라 전혀 다른 의미로 쓰였다는 점을 잊어서는 안된다. 이 절에서는 안하이어(H. K. Anheier) 등(2004)이 설명한 시민사회론을 중심으로 시민사회의 역사를 정리해보도록 한다.

라틴어로 시민사회는 'societas civilis'라 하며 그리스어로 이것에 가까운 말은 'politike koinonia'가 있다. 고전시대의 사상가들은 시민사회를 깨어 있는 시민이 그 사회의 제도와 정책을 형성하는 일종의 '정치사회'로 이해했다. 시민사회는 법이 지배하는 사회를 뜻했다. 이때 법이란 개인적이 아닌 공적인 어떤 질서를 의미했다. 따라서 시민사회는 통치자가 사익보다 공공선을 우선시하는 정치권력 형태를 뜻했고 개명된 정치문명의 이상을 가리켰다. 이렇게 보면 시민사회는 탄생 초부터 공적 가치를 강하게 함축한 개념이었다. 또한 시민사회를 발전론적으로 해석하면 시민사회는 바로 문명사회요, 비시민사회는 비문명사회 즉 야만사회라는 등식이 성립될 소지가 있는 것이 사실이다.

이후 시민사회 개념은 유럽 역사를 통해 계속 명맥을 이어오다 17,8세기에 국민국가의 토대가 마련되면서 더욱 두드러지게 사용되기 시작했다. 당시 시민사회는 통치자와 피치자가 사회계약에 의거해 권력관계를 맺고 양자가 모두 법의 지배를 받는 사회라는 사상과 연관되어 있었다. 홉스(T. Hobbes)는 국가가 생기기 이전의 상태인 '자연상태'하에서는 '만인의 만인에 대한 전쟁'이 벌어지므로 이러한 무질서를 방지하기 위해서 통치의 체계가 잡힌 사회 즉 시민사회로 진입하는 것이 바람직하다고 보았다. 따라서 시민사회는 '자연상태'와 대조되는 개념으로 사용되었던 것이다.

흔히 근대 이후 시민사회론의 두 가지 큰 줄기가 있다고들 한다. 그 하나는 애덤 스미스와 애덤 퍼거슨으로 대표되는 시민사회의 자본주의적 자유시장경제의 배경을 강조하는 이론이고, 다른 하나는 몽떼스끼외, 루쏘, 또끄빌 등으로 대표되는 자율적 행위주체들의 사회적 관계를 강조하는 시민사회론이다. 전자를 대표하는 18세기 스코틀랜드의 계몽주의 사상가들은 자본주의가 새로운 개인주의와 권리에 기반한 사회의 토대로서 중요하다고 강조했다. 퍼거슨(A. Ferguson)은 1767년에 시민사회를 광범위하게 다룬 『시민사회 역사론』(*An Essay on the History of Civil Society*)에서 자본주의가 봉건주의의 위치를 대체하고 있는 사회에서 로마의 이상이었던 공민적 덕행(civic virtue)을 부활해야 한다고 강조했다. 달라진 경제질서 환경을 직시할 것을 강조하면서 시민사회론을 전개한 것이다.

이와 대조적으로 자율적 사회관계로서 시민사회론을 강조하는 후자의 흐름 중 대표적인 사상가로 알렉시스 드 또끄빌(Alexis de Tocqueville)을 들 수 있다. 또끄빌은 미국의 민주주의를 연구하여 미국에서 개인의 자유가 보장되는 이유로 지방자치제, 정치와 종교의 분리, 자유언론, 간접 선거, 독립적 사법부, 그리고 무엇보다도 '결사체적인 생활'(associational life)을 꼽았다. 국가와 개인 사이의 매개적 결사체들이 시민의 자유와 평등의 조건이라는 주장이었다. 또끄빌이 '시민사회'라는 용어를 쓴 것은 아니지만 결사체적인 생활의 중요성을 강조한 그의 주장은 오늘날 '사회적 자본'이라는 개념으로 발전되면서 시민사회론의 한 중요한 축을 형성하고 있다(또끄빌 1997).

이러한 두 가지 근대적 시민사회론을 비판하는 입장에 서 있는 사상가로 헤겔과 맑스를 들 수 있다. 헤겔은 시민사회가 순수하게 공적인 활동과는 분리된다고 여겼다. 헤겔은 그러나 자본주의적 시민사회에서 개인이 자기이익을 추구하더라도 국가가 중재자 역할을 함으로써 그 폐해를 상쇄할 수 있다고 생각했다. 맑스는 이보다 더 나아가 극히 부정적인 시민사회관을 전개했다. 맑스에 따르면 국가는 공민들의 영역이다. 즉 정치적으로 해방된 국가에서는 시민들이 모두 평등하고 법 앞에서 같은 권리를 지니고 서로가 서로에게 자유로운 환경이 보장된다는 것이다. 반면 맑스는 시민사회를 부르주아 사회와 동일시했다. 이때 시민사회는 일상적인 경제적 활동을 하는 영역으로 서로가 서로의 경쟁자이자 적대자이며 더 많은 이익을 차지하기 위해 아귀다툼을 하는 곳으로 이해된다. 따라서 자유로운 공적 시민의 세계와 분절화된 사적 시민의 세계가 공존하게 되는데 맑스에 따르면 현실 속에서 이상적인 국가는 실현되기 어렵고, 분절화되고 이기적인 시민사회가 오히려 진실에 가깝다는 것이다. 이러한 견해는 오늘날 우리가 이해하는 시민사회와는 상당히 다른 것이 사실이다.

시민사회의 개념은 20세기 들어 그람씨(A. Gramsci)에 의해 다시 부흥했다. 그람씨는 1947년 그의 사후에 발간된 『옥중수고』(Prison Notebooks)에서 자신의 시민사회관을 피력했다. 그람씨는 맑스에서 벗

46

어나, 시민사회를 단순히 경제적 관계로만 보지 않고 모든 종류의 사회적 상호관계로 파악한 헤겔로 되돌아갔다. 그람씨는 여기서 더 나아가 경제적 상호관계에서 시민사회 개념을 분리시켰다. 그는 시민사회가 문화적 제도들, 특히 교회·학교·결사체·노동조합 및 기타 문화적 제도로 이루어진다고 본다. 그람씨의 시민사회관은 이중적이다. 한편으로, 부르주아 계급이 노동계급을 통제하기 위해 부르주아적 패권을 부과하는 것은 바로 이러한 시민사회의 문화적 '상부구조'를 통해서이다. 다른 한편으로, 시민사회는 부르주아 계급을 타도할 혁명적 잠재성을 가진, 국가와 시장 사이에 놓인 일종의 쐐기이다. 러시아와는 달리 혁명이 급작스럽게 이루어지지 않고 장기적인 진지전을 통해 달성될 것이며, 시민사회는 이러한 진지전이 벌어지는 참호를 나타낸다. 여기서 우리는 현재 대다수 사람들이 시민사회를 국가와 시장 사이에 놓인 영역으로 보는 개념의 원형을 발견할 수 있다.

그람씨 이후 '시민사회'라는 용어는 한동안 서유럽과 미국의 정치사상에서 거의 완전히 자취를 감추었다. 그러다가 7,80년대에 라틴아메리카와 동유럽의 권위주의적 국가에 대항한 반체제인사들이 시민사회라는 용어를 사용하면서 다시 등장했다. 7,80년대 라틴아메리카에서 좌파 지성인의 상황은 그람씨의 상황과 매우 유사했다. 라틴아메리카에서는 자본가들이 대개 국가와 협력하고 있었는데, 좌파 사상가들은 그같은 파시스트 독재와 투쟁하고 있었다. 그러한 국가에도 시민사회의 여지는 남아 있었다. 예를 들어 브라질에서는 1974년부터 1985년 사이 정치적 공간이 조금씩 열리면서 시민사회의 여지가 재발견되었다. 라틴아메리카의 사상가들에게 '시민사회'는 독재정권에 저항할 때 기업가·교회단체·노동운동을 통합시킬 수 있는 용어였고 시민사회가 하나의 사회세력으로서 정당과 구분될 수 있었기 때문에 그들은 그람씨적인 시민사회 사상에 경도되었던 것이다.

그러나 동구권에서는 조금 다른 맥락에서 시민사회가 부상했다. 체코슬로바키아, 헝가리, 폴란드의 지성인들은 시민사회를 '국가로부터 독립적인 자율적 공간'으로 이해했다. 그들의 이해는 그람씨보다 오히려 또끄빌에 더 가까웠다. 그들은 자주적 조직, 개인의 책임, 양심의 힘 등을 강조하고자 했다. 공산주의 사회에서 개인의 사적 영역이 무시되는 전체주의적 지배상황을 벗어나기 위해 이들은 국가의 영향과 절연된 독립공간으로서 시민사회를 갈망했던 것이다. 따라서 동구권 지성인들의 활동목표는 바로 이러한 일상생활의 전체적 통제를 타파하는 것이었다.

물론 동구와 라틴아메리카의 시민사회 사상가들 사이에는 공통점도 있었다. 그들은 시민사회를 단순히 정권을 획득할 수 있는 수단으로만 생각하지 않았다. 그들은 권력을 획득하는 것보다, 권위주의적 국가가 잠식해들어갔던 공간을 '탈환'하는 데 더 관심이 있었다. 그리고 두 지역의 반체제인사들은 자기 나라의 사회를 치유하는 데 촛점을 맞추었지만, 그와 함께 국제연대의 가치를 배우게 되었다. 이것은 시민사회론이 국제적으로 전파되는 데 크게 기여했으며 오늘날 부상하는 초국적 시민사회의 단초를 제공했다.

라틴아메리카와 동유럽에서의 등장 이후에 시민사회 사상은 한국을 포함하여 전세계적으로 받아들여지고 있다. 민주주의, 시민사회, 인권이 세 마디가 새로운 시대정신을 정의하고 있다고 해도 과언이 아니다. 역사 속에서 오늘날만큼 시민사회론이 광범위하게 쓰인 적은 없었다. 이런 점에서 21세기는 시민사회의 시대라고 말할 수 있다. 물론 시민사회가 단일한 의미로만 사용되지는 않는다. 시민사회는 맥락과 상황에 따라 조금씩 해석과 강조점이 달라지는 '적응적 개념'이 되었다. 그렇다면 오늘날 전세계적으로 시민사회는 어떻게 사용되고 있는 것일까?

우선 서구에서는 시민사회론이 몇가지 의미로 복합적으로 이해되고 있다. 우선 사회운동을 계승하는 관점에서는 시민사회를 신사회운동이 벌어지는 행동의 소재지로 이해한다. 최근 수십년 사이 정당에 가입하는 사람은 점점 줄어들고, 그린피스나 지구의 친구들, 앰네스티 인터내셔널, 등과 같은 환경·평화·인권단체에 가담하는 사람이 점점 늘어났는데, 이와같은 직접행동의 실천이 시민사회를 통해 이루어진다고 보는 것이다. 또한 기든스(A. Giddens) 같은 사회민주주의자들은 시민사회를 민주주의의 활성화와 재민주화를 위한 공간으로 이해한다(2002). 서유럽과 북미처럼 전통적으로 민주주의가 실행되고 있다고 생각되는 지역에서는 유권자의 무관심과 현실정치에 대한 실망으로 인해 민주주의가 침식되고 있다는 우려가 높다. 이 경우 시민사회는 민주주의를 심화시키고 실질화시킬 수 있는 공간이자 수단이다. 또한 쌜러먼(L. Salamon)은 혼합복지국가의 한 주체로서 자원을 동원할 수 있는 제3섹터로 시민사회를 이해한다(1994).

비서구 개발도상권의 경우에도 시민사회는 여러 갈래로 이해되고 발전되고 있다. 우선 아직 민주화가 진행중인 나라에서는 권위주의와 독재를 타파할 풀뿌리 민주주의의 공간으로 시민사회를 이해한다. 그리고 루이스(D. Lewis)가 지적한 대로 이런 경향은 정치발전·민주화·인권·자율성 등의 담론으로 개발도상국에서 전반적으로 파급되고 있다. 이는 한마디로 말해 비서구권에서도 시민사회 이론이 유효하다고 보는 입장이다(2001). 한편 쎄키넬긴(H. Seckinelgin) 같은 논자는 제3세계 내에서 민주주의의 이상으로서 서구식 자유주의를 전파하기 위해 시민사회론을 도구로 사용하는 경향도 존재한다고 말한다(2002). 그리고 이미 민주주의가 실천되고 있는 지역, 예컨대 인도와 같은 나라에서는 민주주의의 재활성화와 비슷한 식으로 시민사회론이 전개되고 있다. 제3세계의 시민사회 담론에서 빠뜨릴 수 없는 것이 바로 대안적 해방담론으로서 시민사회론이다. 제3세계의 민주화과정에서 궁극적인 목표로 은연중에 설정되어 있던 사회주의가 그 적실성을 상실하면서 민중들이 '해방적 공간'

의 대체물로서 시민사회에 기대를 걸게 된 것이다. 이것은 그람씨적인 인식과 유사한데 구체적으로 남아프리카나 필리핀, 아랍권 등지에서 이런 경향이 발견된다. 마지막으로 신자유주의적 지구화에 대항하는 담론으로서 시민사회의 공공선적인 이상을 내세우는 경향도 있다. 전지구적 빈부격차와 같은 상황을 타개하는 데 시민사회의 연대적인 가치가 유용하다고 보는 관점이다.

그렇다면 오늘날 우리 사회의 시민사회론은 어떠한가? 우선 해방적 공간의 대체물로서 헤게모니적 시민사회론이 하나의 강력한 지성적 담론을 형성하고 있음을 지적해야만 하겠다. 또한 참여민주주의와 관련하여 시민사회를 이해하는 경향도 있다. 이는 포스트민주화시대의 후속기획으로서 고전적 자유민주주의 이념의 급진화를 모색하고 국가의 주도적 지위를 탈색시킨 직접민주주의를 실천하겠다는 의지와도 관련있다. 또한 신사회운동형 NGO활동의 규범이론으로 시민사회론이 존재하며, 온건한 경제적 자유주의와 혼합복지주의의 중간형태의 이론으로 비영리 제3섹터를 거론하기도 한다(조효제 2003).

3. 시민사회의 가치

그렇다면 시민사회가 구체적으로 지향하는 가치는 무엇일까? 여러 갈래의 시민사회론이 중첩된 현실 속에서 이것들을 관통하는 일관된 가치를 찾아내기는 쉽지 않다. 그러나 한국을 포함해서 오늘날 전세계적으로 이해되는 시민사회의 공통분모를 대략 그려보는 것은 가능하다. 그것은 시민성, 인권, 민주주의, 그리고 참여의 네 가지 가치이다.

(1) 시민성

여기서 말하는 '시민성'은 대단히 넓은 의미이지만 그것의 구체적 표현은 '공동선'의 정신을 들 수 있겠다. 공동선은 공익과 공공재에 대한 존중과 합의, 그리고 사회안전망에 대한 국민적 합의 같은 개념이 포함된다. 이것은 개인적 합리성에 근거한 이해를 뛰어넘어 어떤 집합적인 합리성에 근거한 이해를 추구하는 것이다. 예를 들어 값싼 디젤유 자동차를 타는 것이 개인적으로는 경제적 합리성을 추구하는 것이지만 집합적으로 보면 대기환경을 악화시키는 불합리한 선택이 된다. 또한 국민기초생활보장법 같은 법률로써 소외계층에게 최소한의 생존조건을 마련해주면 개인적으로 세금을 더 내야 하므로 불합리하게 생각될지 모르지만 사회 내의 불평등을 줄여 장기적으로 사회적 건강도를 높이고 국민통합과 사회적 통합에 도움이 될 것이다. 그러므로 공동선의 정신에는 개발주의담론을 뛰어넘는 환경적 가치, 약자와의 연대의 가치, 지연·학연 등에 따른 사회적 배제집단의 유무, 여성의 지위 등이 포함된다. 공동선의 내용을 볼 때 인권의 하위 분야인 '사회권'과 '집합적 권리'의 통합개념과 거의 같은 개념으로 보아도 무방할 것이다.

자본주의나 시장적 가치와 구분되는 '사회적 가치' 역시 시민성의 중요한 구성요소이다. 예를 들어 재해구호나 난민에 대한 인도주의적 관심, 박애주의의 전통, 공적 기부문화의 성숙, 협동조합 운동의 활성화, 공동체 내 상호부조의 전통과 형태, 공제조합 같은 금융 상호부조 등이 모두 이같은 '사회적 가치'에 해당되는 부분이다.

마지막으로 시민성은 어느정도 '초국적이고 세계주의적인 지향'을 전제로 하지 않을 수 없다. 공동선이 일국 내에 갇힌 개념이 아니듯 시민성역시 일국적·초국적 차원을 모두 가질 수 있는 개념이기 때문이다. 공동선과 시민성을 국민국가 바깥으로까지 확장시키면 '국제적 연대'의 가치와도 관련이 생긴다. 예를 들어 유엔은 그 나라 GNP의 0.7%를 개발도상국 대외원조에 쓰라고 권고하고 있다. 이런 점을 심각하게 고민하고 현실적인 문제로 다루는 나라가 바로 공민의식이 발전한 나라일 것이다.

(2) 인권

여기서 말하는 인권의 구체적인 표현들은 우리에게 익숙한 세계인권선언에 등장하는 핵심 인권항목으로 압축될 수 있다(이 책의 다른 장들을 볼 것). 이들은 다시 '국제인권기준'을 통해 구체화되어 있다. 예컨대 흔히 7대 국제인권법이라고 불리는 시민적·정치적 권리에 관한 국제규약, 경제적·사회적·문화적 권리에 관한 국제규약, 인종차별철폐협약, 여성차별철폐협약, 고문방지협약, 어린이·청소년 권리협약, 국제형사재판소 법령 등을 비준하고 국내에서 그것을 지키고 있는지가 시민사회의 인권적 가치의 실천 여부를 판별하는 중요한 지표가 된다.

인권의 중요한 덕목에 속하는 '인간발전(human development)의 가치'를 빼놓을 수 없다. 유엔개발계획(UNDP)은 전통적으로 한 사회의 발전을 나타내는 지표로 여겨지던 경제적 발전 외에 한 사회의 문자해독률 같은 교육가치, 평균수명이나 영유아 사망률 같은 차원 역시 중요하다는 점을 인식시켰다. 여기에 소득불평등 수치(지니 계수) 같은 측정치 또한 인간개발의 가치에서 소중하게 다루어져야 하는 측면이다.

다양성의 존중과 관용은 흔히 한 공동체의 인권을 담보하는 비옥한 토양이 된다. 예컨대 소수자(인종·장애·성적 지향 등)에 대한 관용의 정도, 외국인 노동자에 대한 처우, 난민 수용실적, 외국인의 자국 시민권 취득절차, 일탈적 행동과 취향에 대한 용인 등은 그 사회가 이해하는 인권의 성숙도를 가리킨다.

여기서 인권의 중요성을 다시 한번 강조할 필요가 있다. 공동선개념과 비교해서 인권개념이 시민사회에 주는 어떤 잇점이 분명히 존재한다. 인권개념은 공동선개념에 비해 그 발전의 역사가 길고 오랜 논쟁 과정을 거치면서 대단히 정교하게 벼려져온 개념이다. 그리고 인권은 국제법, 국내 헌법 등을 통해 '규범의 성문화' 과정을 거쳤다. 법이 한 사회의 사회적·문화적·가치적 인식의 구체적인 표현이라면 인권은 이미 대단히 유리한 실천적 고지에 올라 있는 셈이다. 또한 인권은 비교적 구체적 항목들을 정의·발전시켜 현실 사회문제를 해결하는 데 대단히 유용한 프로그램적 가치를 제공한다. 인권은 시민사회의 전략적 청사진을 제공할 수 있는 풍부한 잠재성을 품고 있는 것이다. 마지막으로 인권은 공동선개념보다 더욱 근원적이고 급진적인 메씨지를 전달할 수 있는 '개념적 날'이 서 있다. 국가의 압제와 불의에 저항하여 인간의 자유를 옹호해온 경험과 사회적·경제적 권리의 통합성, 그리고 차별반대의 급진적 보편성 등이 인권을 시민사회의 가장 중요한 가치로 만드는 데 일조하고 있다.

(3) 민주주의

대의민주주의로 표현되던 형식적·절차적 민주주의는 지난 20여년간 많은 변화를 거쳤다. 이제 정부가 단순히 합법적으로 정권을 잡았다고 해서 시민을 배제한 채 정당성을 주장할 수는 없는 세상이 되었다. 극단적인 예를 하나 들어보자. 만일 정부가 더이상 시민의 자유로운 제안을 받지 않고 정책을 집행하겠다고 선언한다고 가정해보라. 그리고 이렇게 주장한다고 가정해보라. "우리는 앞으로 시민의 여론을 접수하지 않겠다. 우리 정부가 선거에서 뽑혔다는 사실 자체가 임기 동안 우리가 국정을 마음대로 관리할 수 있음을 의미하기 때문이다. 시민의 여론을 정부 홈페이지에서 접수하든 안하든 그것은 전적으로 우리가 결정할 문제이다. 그것을 하지 않는다고 해서 우리를 비판할 수 없다. 우리의 업무와 실적으로만 정부를 판단해달라." 형식논리로만 따지면 이런 태도를 불법이라 말할 수는 없을 것이다. 그러나 우리는 직관적으로 이런 자세에 무언가 문제가 있음을 알 수 있다. 그 이유는 무엇일까? 이미 우리는 형식적 대의민주주의의 관문을 넘어 실질적·참여적 민주주의의 시대에 진입했기 때문이다. 여기서 아래에서 말할 '참여'의 개념이 현대 민주주의 사상과 정확하게 일치됨을 알 수 있을 것이다. 이것을 이론적으로 표현하자면 민주주의의 내용이 통치(government)에서 공치(共治, 또는 거버넌스governance)로 변화했다고 한다. 즉 실질적 민주주의의 관점에서 보면 시민운동을 포함한 다양한 시민사회 주체들이 국정의 절차와 내용에 참여하는 것이 이제 단순히 정당할 뿐만 아니라 반드시 필요하다는 것이다. 비섬(D. Beetham)에 의하면 시민적·정치적 권리의 법적 보장과 모든 시민의 차별 없는 권리보장, 시민권리의 보장을 위한 자발적 결사체의 존재 및 그 활동의 자유보장, 시민의 권리에 관한 공공교육과 홍보기능 등이 현대 민주주의의 핵심적 요소라 한다. 따라서 민주주의의 형식이 참여민주주의로 바뀌고, 또 역으로 시민사회의 참여가 민주주의의 토대를 구성하는 시대에 우리는 살고 있는 것이다. 그러므로 '능동적 시민사회'(박상필)는 바로 민주주의의 토대를 튼튼하게 하려는 데 그 목적이 있다고 해도 과언이 아니다.

(4) 참여

시민사회의 마지막 가치는 시민의 참여 그 자체이다. 참여를 통해 시민사회는 확장되고 모양을 갖추고 영향력을 발휘하고 유지될 수 있다. 시민사회적 가치는 참여를 통해서만 구체적으로 드러난다. 푸트넘(R. Putnam)은 시민의 참여가 '사회적 자본'을 형성하며 그것이 현대 민주주의의 재활성화에 결정적인 역할을 한다고 보았다(2000). 그렇다면 한 사회의 참여도는 어떻게 알 수 있는가?

참여는 자발적 결사체의 종류와 숫자, 그리고 민간부문 전체 결사체의 종류와 숫자를 통해 유추될 수 있다. 또한 비공식적 유대관계도 참여의 폭과 깊이를 더해주는 지표가 된다. 그렇다면 주말의 등산모임 같은 자발적·사적·비공식적 결사체만이 참여일까? 물론 그렇지 않다. 위의 항목에서 우리는 이미 인권, 공동선, 사회적 가치, 인간개발, 관용 등의 공적인 의제가 중요함을 살펴보았다. 이런 형태의 시민사회적 가치를 실천하는 결사체를 우리는 흔히 시민단체 또는 NGO라고 부른다. 이 단체들은 민주주의, 제도개혁, 인권, 평화, 환경, 여성, 노동, 제3세계 개발 등 각종 부문에서 한국사회와 국제사회에서 맹활약을 하고 있다. 이들이 얼마나 중요한 사회세력으로 등장했는지 요즘은 시민사회와 시민단체를 혼용해서 쓰는 경향이 생겼을 정도이다.

물론 시민사회를 엄격하게 정의해서 국가와 시장 간의 모든 매개적 결사체 영역이라고 말할 때, 시민사회에는 레저클럽에서부터 범죄조직에 이르기까지 온갖 종류의 집단이 포함될 수밖에 없다. 그러나 우리가 시민사회의 공적인 역할과 기능을 강조할 때 시민사회의 핵심은 바로 공익적 시민운동에 있다고 해도 틀린 말이 아니다. 이렇게 본다면 시민 개개인이 능동적인 참여를 통해 민주주의를 신장·심화시키는 것이 시민사회의 중요한 가치임이 자명해진다. 시민의 참여 없이는 시민사회의 존립 자체가 어렵기 때문이다.

위에서 말한 시민사회의 가치들, 즉 시민성·인권·민주주의·참여가 이루어지기 위해서는 시민사회 자체의 외연이 확장되고 그 영향력이 증대되어야 한다. 이것은 특히 한국처럼 국가권력이 주민등록에서 병역의무에 이르기까지 촘촘하고 완벽하게 시민의 삶 속에 깊이 파고들어 있는 나라에서는 더욱 그러하다. 반공 규율사회로 국민을 전체주의적으로 통제해온 한국국가의 성격, 그리고 미디어와 각종 문화적 기구들이 국가이데올로기를 맹목적으로 추종하고 재생산해온 역사를 감안할 때 시민의 자율적 공간 확보와 시민사회적 가치의 세확산은 어쩌면 가장 중요한 이슈일지도 모른다. 따라서 참여를 통한 시민사회의 세확산은 단순히 시민사회 발전의 한 방법론이 아니라 시민사회의 가치 그 자체가 되어야 할 것이다. 그렇게 해서 시민사회적 가치들이 대중적으로 수용··지지되고, 언론·미디어·교육·문화·종교의 현장에서 시민결사체 활동이 다양하게 펼쳐져야 하는 것이다.

이 절을 맺기 전에 마지막으로 시민사회론의 오용에 관한 경고를 덧붙일 필요가 있다. 위에서 보았듯이 시민사회론은 적응적 개념이므로 어떤 관점에서도 그것을 이용하고 자기류로 해석할 소지가 있기 때문이다. 예를 들어 국가역할의 적극적 축소를 정당화하기 위해 시민사회의 활성화를 주장하는 것은 분명 시민사회론의 오용 사례에 속한다. 웨인라이트 (Wainwright)는 "신자유주의가 시민사회이론을 하이재킹하여 국가축소의 정당화이론으로 악용했다"고 경고한 바 있다. 예를 들어 사회안전망 마련과 약자보호를 위한 국가의 기능을 시민사회가 지원할 수는 있겠지만 시민사회가 국가의 역할을 대체하도록 강요당하거나 그런 식으로 정책적 유도를 당해서는 안된다. 또한 국제적으로 선진국이 개발도상국에 대해 선진국 정치모델의 답습을 전제조건으로 대외원조를 할 때 '시민사회의 발전'이라는 명분을 내거는 경우가 종종 있다. 이런 것은 진정한 의미에서 시민사회의 발전에 도움이 되지 않을뿐더러 시민사회를 문명 대 비문명의 구도로 보는 고대의 흔적이 감지되는 부정적 관행이라 하겠다.

4. 시민사회와 인권의 실행

시민사회에서 공익활동을 하는 결사체를 시민사회단체라 하고 이중에서도 인권을 전문으로 다루는 단체를 인권단체 또는 인권 NGO라고한다. 그런데 위에서 보았듯이 인권이 시민사회의 중요한 가치이므로 넓게 보면 모든 시민단체가 직간접적으로 인권과 관련있다고 볼 수 있다. 예를 들어 환경단체라 하더라도 궁극적으로는 인권문제와 연결된다. 갯벌 간척사업을 하면 습지생물과 각종 물새들이 피해를 당하지만 그와 함께 고기와 조개를 잡아 팔던 어민들도 생계의 터전을 잃게 된다. 경제적 생존권을 박탈당하는 것이다. 이처럼 모든 사회문제의 사슬은 인권영역을 피해갈 수 없다. 이 절에서는 전문 인권단체와 여타 시민단체들, 즉 시민사회의 모든 결사체들이 인권을 신장하기 위해 벌이는 노력을 종류별로 살펴볼 것이다. 이것을 통해 우리는 시민사회가 인권향상에 얼마나 큰 역할을 다양하게 수행할 수 있는지 알 수 있을 것이다.

(1) 감시

시민사회는 인권문제에서 '국가가 할 수 없는 것'을 감시하고 고발할 수 있다. 이러한 '감시'야말로 시민단체들이 인권영역에서 가장 많이 수행하는 업무라고 할 수 있다. 지금은 민간단체가 인권상황을 감시하고 모니터링하는 것이 일상화되었지만 수십년 전만 하더라도 이런 일은 아주 생소하게 받아들여졌다. 각국 정부는 시민단체들을 공식적 지위도 전문성도 없는 집단으로 간주했으며 따라서 이들이 정부의 인권정책을 감시한다는 것 자체를 용납하려 들지 않았다. 정부가 인권단체를 불신한 더 근본적인 이유는 인권을 국가의 주권, 즉 국권(states rights)의 하위개념이라고 여기고 시민사회단체가 인권을 거론하는 것을 국권에 대한 직접적 도전행위라고 보았기 때문이다. 더구나 외국의 인권단체가 자국의 인권문제를 거론하는 것은 용납할 수 없는 주권침해, 즉 국제적 상호 내정 불개입 원칙에 대한 심각한 위반으로 치부되었다. 또 시민단체는 시민단체대로 국가의 인권침해를 시민들이 감시할 수 있다는 생각을 적극적으로 하지 못했다. 예를 들어 1961년에 국제앰네스티(앰네스티 인터내셔널)가 창설되었을 때만 해도 시민들은 일개 시민단체가 각국 정부의 인권침해를 정말 감시할 수 있을까, 그리고 그것이 과연 효과가 있을까 하고 반신반의했던 것이다.

그러나 시민사회는 지난 40여년간 각국 정부의 인권탄압 사례를 기록하고 정보를 수집하고 이를 국제사회에 보고하고 고발해왔다. 정치범·양심범의 투옥과 고문, 반대의견의 무자비한 탄압, 일상화된 고문과 가혹행위, 독립적이지도 공정하지도 않은 사법부, 언론자유 말살, 학살과 '실종' 등 인권침해의 감시목록은 대단히 다양했다. 인권문제가 궁극적으로 민주주의와 민주화를 완성하는 것과 직접적인 관련이 있다는 점을 밝힌 것 역시 인권감시활동의 중요한 업적이었다. 오리지오(R. Orizio)에 따르면 독재자들은 다음과 같은 특징이 있다. 개인숭배와 비밀경찰, 국가재산의 유용, 국정보다는 지도자 개인의 안위, 특히 무자비한 고문과 법절차 무시, '실종'과 같은 인권유린 등이 그것이다(2003). 그러므로 인권유린은 시민사회의 가치에 위배될 뿐 아니라 민주주의 정치와 근본적으로 양립될 수 없다. 바로 이 때문에 인권의 감시는 민주주의의 일상적 추구 그리고 민주화투쟁과 맥을 같이하는 경향이 있다. 아시아·아프리카·라틴아메리카에서의 인권감시, 헬씽키 협정하의 동구권 인권감시, 미국 내의 유색인종 차별감시 등이 모두 인권의 모니터링을 지속적인 시민사회 업무 속으로 편입시키는 데 기여했다. 한국에서도 70년대 이래 독재정권하의 인권문제를 감시하는 국내외 민간단체들이 많이 생거났다. 민주화운동단체, 지식인 그룹, 종교단체, 노동단체들이 인권과 자유를 민주화투쟁의 중요한 축으로 삼고 활동했던 것이다. 그 와중에 인권운동을 하는 것 자체가 탄압의 대상이 되기도 했다.

인권영역의 감시는 인권침해에만 해당되는 것이 아니다. 인권법이 현실 속에서 얼마나 제대로 지켜지는지 점검하는 것도 감시의 중요한 영역이다. 이를 '인권이행'의 감시라고 한다. 인권문제가 발생한 후 그 진상을 밝히는 것이 '사실적 인권감시'라 한다면, 인권법의 올바른 집행을 확인하는 것은 '절차적 인권감시'라 할 수 있다. 인권운동은 인권의 감시체계를 대단히 정교하게 발전시켰다. 예를 들어 '휴리독'(HURIDOC)이라는 정보 씨스템은 고문이나 가혹행위를 보고하는 방법을 국제적으로 표준화시켜 인권침해를 일관된 체계하에서 보고하도록 하며 전세계적으로 비교하고 데이터베이스화할 수 있도록 하고 있다. 이처럼 시민사회의 인권감시활동은 폭넓게 상시적이고 전문적으로 진행되고 있다.

(2) 주창

시민사회는 인권의 적극적인 가치를 위해 제도개선과 법제화를 모색할 수 있다. 이것을 주창활동이라 하는데 이는 '국가가 하기 싫어하는 것을 주장하고 요구'하는 것을 말한다. 시민사회가 인권영역에서 캠페인 활동을 편 것은 역사가 깊다. NGO가 탄생한 계기도 따지고 보면 인권의 주창활동을 통해서였다. 19세기 초 일단의 인권활동가들이 당시 성행하던 노예무역과 노예제도에 대해 문제를 제기하기 시작했다. 그들은 노예제도가 비윤리적이고 비인도적인 악습이라고 믿었다. 몇십년에 걸친 이들의 활동 덕분에 노예제도는 결국 폐지될 수 있었다. 또한 전쟁터에서 부상병과 포로를 돕고 민간인을 보호하자는 제네바 협약도 19세기 중반에 생긴 인도적 활동단체인 적십자의 주창활동 덕분에 실현될 수 있었다.

제2차세계대전이 끝난 후 전쟁의 참화를 딛고 인류를 학정과 탄압에서 구하자는 의도에서 창설된 유엔은 1948년 세계인권선언을 제정했다. 인권선언을 제정하려는 아이디어와 요구가 당시 전세계 시민사회의 절실한 희망이었던 것이다. 세계인권선언 이후 이 선언을 단순한 선언 이상의 구체적인 국제인권법으로 격상시키기 위한 노력이 이어졌다. 많은 인권단체들이 유엔과 협력하여 드디어 대표적인 국제인권법인 국제인권규약의 탄생이 가능해졌다. 이외에도 인종차별철폐협약, 여성차별철폐협약, 어린이·청소년 권리협약, 고문방지협약, 국제형사재판소 법령 등의 국제인권법이 제정되었다. 이러한 국제인권기준의 설립을 요구하고 주창한 것은 역시 전세계 시민사회였다. 인권 NGO들은 정부, 외교사절, 유엔과 국제기구에 압력을 가하고 로비를 벌인다. 또한 법의 성안과정에 참여하여 의견을 개진하고 전문적인 지식을 주입하기도 한다.

한국 시민단체의 인권주창 활동 역시 대단히 역동적이고 가시적인 모습을 띠었다. 민주화투쟁 과정에서 악법을 철폐하고 개헌을 요구한 것은 모두 주창활동의 일환이었다. 민주화 보상 관련, 제주 4·3 사건 조사, 의문사 진상조사, 과거사 정리를 위한 특별기구를 제정하라는 이슈를 제기하고 법제화를 관철시킨 것도 시민사회의 주창활동이었다. 이런 주창활동의 가장 대표적인 성과로서 국가인권위원회의 설립을 들 수 있다. 1993년 빈 세계인권대회 이후 한국의 인권단체들은 줄기차게 국가인권기구의 설치를 요구했다. 물론 이같은 요구를 국가가 처음에는 들어주기 꺼려했지만 시민사회의 지속적인 캠페인과 동원으로 인해 결국 2001년 정식 국가기관으로서 국가인권위원회가 탄생할 수 있었다. 이것이 우리 인권 역사에서 차지하는 의의는 표현하기 어려우리만큼 크다. 철옹성 같았던 '국권'의 가치체계 속에 '인권'의 가치가 당당히 한 자리를 차지하게 된 것이다. 또한 시민사회의 주창활동과 인적 자원이 직접 국가기구 내에 이식된 의미심장한 사건이라고 볼 수도 있다. 최근 들어 우리가 관심을 기울이기 시작한 장애인의 이동권 보장, 우리 인권문제의 핵심적인 부분인 국가보안법 폐지에 대한 요구 등은 한국의 인권운동이 궁극적으로 관철해내야 하는 주창영역으로 남아 있다. 결론적으로 시민사회는 인권의 외연을 넓혀가고 진보적 인권의제를 생산하는 발전소의 역할을 수행하고 있음을 기억해야 할 것이다.

(3) 혁신

간혹 시민사회는 반대와 투쟁만을 한다는 오해를 받곤 한다. 특히 시민단체의 활동에 무지하거나 색안경을 끼고 보는 국민 중에는 시민단체를 불온하고 불순한 문제집단처럼 이해하는 사람도 있다. 그러나 인권문제를 비판적으로 감시하고 새로운 의제를 주창하는 시민사회의 노력이 없었더라면 우리나라를 포함한 전세계의 인권상황은 지금보다 훨씬 열악할지도 모른다. 인권상황이 악화되면 개인의 정치적·사회적 견해와는 관계없이 인권유린을 당할 가능성이 높아진다. 예를 들어 과거 우리나라에서는 '막걸리 보안법'이라고 해서 평범한 시민이 취중에 별생각 없이 한 발언이 문제가 되어 처벌받는 일이 벌어지곤 했다. 라틴아메리카의 군사정권하에서도 보수·진보를 가리지 않고 많은 국민들이 인권유린을 당했다. 그러므로 인권단체의 활동을 폄하하는 사람들은 인권단체의 노력이 없다면 자기 자신 역시 인권침해의 피해자가 될 가능성이 있음을 직시해야 할 것이다.

그런데 인권단체의 역할 중에는 인권증진을 위해 정부의 정책과정에 적극적으로 참여하여 개선하는 활동도 큰 몫을 차지한다. 다시 말해 '국가에게 부족한 부분을 보충하고 개선하는 혁신의 기능'을 인권 NGO들이 해낸다는 뜻이다. 예를 들어 여성의 사회진출은 한 나라의 여성권 확보에 중요한 지표 역할을 한다. 그런데 이를 위해서는 특히 보육시설 확대가 필수적이다. 아이들을 맡길 만한 적당한 기관이 없으면 여성의 사회활동이 큰 제약을 받는 것이 우리의 현실이기 때문이다. 이때 우리나라 전체 또는 특정 지역사회에 어린이를 둔 어머니 중 사회생활을 하고자 하는 잠재인력이 얼마나 되는지, 이들의 구체적인 욕구가 무엇인지, 보육시설을 국가나 지방자치단체가 제공한다고 할 때 직접 제공이 좋은지, 간접적인 지원이 더 좋은지 등을 알아보는 과정에 여성단체들이 참여해서 조사, 연구, 정책대안 제시 등을 할 수 있다. 또한 장애인들의 정상적 사회참여를 위한 정책입안에 장애인 권익단체가 직접 개입하여 장애인의 관점에서 필요한 욕구와 개선방안을 제시하고 구체적인 정책안을 내놓기도 한다. 이런 정책과정 개입을 '정책공동체'의 일원이 된다고 표현한다. 이런 일이 반드시 행정부에만 국한되지는 않으며 입법부와 사법부에도 적용될 수 있다. 우리나라의 어느 보건단체는 국민의 건강권과 관련된 법의 초안을 마련하고 그 안이 국회에서 입법화된 후에 그 법의 시행령을 만드는 작업에까지 관여하기도 했다.

시민사회가 인권분야의 혁신과정에 대단히 광범위한 역할을 수행할 수 있는 까닭은 시민사회가 대단히 다양한 요소들로 구성되어 있고 이들이 유기적으로 잘 연결되어 총체적인 힘을 발휘하기 때문이다. 예를 들어 시민사회는 시민단체 활동가뿐만 아니라 자원활동가, 학생, 일반시민, 법률가, 과학자, 의료인, 사회사업가, 여성문제 전문가, 학자 등이 망라되어 있는 거대한 네트워크이다. 이 네트워크는 자발적으로 또 창의적으로 갖가지 정책과정에 결합하여 몇몇 사람의 아이디어만으로 나올 수 없는 혁신적인 역량을 발휘한다.

(4) 써비스 제공

시민사회단체는 인권문제를 해결하기 위해 사회써비스를 직접 제공하기도 한다. 이것은 시민사회가 '국가가 필요성을 인정하면서도 직접 실행할 여력이 없는 부분에 필요한 재화와 용역을 제공'하는 것이다. 써비스의 직접 제공은 주로 복지기관과 구호기관의 전통적인 업무로 취급되어왔다. 이 때문에 위에서 말한 인권감시와 인권주창만을 인권단체의 주 업무로 보는 경향도 있어왔다. 그러나 이런 경향은 통합적 인권개념의 부상으로 이제 옛말이 되었다. 1948년의 세계인권선언에 이미 모든 인권의 똑같은 존중원칙이 규정되어 있지만 인권은 주로 시민적·정치적 권리 위주로 이해되는 경향이 많았다. 바로 이러한 시민적·정치적 권리 편향(bias) 때문에 인권감시와 주창활동만이 부각되었던 것이다.

하지만 90년대 이후 인권개념이 급팽창하면서 이제는 경제적·사회적 권리를 완전히 받아들이지 않는 인권개념은 인권이 아니라고 할 수 있을 정도가 되었다. 바로 몇해 전 우리 국민은 이 점을 직접 체험한 적이 있었다. 90년대 후반 한국경제를 거의 마비시킨 아시아 외환위기 당시 우리는 사회적 안전망과 최소한의 먹고살 권리가 인간의 실존에 얼마나 절박한 과제인지 몸으로 실감할 수 있었다. 당시 많은 사회복지단체들이 노숙자, 행려자, 실직자들에게 의식주를 제공하는 업무를 담당했다. 오늘날에도 독거노인, 장애인, 소년가장, 결식아동 등에 대한 시민사회의 써비스 제공은 계속되고 있다. 뿐만 아니라 가정폭력을 견디다 못해 집을 나온 여성들에게 쉼터를 제공하고 법률지원을 한다든지, 매매춘 종사자에게 재활의 길을 제공하는 일도 시민단체의 주요한 활동영역에 속한다. 이처럼 과거에 '순수' 인권단체와 복지단체를 가르던 전통적인 경계가 허물어지면서 인간의 존엄성에 관련되는 모든 일이 인권의 어휘 속에 들어오게 된 것이다.

통합적 인권개념은 인도적 지원단체에도 적용되기 시작했다. 위에서 말한 복지영역의 경우처럼 전통적으로 인권영역과 인도적 지원영역은 분리되어 발전해왔다. 국제법 체계도 국제인권법과 국제인도법으로 따로 발전해왔다. 그러나 이제는 이런 구분 역시 그 경계가 흐려지고 있다. 예를 들어 북한의 식량부족 해결을 위해 노력하는 시민단체는 인도적 지원단체이지만 동시에 인권단체로 기능한다. 아프가니스탄 전쟁 이후 미국은 꾸바의 관따나모 군기지에 알 카에다 용의자들을 감금시켜놓았다. 적십자는 이곳을 방문해서 알 카에다 포로들이 적절한 인도적 대우를 받고 있는지 여부를 점검해오고 있다. 이것은 인도적 사업인가 인권사업인가? 둘 다 해당된다고 보아야 할 것이다. 이러한 '경계 허물기'는 전문 인권단체의 경우도 마찬가지이다. 앰네스티는 인권침해의 피해자와 그 가족들에 대한 법률적·물질적 지원을 점차 늘리고 있다. 인권단체가 인도적 지원업무와 비슷한 활동을 개척하고 있는 것이다. 고문을 감시하던 의료전문가들이 미국, 네덜란드, 영국 등에서 고문피해자의 치료와 재활을 위한 단체를 결성한 것도 좋은 예가 된다.

(5) 정당성 부여

마지막으로 시민사회는 '국가의 활동이 인권기준과 공익에 부합되는지를 판별'하는 활동을 한다. 시민사회가 국가의 행동을 판정하는 것이다. 정당성 부여의 내용적 판단기준은 특정 정책의 공익성, 민주적 대표성, 실효성과 효율성, 소외계층의 배려와 형평성 등이다. 그리고 시민사회적 관점에서 정당성 부여의 기준을 하나 더 추가한다면 '시민참여'의 여부일 것이다. 위에서 보았듯이 참여민주주의 정신은 시민사회의 가치이자 현대 민주주의의 중요한 구성요소에 속한다. 이제는 어떤 정책이 내용상 아무리 옳다 하더라도 시민여론의 검증과 개입(input)을 거치지 않으면 정당성을 부여받기 어려운 시대가 되었다. 여기서 우리는 위에서 살펴본 '공치'의 개념이 시민사회가 정부정책의 정당성을 평가할 때도 다시 출현한다는 것을 알 수 있을 것이다. 지금까지 우리는 시민사회가 인권의 영역에서 감시, 주창, 혁신, 써비스 제공, 정당성 부여 등의 역할을 하고 있음을 보았다. 이러한 역할은 중복되기도 하고 변형되기도 한다. 예를 들어 인권단체들이 국가인권위원회의 설립을 주창하지만 일단 이 기관이 만들어진 후에는 인권위가 내놓는 정책의 정당성을 판별하는 활동을 하는 것이다. 이처럼 시민사회의 모든 활동범위를 개념적으로 범주화시킬 수 있지만 이 모든 것이 인권옹호의 여러 측면들을 상호보완적으로 강화시킨다는 점을 기억해야 하겠다.

5. 지구시민사회와 인권

우리는 지금까지 주로 한 나라 내에 있는 시민사회의 맥락에서 논의를 전개해왔다. 대다수 시민사회론 자체가 일국적 시민사회를 무의식적으로 전제하는 것이 사실이다. 그러나 시민사회의 외연이 확장되고 국제 NGO들의 활동이 늘어나면서 초국적 시민사회, 더 나아가 지구시민사회(Global Civil Society)의 출현과 전망에 대한 논의가 점점 더 활기를 띠고 있다. 일각에서는 일국적 국민국가의 민주주의 프로젝트가 우선시되어야 하고, 더 나아가 국가에 기반을 두지 않는 초국적 시민사회라는 개념은 아직 시기상조라는 견해를 보이기도 한다. 그러나 다음 두 가지 조건으로 인해 지구시민사회의 논의는 더이상 공허한 논리가 아니라 실질적인 현실이 되고 있다. 첫째, 90년대 들어 시민사회의 여러 구성원들이 사회적·정치적으로 초국적(supranational) 영역에 참여해오고 있다. 지구시민사회를 이루는 조직과 개인의 수가 오늘날만큼 큰 적이 없었다. 지난 10여년간 국제 NGO의 수와 활동범위가 급팽창했으며 개인, 풀뿌리 단체, 국내단체, 느슨한 연대체들, 네트워크들이 모두 지구적 공론의 장에서 제각기 역할을 하기 시작했다(안하이어 외 2004). 둘째, 헬드(D. Held)

가 말했듯이 지구화가 진행되면서 지구적 수요와 공급의 메커니즘이 대두되었고 그 공급의 측면을 시민사회가 담당하기 시작했다(2002). 지구적 빈부격차와 환경문제 등을 해결해야 할 수요가 발생했고 이것을 각국 정부가 채워주지 못하는 상황에서 국제 NGO를 위시한 지구시민사회가 공급의 한 주체로 등장한 것이다. 특히 인권영역은 지금까지 강조한 것처럼 처음부터 국권의 개념이 아닌 보편적 인간의 차별 없는 권리라는 '초국적 인식론'으로 출발한 영역이다. 보편적 인권관은 원래 보편적 세계관을 전제로 해야 가장 논리적이지만, 국민국가의 영향력이 강성하던 시대에는 현실적인 이유 때문에 일국적 세계관에 갇혀 있어야 했던 것이다. 현재도 국가체제는 보편적 세계관에 편입되기를 완강하게 거부하고 있다. 그러나 국가체제보다 훨씬 보편적인 가치와 개방적 담론구조를 지향하는 시민사회가 먼저 초국화되는 것은 어쩌면 당연한 현상일지도 모른다. 그러므로 현실적으로는 아직도 인권문제의 책임이 일국 내에 소재하지만 장기적으로 인권문제는 결국 인류 공동의 문제이며 그런 점에서 지구시민사회와 가장 친화성이 높다고 볼 수 있다. 역사는 느리지만 확실하게 지구시민사회의 현실화로 방향을 잡아가고 있고, 이 글을 읽는 젊은 세대가 사회의 중추가 될 싯점에는 지구시민사회가 당연시되는 상황을 맞게 되리라고 전망된다.

6. 인권의 미래는 시민사회에 있다

우리는 지금까지 시민사회와 인권의 관계를 알아보았다. 이것을 통해 시민사회와 인권은 개념상으로나 실천적으로나 대단히 가깝고 상호보완적임이 드러났다. 시민사회는 인권의 가치를 추구하고 동시에 그것을 생성하는 이중의 활동장이며 인권의 구현을 위한 행동을 주입시켜주는 동원의 장이다. 또한 인권은 시민사회에 방향성과 구체적인 프로그램을 제공해주고 일차적 민주화 이후의 포스트민주주의 시대 즉 민주주의 심화시대에 걸맞은 영감과 법 규범의 지렛대를 제공한다.

여기서 시민사회가 다른 부문과 상호작용하는 구조적 역학을 강조하는 관점도 소개할 필요가 있다. 이샤이(M. Ishay)는 국가, 시민사회 또는 공적 영역(시장영역과 좁은 뜻의 '시민사회'를 합한 개념), 그리고 사적 영역 등 3대 영역이 서로 상호작용하는 '구조적·제도적 역학'이 인권신장의 '일정한 총체성'을 형성한다고 주장한다(2005). 각 시대별로 이 3대 영역이 서로 어떤 역학관계를 맺느냐에 따라 인권이 발전할 수도, 퇴보할 수도 있다는 말이다. 이런 견해에 따르면 계몽주의와 산업혁명 시대에 국가가 상대적으로 약화되었고, 시민사회가 상대적으로 강화되었으며, 사적 영역이 상대적으로 자유화되었기 때문에 인권이 비약적으로 발전했다고 본다. 이런 시각에서 보자면 오늘날 한국의 인권전망은 결코 밝지 못한 것이 사실이다. 국가가 약화되어 있고, 초국적 자본의 공세가 강해지고 있으며 좁은 뜻의 시민사회는 분절화되어 있다. 또한 정보기관의 도·감청, 인터넷 공간에서 개인정보의 악용, 교육행정정보씨스템(NEIS) 논쟁에서 보았던 개인정보의 통제시도, 생체인식 기술, 인간 배아복제 등 사적 영역에 대한 개입도 극심해지고 있는 현실이다. 시민사회의 인권운동이 더욱 급진적으로 강화되어야 하는 이유가 바로 여기에 있다고 하겠다.

빈쎈트(J. Vincent)는 인권의 여러 요소 중 '누가 인권을 보장할 것인가'라는 항목을 중요하게 생각해볼 것을 권한다(1992). 전통적으로 이 질문의 해답은 국가가 쥐고 있었다. 영토로 경계가 지어진 국민국가 내에서 살아가는 국민들은 주권에 대한 복종의 의무를 지는 대신 국가로부터 신상의 보호와 자유를 보장받는다는 이론적 사회계약에 묶여 있기 때문이다. 그러나 위에서 누누이 강조한 것처럼 이제 일방적인 통치의 시대는 저물어가고 있으며 참여와 공치의 시대가 우리 앞에 도래해 있다. 이때 우리는 다음과 같은 질문을 던져봐야 할 것이다. '만일 공치의 조건이 충족된다면 인권보장의 궁극적인 책임도 국가와 시민사회가 나누는 시대가 도래하지 않겠는가?'

■ 참고문헌

데이비드 헬드 외 『전지구적 변환』, 조효제 옮김, 창작과비평사 2002.

로버트 D. 푸트넘 『사회적 자본과 민주주의』, 안청시 외 옮김, 박영사 2000.

미셸린 이샤이 『세계인권사상사』, 조효제 옮김, 도서출판 길 2005.

알렉시스 드 또끄빌 『미국의 민주주의』, 임효선·박지동 옮김, 한길사 1997.

앤서니 기든스 『제3의 길과 그 비판자들』, 박찬욱 외 옮김, 생각의나무 2002.

조효제 「한국 시민운동의 발전과 도약」, 『시민과세계』 제3호, 2003.

헬무트 안하이어 외 『지구시민사회』, 조효제·진영종 옮김, 아르케 2004.

Lewis, D., *The Management of Non-governmental Development Organizations: An Introduction*, London: Routledge 2001.

Orizio, R., *Talk of the Devil: Encounter with Seven Dictators*, Walker & Co. 2003.

Salamon, L. M., "The Rise of the Nonprofit Sector," *Foreign Affairs* vol. 73, no. 4, 1994.

Seckinelgin, H., "Civil Society as a Metaphor for Western Liberalism," *Civil Society Working Paper 21*, London School of Economics 2002.

Vincent, J., "Modernity and Universal Human Rights," A. McGrew and P. G. Lewis (et al.), *Global Politics: Globalization and the Nation-State*, Cambridge: Polity Press 1992.

■ 추천도서

권혁태 외 『아시아의 시민사회 — 개념과 역사』, 아르케 2003.

박경서 『인권대사가 체험한 한반도와 아시아』, 울림사 2002.

유팔무·김호기 엮음 『시민사회와 시민운동』, 한울 1995.

조효제 편역 『NGO의 시대』, 창작과비평사 2000.

생각해볼 문제

1. 시민사회의 개념은 어떻게 정의할 수 있는가?

2. 시민사회 내에 어떤 종류의 결사체와 행위자들이 있을 수 있는가? 그리고 인권과 관련해서 어떤 결사체의 활동이 중요한가?

3. 시민사회가 인권의 증진과 옹호에 기여한 국내 사례로는 어떤 것이 있으며 그 의미는 무엇인가?

인권과 사회복지

이영환

1. 복지권도 인권인가?

1994년 당시 생활보호대상자였던 심창섭 노인 부부는, 보건복지부의 생활보호 급여수준이 최저생계비의 50%에도 미치지 못한다고 주장하며, 이는 헌법 제34조 1항의 '인간다운 생활을 할 권리'와 헌법 제10조의 '인간의 존엄'과 '행복추구권'을 침해한 것이기 때문에 위헌이라는 헌법소원을 헌법재판소에 제출했다(헌법재판소 94 헌마 33). 청구인들은 헌법이 규정하는 '인간다운 생활'을 영위할 권리가 있으므로, 국가가 이를 적절한 수준 즉, 최저생계비 수준으로 보장해야 할 책임이 있음을 확인하고자 한 것이었다. 이 헌법소원은 우리나라에서 '사회복지의 권리'와 관련된 최초의 소송이었으므로 그 결과가 우리나라 복지권의 현주소를 보여주는 상징적인 의미를 가질 수 있었다.

이 재판의 결과는 뒤에서 다시 논의하겠지만, 여기에서 우리의 관심을 끄는 것은, 헌법이 규정하는 '인간다운 생활'의 권리가 과연 국가가 책임지고 보장해야 하는 적극적이고 구체적인 권리인가 하는 점이다. 즉 인간다운 생활을 하지 못하는 모든 국민은 국가를 상대로 책임을 묻고 보장을 요구할 수 있는 권리를 가지는 것인가? 그렇다고 한다면, '인간다운 생활' 외에도 우리 헌법은 교육받을 권리(제31조), 근로의 권리(제32조), 환경과 주거의 권리(제35조) 등 많은 사회적 권리들을 규정하고 있는데, 이와같은 권리들도 국가를 상대로 책임을 물을 수 있는 구체적 권리로 보아야 하는가? 예를 들어, 실업자가 국가를 상대로 일자리를 요구할 수 있고, 노숙인이나 비닐하우스 거주자들이 국가를 상대로 인간다운 주거를 요구할 수 있는가? 나아가 이러한 사람들의 곤경과 그에 대한 국가의 안일한 대응을 인권침해라고 규정할 수 있는가?

우리나라 헌법이 이상과 같은 사회적 권리들(social rights)을 국민의 기본권리로 분명히 규정하고 있음에도 불구하고 그 권리성의 정도는 그리 분명치 않다. 즉 헌법이 규정하고 있는 또다른 권리들, 즉 신체의 자유나 양심의 자유, 언론의 자유 같은 자유권 그리고 선거권·피선거권 같은 참정권 등은 비교적 쉽게 당연한 권리로 인정되는 데 비해, 사회적 권리들은 그렇게 자명한 권리로 인식되지 못하는 것이 일반적이다. 이러한 현상은 사회적 권리가 갖는 독특한 성격 때문인데, 이에 대해서는 뒤에서 다시 살펴볼 것이다.

이 글은 이러한 사회적 권리 중 사회복지와 관련된 복지권(welfare rights)의 문제를 인권의 관점에서 고찰하고자 한다. 먼저, 사회권과 복지권은 어떠한 특성을 갖고 있는지 살펴본다. 그리고 이를 바탕으로 사회권과 복지권을 보장하기 위한 국제사회의 노력은 어떻게 전개되어왔는지, 우리나라의 복지권 보장의 실태는 어떠한지, 그리고 이를 개선하려는 노력은 어떻게 전개되어왔고 또 어떠한 노력들이 더 필요한지 순차적으로 고찰할 것이다.

2. 인권, 사회권, 복지권

(1) 인권과 사회권

인권(human rights)은 "인류사회 모든 구성원의 타고난 존엄성과 평등하고도 양도할 수 없는 권리"(UN 세계인권선언 1948)이다. 좀더 구체적으로, "헌법 및 법률에서 보장하거나 대한민국이 가입·비준한 국제인권조약 및 국제관습법에서 인정하는 인간으로서의 존엄과 가치 및 자유와 권리"(국가인권위원회법 제2조)로 규정된다. 이러한 인권은 다양하고 구체적인 권리들로 구성된다. 이들 세부 권리들은 역사적 기원과 성격에 따라 여러 가지 분류가 가능한데, 일반적으로 공민권과 참정권, 사회권으로 분류되고 있다.

먼저 공민권(civil rights)은 국가권력으로부터 개인의 자유를 방어하는 의미를 갖는 권리개념으로, 근대사회 초기인 18~19세기 시민혁명을 통해 성취되었다. 신체의 자유, 언론 및 사상의 자유, 신앙의 자유, 사유재산의 보장, 계약의 자유, 법 앞에서의 만인의 평등 같은, 우리에게 익숙한 자유와 권리들을 포함하는 공민권은 대체로 '무엇을 향한 자유와 권리'라기보다는 '무엇으로부터의 자유'와 같은 형식과 내용을 갖는 소극적 권리이다. 다음으로 참정권 혹은 정치적 권리(political rights) 역시 시민혁명의 산물로서 선거권과 공무담임권 등 정치적 영역에서의 시민권을 의미한다.

사회적 권리(social rights)는 19세기 말부터 형성되어온 경제·사회·문화적 권리를 통칭하는 것으로, 우리 헌법에서 말하는 '인간다운 생활을 할 권리' '행복을 추구할 권리'를 의미한다. 구체적으로 사회보장에 대한 권리, 일할 수 있는 권리와 실업으로부터 보호받을 권리, 노동3권,

유급휴가 등 휴식과 휴가의 권리, 교육받을 권리 등을 포괄한다.

물론 이러한 권리들의 분류는 명확하지 않으므로 혼동의 여지가 있다. 예를 들어, 노동조합을 결성할 권리는 집회와 결사의 자유 같은 자유권적 권리인지, 혹은 사회권적 권리인지 논란의 여지가 있는데, 이는 유엔에서 세계인권선언을 채택할 때도 쟁점 중 하나였다고 한다. 그리고 개별 권리들의 내용은 역사적이고 역동적이다. 즉 과거에는 인정되지 못했지만 오늘날에는 기본적 인권의 문제로 인정되는 권리가 많다. 프라이버씨에 대한 권리나 정보접근권, 장애인들의 이동권 등이 그러한 예일 것이다.

이러한 제한점에도 불구하고, 서구의 경우에는 기본적 인권이 대체로 공민권(자유권), 참정권, 사회권의 순서로 발전되어온 것으로 인식된다. 하지만 상이한 역사적 배경과 특성을 갖는 사회의 경우, 그러한 발달의 순서가 다를 수 있고 중첩된 과제로 나타날 수도 있다. 특히 우리나라의 경우, 1945년 해방과 더불어 기본권이 발전하기 시작한 후 급속도로 사회가 변화했기 때문에 3가지 권리의 발전과제가 중첩되어 나타날 수밖에 없었다. 즉 외형적으로 참정권은 1948년 정부수립과 동시에 주어졌지만, 민주주의의 발전은 그와 함께 자동적으로 성취되지 않았다. 자유권 역시 제헌헌법에 포괄적으로 규정되었지만, 80년대 말 민주화 이행기에 이르기까지 인신의 자유는 물론 언론·출판·집회·결사의 자유 등은 군부독재권력 아래에서 유린되기 일쑤였다. 사회권에 대해서는 후술하겠지만, 이 역시 최근에 이르기까지 경제성장 우선주의 아래에서 유보될 수밖에 없었던 명목상의 권리에 불과했다.

(2) 복지권의 개념과 근거

이와같은 인권개념을 바탕으로 이제 사회권의 일부인 복지권(welfare

rights)에 대해 살펴보기로 하자. 복지권이란 무엇인가? 복지권은 사회복지를 향유할 권리로 이해할 수 있기 때문에 먼저 사회복지의 개념을 살펴보아야 한다. 사회복지는 여러 가지 방식으로 정의되지만 쉽게 말해 '모든 사람의 인간다운 생활을 보장하고, 특히 자신의 힘으로는 인간다운 생활을 영위하기 어려운 사람들을 사회적으로 원조하는 일'이라고 할 수 있다. 따라서 복지권은 일차적으로 '모든 사람이 인간다운 생활을 영위할 권리'가 있다는 것이며, 나아가 국가와 사회는 이러한 권리를 보장할 의무가 있고, 국민은 이러한 권리의 보장을 국가와 사회에 요구할 수 있다는 의미이다.

복지권은 자유권이나 참정권보다 늦게 사회적으로 인정받았고, 생존권적 기본권으로 1919년 독일의 바이마르 공화국 헌법에 처음으로 명시되었으며, 세계인권선언 등을 거쳐 사회권 즉 경제·사회·문화적 권리의 일부이면서 그 중심을 형성하는 권리로 확장되었다. 이 과정에서 1929년의 세계대공황과 제2차세계대전으로 인한 생존권 위협의 경험이 복지권이 확대되는 데 크게 기여했다.

그러면 복지에 대한 권리는 왜 필요하며, 왜 기본적 권리가 되어야 하는가? 이 문제에 대한 대답은 우리들이 살아가고 있는 현대사회의 특성에서부터 출발해야 한다. 현대사회에서 모든 사람들은 질병과 사고, 실업, 노령과 퇴직, 이혼, 가구주의 사망 등과 같이 인간다운 생활을 위협하는 위험들에 항상 노출되어 있다. 이러한 위험들은 모든 개인들에게 공통된다는 의미에서 그리고 그 위험의 원인이 사회적이라는 의미에서 사회적 위험(social risks)이라고 한다. 위험의 원인이 사회적이라는 것은 그 책임을 개인에게 묻기 어렵다는 의미도 내포한다. 예를 들어 교통사고가 났을 때, 일차적으로 개인의 부주의를 탓할 수도 있지만, 신호체계나 도로사정 또는 자동차의 성능에 책임을 돌릴 수도 있고, 나아가 자동차산업이나 정부의 산업·교통정책 등에 책임을 돌릴 수도 있다. 마찬가지로 실업의 경우에도 개인적 원인을 넘어 국가의 정책, 산업의 동향, 세계화의 진전 등 다양한 원인을 거론할 수 있을 것이다.

이러한 사회적 위험들은 그 결과가 개인적으로 치명적이기도 하고, 이웃과 사회에 미치는 부정적인 영향도 무시할 수 없지만, 좀더 심각한 것은 개인의 책임과 능력으로 대응하기 어렵다는 점이다. 뜻하지 않은 질병이나 사고로 가구주가 사망하는 경우, 또한 1997년 말 발발한 외환위기에서 보았듯이 어느날 갑자기 쏟아져나오는 수많은 실직자들의 문제는 이미 개인의 문제를 넘어서는 것이다. 결국 사회적 위험은 집단적·사회적으로 대응할 수밖에 없고, 이러한 사회적 원조와 보호가 모든 국민에게 보편적으로 주어져야 한다는 것이 복지권의 의미인 것이다.

복지권의 보장을 위해서는 무엇보다도 국가의 책임이 중시되어야 한다. 그 이유는 오늘날의 사회에서 빈곤 같은 보편적인 사회적 위험에 안정적이고, 형평에 맞게, 그리고 적절한 수준으로 대응할 수 있는 역량은 국가만이 가지고 있기 때문이다. 그러나 우리 사회의 경우 국가의 복지역할보다는 개인간의 상호부조가 미덕으로 숭상되어왔는데, 이는 그동안 국가의 복지역할이 미약했기 때문에 생긴 현상이기도 하다. 그러나 개인간의 상호부조는 안정적이지 않고 충분치 않으며 형평성을 보장하지도 못한다. 실업과 빈곤이 급증했던 지난번 외환위기시에 이러한 개인간 원조가 오히려 축소되는 양상을 보인 것이 그 좋은 예이다.

(3) 복지권을 제약하는 요소들

그런데 앞서 언급한 대로 이러한 복지권은 자유권이나 참정권과 비교할 때 모든 국민의 기본권리로서 당연히 인정되는 정도에 차이가 있는데, 이는 복지권이 가지는 다음과 같은 특성들이 제약요인으로 작용하기 때문이다.

첫째, 복지권은 궁극적으로는 모든 국민의 삶의 질 향상을 목표로 하지만, 현실적으로 그리고 우선적으로는 사회적 약자의 평등주의적 요구를 반영한다는 점이다. 이러한 평등지향적 요구는 자유권이나 참정권의 원리와 갈등의 소지를 안고 있으며, 시장원리에 입각한 경쟁과 이윤추구, 불평등을 원동력으로 하는 자본주의 체제와 근본적인 갈등관계에 있다. 따라서 자본주의 사회의 지배적 경제권력들 그리고 사회적 약자보다는 기득권층을 옹호하는 정치권력들은 원칙적으로 사회권 발달에 대해 호의적이지 않기 때문에 복지권을 인정하기는 그만큼 어려워진다. 결국 복지권은 자본주의체제 내에서 자연스럽게 인정되어온 권리가 아니라, 사회적 약자와 이들을 대변하는 진보적 세력의 투쟁에 의한 쟁취물의 성격을 갖게 된다.

둘째, 복지권의 보장은 선언만으로 가능하지 않고, 국가가 개입하여 사회보장과 사회복지를 위한 구체적인 법과 정책을 만들고 시행하며, 무엇보다도 그를 위한 예산을 확보하는 등 적극적인 역할을 수행할 때만 가능하다. 그런데 이러한 적극성은 각 국가의 이념적 방향성이나 경제적·재정적 역량에 좌우될 수밖에 없는 것이 문제이다. 1948년 세계인권선언을 채택할 당시 미국은 선진국 중에서 이러한 사회적 권리를 인정하는 데 가장 인색한 국가였는데, 이는 미국사회와 정부의 자유주의적 이념성을 반영한 것이다. 또한 오늘날 제3세계 국가들은 이념적 성향을 차치하더라도 사회복지 증진에 쓸 수 있는 경제적 자원이 절대적으로 부족한 경우가 많다.

이러한 특성 때문에 복지권은 일회적인 입법에 의해 원칙적인 보장이 성취되는 자유권이나 참정권과 달리 '기본적 권리인가' 하는 문제가 항상 시비의 대상이 될 수밖에 없고, 이로 인해 현실적으로도 많은 국가들이 기본권리로서의 보장에 실패하고 있기도 하다.

3. 사회권 보장을 위한 국제사회의 노력

앞서 언급한 대로 복지권은 19세기에 태동하여 20세기에 복지국가를 중심으로 정착된 권리이다. 그리고 규범적으로는 1919년의 바이마르 헌법에 처음으로 명문화되고, 1948년 유엔의 세계인권선언에 사회권의 일환으로 자리매김됨으로써 세계적 규범으로 정착했다. 이후 복지권은 유엔을 위시한 국제기구들의 노력을 통해 세계적 차원으로 확산되었다.

그런데 사회권 보장이 발달하는 데 1948년의 세계인권선언이 분수령의 의미를 갖는다고 할 수 있지만, 원칙적으로 규범적·도덕적 선언의 의미만 가질 뿐 실행을 위한 구속력은 없다. 법적 구속력을 갖기 위해서는 회원국의 비준이 필요한 협약이나 조약 형식이 필요하다. 그럼에도 불구하고 세계인권선언은 역사적 과정 속에서 단순한 선언적 의미를 넘어 실질적으로 법적 지위를 확보하는 방향으로 발전되어왔다. 그것은 다음과 같은 과정을 통해서 이루어졌다.

우선 1948년 이후 헌법을 기초한 많은 국가들이 세계인권선언을 수용하여 이를 기본권으로 받아들였고, 지역 차원의 정부간 조직들이 채택한 각종 인권 관련 규약과 결의문 등에도 그 내용과 정신이 반영되었다. 예를 들어 1950년의 '인권과 기본적인 자유의 보호를 위한 유럽협약', 1961년의 유럽사회헌장, 1969년의 미주인권협약 그리고 1981년의 '인권과 국민적인 권리에 대한 아프리카 헌장' 등을 들 수 있다.

또한 유엔총회 또는 산하 전문기구들의 선언과 규약 및 세계대회 결의문 등에 세계인권선언의 정신이 인용되고 수용되었는데, 인권과 주거·여성·환경·사회개발 등의 영역에서 사회권의 발전을 적극적으로 촉구하기 위해 유엔이 주도한 각종 세계대회와 정상회의들은 다음과 같다: 세계인권대회(테헤란 1968; 빈 1993), 세계주거회의(1차 밴쿠버 1976; 2차 이

스탄불 1996), 세계여성대회(멕시코 1975; 나이로비 1985; 북경 1995), 개발의권리에관한세계대회(제네바 1990), 아동정상회의(뉴욕 1990), 환경과개발정상회의(리우 1992), 사회개발정상회의(코펜하겐 1994), 지속가능개발회의(요하네스버그 2002) 등.

물론 이상과 같은 규범이나 선언들도 대개 강제력이 없고, 강대국간 그리고 강대국과 약소국간 이해관계의 대립으로 실효성이 없다는 평가를 받고 있다. 그러나 각 국가의 노력을 촉구하는 일종의 규범적·도덕적 기준으로서 그리고 사회권을 주창하는 각국 내 사회운동의 근거로서 의미는 충분하다. 경우에 따라서는 준강제력을 갖기도 한다.

이러한 선언이나 결의 등과 달리 국제적인 조약이나 협약들은 상당한 강제력을 보유하고 있다. 세계인권선언 이후 지역별·주제별로 체결된 인권 관련 국제규약은 2001년 현재 약 90여개에 달하고, 그중 57개는 유엔을 통해 산출되었다. 일부 예외는 있지만 우리나라는 이러한 조약 등에 가입한 시기나 순위가 매우 늦어서 그동안 우리나라가 국제적인 인권 보장 노력에 얼마나 뒤처졌는지를 보여준다.

특히 사회보장제도와 관련해서는 1919년 창설된 국제노동기구(ILO)가 여러 가지 협약과 권고 등을 통해 사회보장의 국제적 발전을 위해 노력해왔고, 그중에서 1952년 체결된 '사회보장 최저기준에 관한 조약'(102호 조약)이 대표적이다. 그러나 우리나라는 1991년 12월에 이르러서야 152번째 회원국으로 ILO에 가입했다.

포괄적인 사회적 권리와 관련된 대표적인 국제협약으로는 유엔의 경제사회이사회 주관으로 1966년 체결되고 1976년 발효된 경제적·사회적·문화적 권리에 관한 국제협약(CESCR, 인권 A규약)을 들 수 있다. 이 협약과 시민적·정치적 권리에 관한 국제협약(CCPR, 인권 B규약) 및 세계인권선언을 합하여 '국제권리장전'이라고 칭하기도 한다. 인권 B규약이 자유권과 정치적 권리를 규정하고 있는 데 비해 인권 A규약은 다음과 같이 사회권에 관한 포괄적인 규정을 담고 있다. 남녀평등(3조), 노동의 권리(6조), 공정하며 유리한 노동조건(7조), 노동기본권(8조), 사회보장권(9조), 가정의 보호(10조), 의식주 권리와 기아로부터의 해방(11조), 건강권(12조), 교육권(13, 14조), 과학과 문화적 권리(15조) 등.

우리나라는 1990년 4월 인권 A규약과 B규약 그리고 B규약에 따른 선택의정서를 비준했다. 이 규약을 비준한 각 가입국은 가입 직후 국내 인권상황과 정부의 노력에 대한 최초의 보고서를 제출한 다음 5년마다 정기적으로 제출해야 한다. 유엔경제사회이사회는 각국 정부가 제출한 보고서를 심의하며, 각국 NGO의 의견 등을 참조하여 심의 결과를 권고(concluding observation) 형식으로 발표한다. 우리나라도 인권 A규약과 관련하여 1994년 1월에 최초 보고서를 제출했고, 1999년 10월에 2차 보고서를 제출했다. 각각의 경우에 대해 한국의 민간단체들은 우리나라의 사회권 보장에 많은 문제가 있고, 정부의 노력이 소극적인 점을 지적하는 반박보고서를 제출했다. 우리나라 정부의 2차 보고서에 대해 A규약 위원회가 2001년 5월에 발표한 심의 결과를 보면, 1차 보고서 이후 국민기초생활보장법 제정, 4대 사회보험의 발전, 여성부 신설 등 인권과 사회권 진작 분위기 조성을 긍정적인 발전으로 평가한 반면, 1차 보고서에 대한 대부분의 권고와 제안들이 실천되지 않았음을 지적하면서, 비정규직 차별해소, 교사 및 공무원의 노동3권 보장, 취약계층의 적절한 주거보장, 성평등문제, 아동노동과 성매매에 대한 효과적 대응 등 광범한 분야의 개선과제를 권고했다. 여기에서 지적된 사항들에 대한 대책은 2006년 6월 30일까지 3차 보고서를 통해 보고해야 한다. 인권 B규약이나 여성차별철폐협약, 아동권리협약, 인종차별철폐협약 등에 대해서도 유사한 절차와 의무들이 마련되어 있다.

4. 우리나라 복지권 보장의 실태

이제 우리나라에서 복지권이 어느정도 보장되고 있는지를 살펴보기로 하자. 한 국가에서 복지권이 실효성 있게 보장되기 위해서는 첫째, 복지권에 대한 권위있는 규범적 선언이 헌법 등을 통해 이루어져야 하며, 둘째, 복지권의 내용을 사회보장제도 등으로 구체화하는 법령의 정비가 필요하고, 셋째 이를 뒷받침하는 국가의 재정지출이 함께 이루어져야 한다. 이러한 요소들이 고루 갖추어지지 못할 경우 발생하는 결함은 곧 인권의 문제로 직결될 것이다.

(1) 복지권 보장을 위한 기반: 헌법과 법령, 재정투자

헌법과 복지권

1962년부터 우리나라 헌법(제34조)은 '모든 국민은 인간다운 생활을 할 권리를 가진다'고 선언하면서, 이를 보장하기 위해 '국가는 사회보장과 사회복지의 증진 등을 위해 노력해야 할 의무가 있음'을 분명히 하고 있다. 이와같은 규정은 복지권에 대한 규범적 선언으로 손색이 없다. 그 외에도 인권보장과 관련된 국제적인 규약이나 선언 등에 참여하고 비준한 것도 규범적 차원에서 보완적인 의미를 가진다.

문제는 이러한 선언적 규범들이 얼마나 실효성을 가지는가 하는 점인데, 서두에 제시한 심창섭 노인 부부의 헌법소원 결과를 통해 이를 논의해보기로 하자. 청구인들은 이 사건에서 정부의 생계급여 수준이 헌법이 규정하는 '인간다운 생활'을 영위할 수준, 즉 최저생계비 수준에 훨씬 못미치므로 결과적으로 헌법상의 권리를 침해당하고 있다고 주장했다. 이는 인간다운 생활에 대한 국민의 권리와 이를 보장할 국가의 책임을 확인하고자 한 것이었다.

이에 대해 정부를 대표한 보건복지부는 현재 보호기준이 정부의 재정 능력에 상응한 최선의 급여라는 주장을 개진했다. 헌법재판소는 1997년 5월 29일 이에 대해 당시의 생계급여는 분명히 최저생계비에는 미달하지만, 인간다운 생활을 보장하기 위한 보호기준의 책정은 정부 재량에 의할 수밖에 없고, 생활보호대상자에게 주어지는 여타 급여들(노령수당, 공과금 감면 등)을 합하면 헌법규정을 현격히 위배했다고 볼 정도로 낮은 수준은 아니라고 판결했다.

헌법재판소의 이같은 판결은 국가의 재량권을 폭넓게 인정하면서 국가가 헌법규정을 현격히 위배했다고 보기 어렵다는 근거에서 청구를 기각하는 것으로 귀결되어 아쉬움을 남겼다. 하지만 국민의 인간다운 생활을 보장하기 위한 국가의 의무를 재확인하고, 개별 정책이 이를 현저히 위배해선 안된다는 것을 인정한 것은 모호한 점이 있긴 하지만 의미있는 결론이었다. 나아가 이 사건은 국가가 공식적으로 최저생계비를 보장하도록 법제도를 개혁하는 계기로 작용했다. 즉 1997년 생활보호법이 개정되어 최저생계비를 공식적으로 계측하여 발표해야 하는 국가의 의무가 규정되었고, 이후 생활보호법을 대체한 국민기초생활보장법(1999년 8월 입법, 2000년 10월 시행)에서는 모든 수급자들의 최저생계비 보장이 법제화되었다.

이와같이 헌법이 규정하는 '인간다운 생활의 권리'는 국민의 청구권이 인정되는 구체적인 법적 권리인가 하는 문제에서는 약간 모호한 측면이 있고, 학계의 주장도 엇갈린다. 분명한 것은 이러한 선언적 규정들의 존재는 중요하지만 그 존재만으로 구체적인 복지권이 자동적으로 보장되지는 않는다는 점이다. 이를 실질적인 복지권으로 실현하기 위해서는 우선 사회복지와 사회보장 관련 법령들을 제정해 실효성과 강제력을 확보해야 한다. 다음에서는 이를 살펴보기로 하자.

복지권 관련 입법 상황

사회보장제도는 사회보험, 공공부조, 사회복지써비스 및 관련 복지제도로 구성되는데, 이러한 제도들을 규정하는 법령들의 제정과정은 선진국들과 비교할 때 시기적으로 많이 뒤처졌지만, 80년대 후반 이후 급속히 발전하여 10여년 만에 주요 사회보장제도들을 두루 갖추는 정도에 이르렀다. 그러나 그 내용과 질적 수준에는 많은 결함들이 존재한다.

먼저 사회보험은 노령과 질병·실업·산업재해 등 주요 사회적 위험을 보험의 기법을 통해 예방하는 제도로서 오늘날 사회보장제도의 중심을 형성한다. 4대 사회보험 중에서 산재보험만이 60년대에 실시되었고 (1964), 이후 건강보험(1977)과 국민연금(1988)을 거쳐 고용보험(1995)의 순서로 도입·실시되었다. 적용대상도 처음에는 대기업 근로자에 국한되었지만, 점차 그 범위가 넓어졌고, IMF 경제위기시에 국민연금의 도시지역 자영업자 확대가 이루어져 전국민 연금시대가 열리고 고용보험의 적용범위도 급속히 확대되었다.

다음으로 공공부조는 "국가 및 지방자치단체의 책임으로 생활유지 능력이 없거나 생활이 어려운 저소득 국민의 최저생활을 보장하고 자립을 지원하는 제도"로서 최후의 사회안전망(social safety-net)이라는 의미를 가진다. 2000년 10월 시행된 국민기초생활보장제도는 대표적인 공공부조제도로서 1944년 일제하 조선구호령으로 시작되어 1961년 생활보호법을 거쳐 1999년 IMF 경제위기에 따른 대량실업과 대량빈곤의 위험에 대응하여 발전된 제도이다.

사회복지써비스는 "도움을 필요로 하는 모든 국민에게 상담, 재활, 직업보도, 시설이용 등 물질적·비물질적 원조를 제공하여 정상적인 사회참여가 가능하도록 지원하는 제도"이다. 물론 그 대상은 원칙적으로 도움을 필요로 하는 전체 국민으로 광범위하지만, 노인과 장애인, 요보호여성, 아동과 청소년 등 취약계층이 주 대상이 된다. 이러한 대인적 써비스는 80년대 이후 점진적으로 발전했는데, 관련된 주요 법률은 다음과 같다. 노인복지법(1981), 아동복지법(1981), 심신장애자복지법(1981, 1989년 장애인복지법으로 개정), 모자복지법(1989), 장애인고용촉진법(1989), 영유아 보육법(1991), 남녀고용평등법(1991), 고령자고용촉진법(1991), 성폭력처벌 및피해자보호법(1994), 가정폭력방지및피해자보호법(1997), 장애인·노인·임산부등의편의증진보장에관한법(1997), 장애인고용촉진및직업재활법(2001), 성매매방지및피해자보호등에관한법(2004) 등.

마지막으로 관련 복지제도는 "보건·주거·교육·고용 등의 분야에서 사회보장과 관련된 제도"를 의미하는데, 국민건강 증진을 위한 각종 정책과 제도, 영구임대주택이나 주거비보조제도 같은 공공주택정책, 의무교육, 최저임금제도, 직업훈련과 직업소개 등과 같이 우리 생활에 중요한 영향을 미치는 영역들과 관련되지만, 가장 발전이 더딘 분야이기도 하다.

이와같이 주요 사회보장 입법이 지체된 것은 역대 정권이 복지권 보장에 소극적이었다는 데 일차적인 원인이 있을 것이다. 그리고 이제 어느정도 구색을 갖추는 정도에 이르렀지만, 제도의 내용이나 질적 수준은 아직 많이 미흡한 상황이다. 개별적인 제도들간에 많은 편차를 보이겠지만, 대략 다음과 같은 문제들을 들 수 있다.

첫째, 사회보장제도의 포괄성이 미흡하다는 점이다. 우리의 생애 동안 겪을 수 있는 사회적 위험들은 매우 다양하기 때문에 이에 대응하는 사회보장제도도 이를 포괄할 정도로 다양해야 한다. 예를 들어 아동, 청소년기에는 보호와 양육 그리고 교육에 대한 보장이 필요하고, 청년기에는 고용보장과 새로운 가정 형성을 위한 주거복지써비스 등이 필요하다. 그리고 노령기에는 적절한 수준의 소득보장과 함께 건강·고용·여가 및 사회참여 써비스들이 가능해야 할 것이다. 우리나라의 사회복지제도들은 이러한 것들이 아직 많이 미흡하다.

둘째, 적용 범위가 충분히 넓지 않다는 점이다. 사회보장제도는 필요한 모든 국민들에게 적용되지 않으면 그 의미가 심각하게 훼손될 수밖에 없는데, 이러한 면에서 아직 문제가 많다. 예를 들어 국민기초생활보장제도의 경우 전국민의 3% 정도에 적용되고 있는 상황인데, 이는 많은 전문가들이 판단하는 우리나라 빈곤인구의 절반 정도에 불과하다. 2004년을 기준으로 월 3~5만원을 지급받는 경로연금 수급자는 65만명 정도이고, 월 5만원을 지급받는 장애수당 수급자도 13만 9천명 정도에 불과하다. 사회보험제도 역시 모든 국민에게 적용되고 있지 않다. 국민연금의 경우 2003년 2월말 기준으로 전체 가입자 1,650만명 중 납부예외, 체불 등으로 보험료를 내지 않고 사각지대에 빠진 사람들이 49%인 815만명에 달한다. 문제는 취약계층일수록 사회보험제도에서 배제되는 경우가 많다는 것이다.

셋째, 급여수준이 적절하지 않다는 점이다. 대표적으로 공공부조의 경우 모든 국민의 인간다운 최저생활 보장이 핵심 목표인데도 불구하고 2000년 10월 국민기초생활보장제도가 실시되면서 최저생계비 보장이 실현되었을 뿐이다. 그나마 보충급여방식으로 최저생계비 수준을 보장하는 것이 원칙이지만, 실제 급여는 이에 미달하는 경우가 대부분이다.

국가의 복지비 지출

사회보장제도의 결함은 궁극적으로 국가의 복지비 투자의 소극성에 그 원인이 있다. 우리나라의 법정 사회복지비, 즉 정부의 일반예산에서 지출하는 공공부조와 사회복지써비스 비용, 그리고 주로 민간의 갹출로 충당하는 사회보험급여, 퇴직금 등 법정민간급여를 합한 비용의 GDP 대비 비중은 1995년 6.74%, 1996년 7.17%, 1997년 8.83% 정도에 불과했다. 1998년에는 경제위기로 인한 급여지출의 일시적 증가를 반영하여 14.99% 정도에 이르렀지만 이후 감소 추세로 돌아서 대략 10% 정도에 머무르고 있다.

유사한 기준을 적용할 때 서유럽국가들은 1999년의 경우 평균적으로 GDP의 27%를 지출하는 것으로 추산되어 우리나라와 큰 격차를 보인다. 나아가 우리나라 정부의 복지비 지출 수준은 우리와 경제수준이 비슷한 국가들 중에서도 하위에 속한다는 것이 일반적인 평가이다. 이같이 낮은 복지비 수준은 일차적으로 사회보장제도의 결함을 야기하고, 궁극적으로는 국민의 복지권을 제약하는 결과를 낳는다. 여기에서 구체적인 제도들을 자세히 고찰하기는 어렵고, 필요치도 않을 것이다. 그보다는 본고의 주제에 맞추어 이러한 제도상의 결함들이 복지영역에서 어떠한 인권문제로 귀결되는지 살펴보기로 하자.

(2) 사회복지영역의 주요 인권문제

절대적 빈곤의 문제

사회복지제도의 결함이 야기하는 인권문제는 다양하지만, 우선적으로 들 수 있는 것은 아직도 우리 사회에 대규모의 절대적 빈곤이 지속되고 있다는 점이다. 우리 사회에서 빈곤의 문제가 극적으로 부각된 계기는 1997년 말 발발한 IMF 외환위기였다. 그 이전에도 빈곤은 상당한 규모로 존재한 것이 사실이지만, 고도 경제성장이 지속되던 시기에는 그리 중요한 이슈가 되지 못했다.

외환위기는 대량실업과 함께 대량빈곤의 문제를 야기했다. 당시 빈곤의 규모에 대해서는 전문가들 사이에도 견해차가 심해서 빈곤율에 대한 추정이 최하 7%에서 최고 20% 정도로 큰 편차를 보였는데, 이는 최소 400만명에서 최대 1,000만명에 이르는 빈곤층이 존재함을 의미했다. 이와같이 빈곤인구가 확대된 것은 노인이나 장애인, 한부모 가구 같은 전통적인 빈곤인구 외에 IMF 위기를 계기로 실업자와 비정규직 같은 새로운 빈곤인구가 등장했기 때문이다. 근로자 가구 전체소득의 약 80%가 근로소득인 상황에서 실업은 곧 빈곤으로 직결될 수밖에 없다. 즉 대량 실업이 곧 대량빈곤이 되는 것인데, 이러한 상황은 우리 사회의 사회적 위험이 확대되고 있음을 의미한다.

빈곤인구는 이후 경제회복에 따라 하락세로 반전하여 2002년경에는 절반 정도로 줄어들었지만, 빈곤문제의 심각성이 소멸된 것은 결코 아니다. 현재 존재하는 상당한 규모의 절대적 빈곤인구뿐만 아니라, 최대 1,000만명에 이르던 대량빈곤이 앞으로도 얼마든지 재연될 수 있기 때문이다. 이러한 판단의 한 가지 근거로, 빈곤선 위의 차상위 계층이 광범위한 잠재빈곤층을 형성하면서 빈곤 진입과 탈출을 반복하는 현상을 들 수 있다.

절대빈곤의 모습을 가장 잘 보여주는 것은 주거형태이다. 일제시대 우리나라의 대표적인 빈민주거는 토막이나 움집이었고, 해방과 한국전쟁 이후에는 판자집과 루핑으로 상징되는 달동네가 전형적인 빈민주거로 자리잡았다. 재개발사업이 진행되면서 달동네는 점차 자취를 감추었는데, 그렇다고 빈민주거가 사라진 것은 아니다. 가난한 사람들은 지방도시나 변두리로 계속 밀려났고, 그중에서 가장 열악한 형편의 사람들은 쪽방과 비닐하우스, 옥탑방, 지하방을 보금자리로 삼을 수밖에 없었다. 일부 사람들은 영구임대주택에 들어갈 수 있었던 반면, 경제위기 후 가족이 해체된 사람들은 노숙인으로 전락했다.

경제위기가 우리 사회에 가져온 특이한 양상 중 하나가 노숙인(homeless)의 발생이다. 1999년 12월경 노숙인 수는 복지부 조사로 5,500명 정도였는데, 실제로는 더 많았을 것으로 추정된다. 2004년 11월 경에는 전국의 쉼터노숙인 약 3,330명 외에 다수의 거리노숙인(서울 약 650명, 지방대도시 각 100~200명 정도)이 존재하는 것으로 추산되었다. 문제는 경제상황의 호전에도 불구하고 그 수가 별로 줄지 않는다는 것인데, 이는 이들의 문제가 단순한 고용과 경제문제가 아니라 가족해체까지 동반한 총체적인 문제이기 때문이다.

달동네 같은 전통적인 도시무허가 정착촌을 대체한 대표적인 주거형태는 비닐하우스이다. 정확한 통계는 없지만, 서울과 인근지역만도 수십 개 지역에 각각 수십호에서 수백호에 이르는 비닐하우스촌이 형성되어 있다. 이러한 지역에는 주소가 부여되지 않아 주민등록이 말소됨으로써 투표권 등 공민권 행사가 불가능하고 자녀들의 취학도 어려우며 의료보험도 적용되지 않아 빈곤의 악순환이 영속화할 위험성이 높다.

쪽방은 낡고 오래된 여관이나 여인숙 등을 보증금 없이 일세(7천원~1만5천원) 또는 월세(10~15만원 이하) 형태로 임대하는 방이며, 대체로 무허가주택 밀집지역에 존재하며 공동화장실을 이용한다. 주로 건설일용직이나 날품팔이(용역)로 생계를 잇는 단신 생활자나 노숙 경험자들이 이용하는데, 수입이 불안정하여 노숙생활과 쪽방생활을 반복한다. 수도세를 내지 못해 비위생적인 지하수를 먹기도 하고, 심각한 알코올 중독이나 불안정한 생활로 건강을 해친 사람과 장애를 가진 사람이 많고, 육체적 노동력이 취약하여 폐지를 주워 생활하기도 한다. 또한 주민등록이 말소되어 국민기초생활보장제도나 의료보험의 혜택을 받지 못하고 있는 이가 대부분이다. 쪽방은 전국에 8,200여개가 존재하는 것으로 추산된다.

이상과 같은 비정상 주거지 외에도 주거수준이 열악한 가구는 매우 광범위하게 존재한다. 1999년에 건설교통부는 한 가족이 인간답게 살기 위해 필요한 주거면적과 침실 수 및 부엌과 화장실 같은 주거설비를 계산하여 최저주거 기준을 발표했는데, 2000년 현재 이에 미달하는 가구는 전체 가구의 23.1%로 총 330만 가구에 달하는 것으로 조사되었다.

빈부격차의 문제

빈곤과 관련된 또다른 문제는 빈부격차이다. 빈곤이 고통으로 느껴지는 것은 대체로 빈곤 자체보다는 상대적 격차 때문이다. 따라서 자본주의 사회에서 빈부의 차이가 존재하는 것은 어쩔 수 없다 하더라도, 그 정도가 심화되지 않도록 하고, 나아가 그 격차를 줄이려고 노력하는 것이 복지국가의 지향이다.

통계청에서 조사하는 도시근로자가구의 가계수지 동향에 의하면, 1997년 경제위기 이전에는 소득불평등이 완만하게 완화되는 추세였는데, 위기 이후 급속히 악화된 것으로 나타난다. 즉 상위 20% 계층의 평균소득이 하위 20% 계층의 평균 소득의 몇배인가를 측정하는 소득5분위배율을 보면, 1997년에는 4.8배였다가 1999년에는 5.8배로 악화되었다. 이후 위기가 조금씩 해소되면서 이 배율도 완만하게 낮아졌지만, 2002년 초에도 5.4배 정도로 나타나고 있어 위기 이전의 수준을 회복하지 못하고 있다.

이처럼 상당한 정도의 소득불평등이 존속하는 이유는 노동시장에서의 임금불평등과 더불어 우리나라의 사회보장제도가 이러한 불평등 완화에 별로 기여하지 못하는 허약한 상태이기 때문이다. 즉 사회보장제도의 적용 범위와 급여수준 등이 충분치 않고, 그 내용이 평등지향적으로 설계되지 않은 것이 문제이다. 예를 들어 국민기초생활보장제도의 경우 불평등 완화에 필수적인 상대빈곤 개념이 아닌 절대빈곤 개념을 채택하고 있어, 수급자 가구와 일반가구의 격차가 점차 확대되는 현상을 보이고 있다. 반면 일본이나 서구 여러 나라들은 상대빈곤의 해소 혹은 일반가구와의 격차 축소를 목표로 하고 있다.

차별과 배제의 문제

차별과 배제는 인권의 관점에서 매우 중요한 주제이며, 주로 소수자

(minority)를 대상으로 한다. 예를 들어 외모에 의한 차별이나 장애인 및 여성에 대한 고용차별, 노인이나 아동들에 대한 연령차별 등을 흔히 볼 수 있고, 세계화시대에 역행하는 외국인 근로자에 대한 차별도 다양하게 나타난다. 탈북난민들과 동성애자 등과 같이 새롭게 부각되는 소수자들, 그리고 희귀병 환자들이나 의무복무 사병들처럼 무관심 속에 방치되어 온 소수자들도 차별받고 배제당하기는 마찬가지이다.

사회복지제도상의 차별도 적지 않다. 예를 들어 그동안 우리나라 사회보험제도가 발전해온 역사를 보면 우선적으로 적용 대상이 된 계층은 공무원이나 군인 그리고 보험료 징수가 용이한 대기업 근로자들이었다. 상대적으로 열악한 형편에 있는 농민이나 중소기업·영세사업장 근로자, 도시지역 자영업자들은 우선순위에서 항상 밀릴 수밖에 없었다. 인간다운 생활을 보장받지 못하는 공공부조 수급자들이나 낙후된 사회복지시설 생활자들의 삶 역시 차별의 결과이다. 이러한 차별의 근본 원인 역시 사회복지에 대한 미흡한 투자이다.

90년대 이후에는 비정규직에 대한 차별이 새롭게 부각되었다. 일용직·임시직·파견근로자 등 비정규직은 90년대에 꾸준히 증가해왔고, 외환위기를 계기로 전체 임금노동자의 50%를 상회할 정도로 증대했다. 특히 여성취업자의 경우 비정규직의 비율이 압도적으로 높아서 외환위기 이전에는 60% 정도였고, 2000년에는 약 70%로 증가했다. 2004년 현재 비정규직은 전체 취업자의 55.9%, 여성취업자의 69.2%에 달한다. 이들은 정규직 노동자들과 비슷한 정도로 노동하지만, 고용 불안정과 저임금 등의 차별을 받고 있다. 비정규직의 임금수준은 정규직에 비해 52.6%(2001), 51.9%(2004) 정도에 불과하다. 뿐만 아니라 비정규직은 사회보장제도에서도 차별받고 있는데, 2004년의 경우 사회보험(국민연금·건강보험·고용보험) 가입률은 정규직이 81~97%인 데 비해 30~33%정도에 불과하고, 퇴직금·시간외수당·상여금 등도 정규직은 81~99%, 비정규직은 14~19%만 적용받고 있다. 이러한 차별이 광범위하게 제도적으로 용인되고 있는 현실에서 분명 빈곤은 차별의 산물이다.

자유권적 기본권의 사각지대

낙후되고 소극적인 사회복지가 가져오는 또다른 문제는 아직도 자유권적 기본권에 대한 침해가 광범위하다는 점이다. 아동이나 여성, 노인과 장애인 등 취약계층에 대한 폭력과 학대, 방임 등의 문제가 그것이다. 대표적으로 사회복지시설의 문제와 여성에 대한 폭력 그리고 가정폭력의 문제를 들 수 있다.

먼저 사회복지생활시설의 문제를 살펴보자. 가족의 보호를 받지 못하는 노인·장애인·아동·부랑인 등을 보호하는 사회복지생활시설은 이들의 가정이나 마찬가지인데, 이들 생활시설 중 여러 가지 인권침해를 일으키는 사례들이 근절되지 않고 있다. 이제까지 알려진 인권침해의 유형은 폭행과 살인, 강제노역, 성폭력, 무보수 착취, 감금, 암매장, 협박, 정신지체인에 대한 강제 불임시술 등에서부터 부당한 원내 규칙, 외출제한, 급식제한, 따돌림 등 다양하다.

이러한 인권침해가 가능한 것은 대부분의 시설들이 감시의 사각지대에 놓여 있고, 생활자들이 가족에게 버림받은 경우가 많으며, 저항능력이 미약할 뿐 아니라 입퇴소 절차 등이 불투명하고 일부 부패한 공무원들이 결탁되어 있어 직원이나 경영자들이 절대권력을 행사할 수 있기 때문이다. 그리고 이러한 인권침해는 대부분 시설의 경영비리와 함께 발생하는 경우가 많다. 예를 들어 후원금 착복, 국고보조금 횡령, 족벌경영, 생활자 허위등록, 예산 전용, 유령직원 인건비 착복, 기부금 부당 징수 등이다. 특히 정신장애인을 대상으로 하는 기도원 같은 미인가 시설의 경우가 심각하다. 따라서 이러한 문제들이 발생하는 것을 정확히 파악하기도 힘들지만, 구조적인 결함들이 방치되고 있어 언제든지 발생할 수 있다는 것이 더욱 큰 문제이다.

다음으로 여성에 대한 폭력은 강간, 성학대, 성희롱, 위협, 인신매매, 강제적인 성매매, 여성에게 위해한 관습적 폭력 등을 포함한 신체적·성적·정신적 폭력을 망라한다. 이 중에서 성폭력범죄의 경우를 보면 '성폭력범죄처벌및피해자보호법'(1994.4.1)이 시행된 이후 범죄 건수가 꾸준히 증가하여 경찰청 집계 신고건수가 1996년 7,026건, 1998년 7,846건, 1999년 8,565건, 2000년 10,381건, 2001년 12,062건에 달했다.

가정폭력은 노인·아동·여성 등에 대한 가정 내의 학대와 방임 등 가족구성원 사이의 신체적·정신적·재산상 피해를 수반하는 행위를 의미한다. 가정폭력은 가정 내에서 이루어지기 때문에 잘 알려지기 어려운데도 불구하고 '가정폭력범죄처벌등특례법'(1998.7.1)시행 이후 신고 건수는 경찰청 집계로 1998년 3,685건, 1999년 11,850건, 2000년 12,983건, 2001년 14,583건, 2002년 15,151건으로 계속 늘고 있다.

이와같이 가장 기본적인 권리인 자유권에 대한 침해는 가해자와 피해자 모두의 인간성을 상실케 하는 치명적인 범죄인데도 근절의 기미가 보이지 않는 것이 우리 사회의 현실이다. 우리 사회 전체의 인권수준을 적나라하게 보여주는 이러한 문제에 대해 치안능력이나 감시체계 그리고 법적 처벌 수준의 문제 등에 일차적인 책임을 물을 수 있겠지만, 사회복지시설의 투명성 부족과 부실한 운영절차 그리고 사회복지사 등 전문인력의 부족도 중요한 요인으로 작용하고 있다. 분명한 것은 정부의 적극적인 복지투자로 이러한 문제를 상당부분 감소시킬 수 있다는 점이다.

변화하는 욕구에 대한 미흡한 대응

이상과 같이 우리 사회에는 아직도 최저생활 보장이나 자유권적 기본권의 문제가 절박한 과제로 엄존하고 있다. 그럼에도 불구하고 우리 국민들의 인권에 대한 관심과 욕구의 수준은 이를 훨씬 뛰어넘어 우리 사회의 변화하는 모습을 반영하는 새로운 욕구들이 창출되고 있다. 즉 경제수준이 향상됨에 따라, 좀더 나은 삶의 질과 평등에 대한 욕구, 자아실현의 욕구 그리고 우리 사회의 발전과정에 참여하고자 하는 욕구와 같은 적극적인 욕구들이 부각되고 있다. 하지만, 이에 대한 국가적 대응은 미흡하기 짝이 없는 수준이다.

예를 들어 장애인복지의 경우, 아직도 최저생활 보장은 물론 교육과 고용 등의 문제가 형편없이 방치되어 있는 가운데 최근의 장애인복지운동이 관심을 집중하는 문제는 이동의 권리, 독립생활에 대한 요구, 정보접근권, 투표의 권리보장 등이다. 특히 이동권문제가 중요한 이슈로 대두된 것은 지난 2001년 1월 안산의 오이도역에서 70대 노부부가 장애인용 리프트를 사용하던 중 줄이 끊어져 추락해서 할머니가 사망한 사건이 계기가 되었다. 2002년 5월에도 1급 지체장애인이 지하철 5호선 발산역에서 장애인용 리프트 사용중 전동휠체어와 함께 계단에서 추락사한 비극적인 사건이 발생했다. 이미 1997년에 '장애인·노인·임산부 등의 편의증진보장에 관한 법률'이 제정되었지만, 우리 사회에서 장애인들의 이동의 권리보장은 이제 시작단계에 불과하다. 이동권문제는 과거에는 비교적 사치스러운 문제로 여겨져 관심의 대상이 되지 못했지만, 장애인들이 우리 사회의 당당한 일원으로 살아가기 위해 다른 무엇보다도 중요한 권리라는 것이 새롭게 부각되고 있다고 할 수 있다.

같은 맥락에서 지난 2000년, 투표소가 2층에 있어 투표권을 행사하지 못한 장애인들이 소송을 제기해 국가로부터 배상판결을 받은 사건, 그리고 서울 모 대학에 입학한 장애인이 편의시설 부족을 이유로 학교를 상대로 소송을 제기해 승소한 사건 등도 한편으로 우리 사회의 욕구와 권리의식의 변화를 보여주면서 다른 한편으로 이에 대한 국가적 대응의 빈곤을 잘 드러내주는 사례들이다.

또다른 예로 무의탁 노인이나 장애인, 아동들을 격리된 사회복지생활시설에서 대규모로 수용·보호하는 형태를 지양하고 가급적 지역사회 속에서 가정적인 분위기의 생활환경을 조성하자는 그룹홈 운동이 활발하게 전개되고 있는데, 이 경우에도 정부의 지원은 매우 소극적이고 초보적인 수준에 머무르고 있다. 고령화사회에서의 노인들의 노동권도 같은 맥락의 문제이다. 단순히 최저생활 보장이 능사가 아니라 사회의 일원으로 기여하고자 하는 욕구가 존중되어야 한다. 보건의료의 경우에도 이제까지 질병에 대한 치료비를 보조해주는 의료보험 중심의 사회정책이 주류를 이루어왔지만, 이제 문제가 되는 것은 모든 국민의 건강한 삶을 포괄적으로 보장하는 건강권을 확립하는 일이다.

이상과 같은 현실은 결국 참여적 복지로의 전환을 요구한다. 즉 단순히 수동적인 복지 대상자로 머무는 것이 아니라 자신의 문제를 스스로 정의하고 어떠한 사회적 써비스가 필요한지 판단하며 이를 결정하는 과정에 능동적으로 참여하는 주체적인 시민이 되고자 하는 욕구가 필요한 것이다. 영국의 사회학자 마셜(T. H. Marshall)의 견해와 같이 '시민은 그 사회의 형상을 창조하는 과정에 참여해야' 한다.

5. 복지권 보장을 위한 운동적 노력

앞에서 본 바와 같이 우리나라의 사회복지는 매우 취약하고, 그에 따른 인권침해의 문제가 중요한 과제로 부각되는 상황이다. 그러면 우리나라의 사회복지는 왜 이렇게 취약한가? 서구의 경우, 사회복지 발전에 영향을 미친 요인은 매우 다양했다. 산업화와 경제성장의 영향도 크고 노인인구 증가와 같은 사회적 요인도 중요한 변수가 되었다. 하지만 가장 중요한 요인은 시민들의 권리의식 발전과 그에 기반한 사회운동적 노력이라고 할 수 있다. 특히 노동운동의 공헌이 가장 크다고 평가된다. '요람에서 무덤까지' 이르는 복지국가를 건설한 영국의 경우 19세기에 시작된 노동운동과 노동자 정당(노동당)이 견인차 역할을 했다. 스웨덴도 1936년 집권한 노동자 정당(사회민주당)이 40여년간 장기집권하면서 오늘날 영국을 앞질러 가장 선진적인 복지국가를 건설했다. 노동운동과 같은 사회운동이 미약했던 국가들은 복지발전의 수준도 뒤처져 있다는 것이 정설이다.

우리나라의 경우도 예외가 아니다. 해방이후 역대 정권들은 대부분 비민주적인 독재권력을 유지하기 위해 반공주의에 입각한 강권통치를 자행했기 때문에 진보적 사회운동이나 노동운동은 명맥을 유지하기 어려운 상황이었다. 정부의 경제정책은 소수의 재벌을 중심으로 한 성장론 일변도였고, 그에 따라 복지와 분배는 뒷전으로 밀려날 수밖에 없었지만, 이에 대항하는 사회운동이 성장할 수 있는 공간은 거의 없었다. 여기에 과도한 국방비 부담도 한몫해 결국 우리나라의 복지는 경제발전의 수준에 훨씬 못 미치는 상태에 머물렀고, 사회복지에 관한 권리의식도 성장하기 어려웠다.

우리 사회에서 사회복지운동에 대한 관심이 본격화한 것은 80년대 후반 정치적 민주화가 급격히 진전되면서부터였다. 1987년의 민주항쟁과 노동자 대투쟁은 오랫동안 지속되던 권위주의적 억압체제를 급격히 와해시키면서 우리 사회 제 분야에서 민주화가 급진전되는 계기를 제공했다. 이러한 민주화의 진전으로 그동안 비합법적 운동으로 진행되던 각종 사회운동이 합법화되었고, 정치적 참여공간의 확대로 기존의 사회운동과 어느정도 구별되는 시민운동도 활성화되었다. 특히 시민운동의 경우 YMCA 같은 선구적인 운동들이 없지 않았지만, 1989년 창립된 경실련과 1994년 창립된 참여연대 그리고 여성단체연합과 환경운동연합 등 종합적 혹은 전국단위 시민운동이 중심이 되어 지식인층이 참여한 제도개혁운동과 국정감시, 공익소송운동 등을 활발히 전개했다.

이와같은 정치적 민주화의 진전과 함께 경제적 민주화와 삶의 질에 대한 관심이 증대되면서 사회복지운동도 활성화되기 시작했다. 앞서 언급한 경실련과 참여연대, 여성단체연합 등 전국 단위의 종합적 시민운동들이 사회복지운동에서도 중요한 역할을 했지만, 지방 단위의 운동단체들, 도시빈민이나 장애인조직 그리고 사회복지사단체 들도 운동적 지향을 표방하면서 발전이 이루어졌다. 물론 사회복지운동은 시민운동의 영역에서뿐만 아니라 노동운동이나 농민운동 같은 민중운동 단체들에서도 중요한 관심의 대상이 되었다.

사회복지운동은 특히 시민운동의 활력과 영향력 및 방법론에 고무되어 이를 활용한 다양한 운동을 전개했는데, 우리나라의 낙후된 사회복지정책과 제도의 수준을 개혁하고 정부의 복지비 지출을 확대시키며 복지에 대한 국민들의 권리의식을 제고하는 것이 운동의 주 목표였다. 구체적으로 나누어보면 첫째, 복지제도 개선을 위한 법 개정 및 입법운동, 둘째 복지행정에 대한 감시와 대안제시 및 복지예산확보운동, 셋째, 사법적 영역에서 복지 관련 공익소송과 권리구제운동, 넷째 시민의식 고양을 위한 캠페인과 교육사업 등이 대표적 활동이었다. 이러한 활동을 통해 실질적인 개혁을 이루었고, 복지권에 대한 시민의식 고양이라는 소중한 성과를 거두기도 했지만, 아직 사회복지운동이 전체적으로 성숙단계에 들어선 것은 아니다. 우리나라의 사회복지가 많은 결함과 개혁의 과제를 안고 있는만큼, 복지권운동의 과제 또한 크다고 할 수 있다. 다양한 복지운동들 중에서 대표적으로 입법운동과 공익소송의 몇몇 사례를 간략히 소개한다.

(1) 입법운동

단순한 제도개선 요구를 넘어 법안을 만들어 입법을 청원하고, 캠페인과 대중집회 및 로비활동 등을 통해 법률의 제정이나 개정을 추진하는 입법운동은 90년대 이래 매우 활발하게 진행되었다. 공공부조나 사회보험 관련 법률들이 입법운동의 주요 대상이 된 것은 당연한 일이었고, 각 운동단체들의 관심 영역에 따라 다양한 입법운동이 추진되었다. 여성계는 특히 보육이나 성폭력, 가정폭력 관련법에 관심을 기울였고, 장애인운동계는 장애인복지법의 개정이나 재활 및 고용촉진 관련법, 그리고 주거권운동단체들은 주거기본법 제정운동들을 전개했다. 최근 장애인운동단체들이 관심을 집중하는 입법과제는 차별금지법의 제정이다. 이러한 운동들의 성과는 경우마다 다르지만, 그동안 노력한 결과 오늘날 사회권 관련 법률의 제·개정과정이 복지운동단체들의 관심과 참여를 벗어나서 이루어지는 경우는 거의 없는 상황이 되었다.

입법운동 중에서 사회복지운동이 실질적인 성과를 거둔 대표적인 사례는 '국민기초생활보장법' 제정이다. 이 법은 기존의 생활보호법을 전면적으로 대체한 것인데, 90년대 말 경제위기가 야기한 대량실업과 대량빈곤 상황에서 획기적인 빈곤대책이 절실하다는 인식이 확산되면서 참여연대를 위시한 시민단체 공동의 입법청원이 이루어졌고, 전국의 50여 시민사회단체들이 '법제정 추진 연대회의'를 구성하여 법 제정을 위한 적극적인 노력을 경주했다. 이 회의에는 전국의 각종 시민·사회·노동·빈민·종교단체들이 함께 참여했고, 결국 1999년 8월 법제정이 이루어지고, 2000년 10월 시행되는 성과를 거두었다.

이 법은 기존의 생활보호법과 달리 공식적인 최저생계비를 기준으로 대상자 선정과 급여가 이루어지고, 근로능력자에게도 생계비를 지급하며, 나아가 법적인 권리로서 수급권을 보장하는 등 우리나라 공공부조 역사상 획기적인 변화를 가져온 것으로 평가된다. 드문 일이기는 하지만, 이와같은 성과를 이룰 수 있었다는 것은 앞으로 우리나라 사회복지의 발전을 위해 매우 고무적인 일이다.

(2) 공익소송

다음으로 공익소송의 사례 몇가지를 살펴보자. 먼저 공익소송이란 문자 그대로 공익법과 관련된 소송인데, 관련된 사람들이 너무 가난하거나 흩어져 있어서 법적 권리를 제대로 누리기 어렵다는 가정하에 이들의 권리를 대변하여 공익을 실현하는 것을 목표로 하는 사회운동적 노력이다. 대표적으로 다음과 같은 사례들을 들 수 있는데, 대부분 참여연대나 민변 등 시민사회단체의 주선과 후원에 의해 이루어졌다.

• 복지권과 관련된 최초의 공익소송으로 서두에 언급한 최저생활보장 요구와 관련된 헌법소원사건(1994년 2월)은 사회정책학회의 후원으로 이루어졌는데, 생활보호 수준의 위헌성을 확인하는 데는 실패했지만, '모든 국민은 인간다운 생활을 할 권리'가 있다는 원칙을 확인했을 뿐 아니라, 1999년 기초생활보장법이 제정되는 배경으로 작용했다.
• 1993년의 국민연금 기금운용 관련 손해배상청구소송은 국민연금기금 등의 여유자금을 의무적으로 정부가 관리하는 공공자금관리기금에 예탁하도록 규정한 공공자금관리법(1993) 제5조에 대한 위헌제청 심판으로 이어졌는데, 헌법재판소가 이 규정을 합헌으로 판정하여 패소했지만, 여유자금 강제예탁규정 자체는 1998년 노사정위원회의 합의에 의해 철폐되었다.
• 1995년에는 노령수당 관련 소송이 있었다. 65세 이상의 저소득노인에게 노령수당을 지급하기로 한 노인복지법의 규정에도 불구하고 보건복지부가 70세 이상의 노인에게만 지급한 것에 대한 위법성확인소송이었다. 고등법원은 이에 대해 복지부의 손을 들어주었지만, 이듬해 대법원이 위법으로 판결하여 원고가 승소했다. 더욱이 보건복지부가 재판중

에 경로수당의 지급 대상을 65세 이상으로 변경하는 변화도 발생했다.

• 2000년 8월 9일 송파구의 비닐하우스촌 개미마을과 화훼마을 주민들은 위례시민연대, 주거연합, 참여연대와 함께 주소지찾기 행정소송을 제기했고, 2001년 1월 18일 서울행정법원이 전입신고를 받아주지 않은 것은 부당하다는 판결을 내림으로써 이들 주민들에게 주소지가 부여되었다.

• 1급 지체장애인인 서승연 씨 등 장애인 8명은 2000년 4·13 총선일에 선관위 직원들의 비협조로 2층에 설치된 투표소에 접근할 수 없어 투표를 포기했고, 이에 대해 시민단체들과 함께 국가를 상대로 손해배상청구소송을 내서 2001년 3월 원고승소판결을 받았다.

이상과 같이 복지권과 관련된 공익소송들은 승소하기 어려운 경우가 많고 또 승소할 경우에도 개인이 얻을 수 있는 직접적 이득이 그리 크지는 않다. 그러나 이러한 과정 자체가 불합리한 제도나 정책의 개혁을 추동하고 정부의 잘못을 시정함으로써, 시민들의 권리의식을 진작시키는 중요한 성과를 낳았다고 평가할 수 있다.

6. 복지권 실현을 향한 과제

'복지권은 기본적 인권인가'라는 질문에서 시작하여 이제까지 복지권과 관련된 여러 측면들을 살펴보았다. 복지권의 기본권적인 성격과 이를 제약하는 현실적인 요인들, 복지권 발전을 위한 국제사회의 노력들 그리고 우리나라 복지권의 제도적 기반과 현실, 나아가 복지권 실현을 위한 사회운동적 노력들을 고찰했다. 이제 우리 사회의 복지권 실현을 위한 과제와 관련하여 몇가지 사항을 강조하는 것으로 논의를 마무리하고자 한다.

첫째, 복지권에 대한 적극적 사고가 필요하다는 것이다. 아직도 우리 사회에는 복지권을 기본적 인권으로 수용하는 태세가 미흡하다. 하지만 이미 전세계적으로 복지권은 기본적 인권으로 확립된 지 오래이다. 뿐만 아니라 복지권은 단지 하나의 권리에 불과한 것이 아니라, 자유권이나 참정권 등 좀더 일찍 확립된 기본권들을 실질적으로 보장하는 의미를 가진다. 생계유지는 물론 교육·고용·건강 등의 영역에서 인간다운 생활을 사회적으로 보장받지 못한다면, 고립화되고 원자화된 현대인들에게 주어지는 자유권과 참정권은 별 의미가 없을 것이다.

둘째, 사회변화와 관련하여 복지권의 의미를 강조할 필요가 있다. 오늘날 우리 사회는 여러 가지 변화의 도전을 받고 있지만, 그중에서 가장 영향력이 강한 것이 세계화와 인구구조의 변화이다. 세계화가 초래한 세계적 차원의 경쟁에 대응하기 위해서 우리 사회에 가장 필요한 것은 전국민적으로 인적자원을 최대한 활용하는 것이며, 이를 가능케 하는 것이 곧 복지권이라는 점이다. 고령사회 진입과 출산율 저하의 동시 진행 역시 우리 사회의 근본적 변화를 야기하고 있으며, 적절한 대응이 없을 경우 재앙이 될 위험성이 농후하다. 지금이라도 노인인구의 복지와 생산적 활용 그리고 여성의 사회적 역할 확대를 뒷받침하는 적극적 복지정책을 추진해야 한다. 즉 사회적 약자를 위한 복지권의 발전이 사회 전체의 생존과 활력의 유지 및 발전에 필수불가결하다는 각성이 필요하다는 것이다.

셋째, 복지권 발전을 위한 사회운동적 노력이 더욱 확대되어야 한다는 점이다. 앞에서 본 바와 같이 우리나라의 사회복지는 점진적으로 발전해오긴 했지만, 아직 성과보다는 과제가 더 많은 상황이다. 우리 사회의 경제적 능력과 정치적 민주주의의 발전은 물론 세계화와 고령화 같은 사회적 변화들도 사회복지발전에 긍정적인 요인으로 작용할 것으로 기대할 수 있다. 하지만 상황적 변수들은 항상 양면성을 가지고 있다. 같은 현상이 복지발전에 기여할 수도, 역으로 작용할 수도 있는 것이다. 이러한 차이는 근본적으로 사회발전의 목표와 전략에 대한 이념적 차이와 시민적 권리의식의 수준에 좌우되는 것으로, 결국 복지권운동은 이러한 이념적 지향에 대한 싸움을 포함하여 좀더 확대된 노력을 전개해야 할 것이다.

■ 참고문헌

김상균 「복지권—허상인가 이상인가」, 한상진 엮음 『현대사회와 인권』, 나
　남 1998.

김유선 「비정규직 규모와 실태」, 『노동사회』 93호(2004년 11월호), 한국노
　동사회연구소 2004.

김형식 『시민적 권리와 사회정책』, 중앙대학교출판부 1998.

박래군 「인권, 인권운동이란 무엇인가」, 함께하는시민행동 엮음 『세상을 바
　꾸는 세계의 시민단체』, 홍익미디어씨앤씨 1999.

박영란 외 『한국의 사회복지와 인권』, 인간과 복지 2001.

변재관 외 『한국의 사회보장과 국민복지기본선』, 한국보건사회연구원 1998.

비판복지학회 「한국의 사회복지운동—성과와 과제」, 추계심포지엄자료집,
　2004.

서울시정개발연구원 「쪽방 사람들」, 2002.

서울시정개발연구원·한국도시연구소 「서울시 비닐하우스촌 주민의 삶과
　사회정책」, 2001.

유엔개발계획(UNDP) 『인권과 인간개발』, UNDP 한국대표부 옮김, UNDP
　한국대표부 2000.

윤찬영 『사회복지법제론』 I, 나남 1998.

이미경 「여성에 대한 폭력과 인권」, 『한국의 여성정책 10년』(한국여성단체
　연합 심포지엄 자료집), 2004.

이영환 「삶의 질과 사회복지—한국사회보장제도의 성취와 한계」, 『성공
　회대학논총』 16호, 2001.

_____ 「한국사회복지운동 15년사 1987~2002」, 『한국 시민사회운동 15년
　사 1987~2002』, 시민의신문사 2004.

_____ 『한국사회와 복지정책—역사와 이슈』, 나눔의집 2004.

존슨(M. C. Johnson) 「세계인권선언의 탄생」, 유네스코한국위원회 『인권이란 무엇인가』, 오름 1995.

한국도시연구소 「주거빈곤가구의 실태와 최저주거기준 달성방안」, 대한주택공사 2000.

_____ 「쪽방연구」, 2000.

Committee on Economic, Social and Cultural Rights(인권A규약위원회), "Concluding Observations of the Committee on Economic, Social and Cultural Rights: Republic of Korea," 2001. 5. 21.

Fagan, Tony and Phil Lee, "'New' Social Movement and Social Policy: a Case Study of the Disability Movement," M.Lavalette and Alan Pratt (eds.), *Social Policy: A Conceptual and Theoretical Introduction*, London: Sage Publications 1997.

Marshall T. H., *Sociology at the Crossroads*, Heinemann 1963.

■ 추천도서

박영란 외 『한국의 사회복지와 인권』, 인간과복지 2001.

이영환 엮음 『한국의 사회복지운동』, 인간과복지 2005.

이혜원 옮김 『인권과 사회복지실천』, 학지사 2004(UNCHR, *Human Rights and Social Work*, 1994).

참여연대 사회복지위원회 『월간 복지동향』, 나눔의 집.

생각해볼 문제

1. 전통사회에서 대부분의 사람들은 예속된 삶을 살았지만, 신민으로서 그리고 공동체의 일원으로서 최소한의 보호를 받는 것이 가능했다. 반면 오늘날의 시민들은 인신의 해방으로 자유민이 되었지만, 공동체의 붕괴에 따른 보호의 소멸로 도시산업사회가 야기하는 온갖 사회적 위험에 노출되어 있다. 이와같은 과거와 현재의 인권상황은 어떻게 비교·평가될 수 있는가?

2. 사회보장의 권리는 국민이 국가에 구체적으로 청구할 수 있는 권리라고 볼 수 있는가?

3. 인권보장을 위한 국제적인 노력에 어떻게 참여할 수 있는가?

4. 복지권 실현을 위한 사회복지운동의 현황은 어떠하며, 그 발전 방향은 무엇인가?

정보기술사회와 인권

허상수

1. 정보사회에서 인권논의의 필요성

현대사회는 '정보사회'라고 부를 정도로 정보화가 진행되고 있다. 특히 컴퓨터와 인터넷으로 구현되는 정보통신기술은 모든 세계를 하나로 묶고, 인적·물적 교류를 확대하며 국가간 이해를 증진시킨다. 사람들은 대량생산과 대량소비를 특징으로 하는 산업사회에서 많은 압박과 설움을 당하면서도 기술맹신과 인명경시 풍조에 대하여 큰 변화를 보이지 않는다. 한편으로 아날로그형 인간들은 디지털 정보기술의 빠른 변화 속도를 따라잡지 못하고, 다른 한편으로 정보기술에 익숙하다는 디지털형 인간들도 정보기술의 부작용과 역효과에 대해서는 관심을 기울이지 않는다.

정보화가 가져올 '멋진 신세계'에 대한 열광은 정보사회에 대한 낙관적인 '장밋빛' 전망을 갖게 하지만, 그 이면에는 정보화가 지배자들의 정치·군사 이데올로기와 거대기업의 장삿속에 불과하다고 주장하는 다소 비관적이고 우울한 해석이 자리를 잡고 있다. 따라서 정보사회에 대한 올바른 이해에는 정보통신기술이 가져올 혜택과 편익에 대한 평가뿐만 아니라 정보사회에 대한 지나친 '신화'나 정보사회를 위한 비용과 문제점에 대한 비판과 성찰도 포함될 수밖에 없다. 인류는 기술의 효과에 대한 지나친 맹신이나 기술의 물신화를 극복해야만 '위험사회'를 넘어설 수 있을 것이다.

20세기는 전쟁과 학살, 폭력과 테러의 시대였다. 평화와 관용, 인권과 상생에 대한 전지구적 관심과 참여는 더욱 높아졌다. 특히 세계적인 수준에서 인권 패러다임의 변화가 논의되고 있다. 여기에는 정보사회에서의 인권논의도 매우 큰 비중을 갖는다. 왜냐하면 정보사회에서의 인권침해 양상은 이전 기술 단계에서의 그것과는 매우 달라서 이를 인지하고 해결하기 위한 새로운 인권논의가 중요해졌기 때문이다. 따라서 우리는 정보사회에 대한 실상과 허상을 올바르게 이해할 필요가 있다. 정보사회에 대한 이해와 인권에 대한 올바른 접근은 계몽효과뿐만 아니라 정보통신기술로 인한 인권침해의 발생 가능성을 진단하는 기능, 정보사회의 인권침해문제를 처방할 수 있는 이론적·정책적 접근 수단의 계발, 인권연구의 하나로 새로운 연구영역의 확대와 내용심화를 위해서도 반드시 논의되어야 할 영역이다.

따라서 현재를 산업사회로 보든 정보사회로 이해하든 인권의 중요성을 강조하지 않을 수 없다. 왜냐하면 자본주의 경제체제는 본성상 내포적으로 그리고 외연적으로 확장하는 체제이며, 한번 정착하면 뿌리를 내리고 성장하고 확장하려는 속성을 지니고 있기 때문이다. 그래서 자본주의는 빈부격차와 사회의 양극화를 불가피하게 만드는 불평등한 체제이다. 이 과정에서 정보와 통신수단의 발달은 교통과 수송수단의 발달과 함께 매우 중요한 역할을 수행하게 된다. 세계화와 정보화는 후기산업사회의 필연적 결과이다. 따라서 세계화와 정보화 사회에서 정보통신기술과 연관된 문제영역으로 인권상황에 대한 검토와 점검이 필요하다. 여기서 정보화란 "정보의 생산 및 유통량이 점차 늘어나면서 이를 효율적으로 처리하거나 분배할 수 있는 기술이 고도화되고, 경제적으로나 사회적으로 정보의 가치가 커지는 과정"을 뜻한다. 이에 따라 정보와 지식의 가치가 증대하고 상품화되어 그 역할이 중요해지며, 각 부문의 활동을 서로 긴밀하게 연결하는 네트워크화가 진행된다.

2. 현대과학기술의 특징과 정보통신기술의 발전과정

(1) 현대과학기술의 특징

근대과학은 16세기 중반 유럽의 문예부흥(르네쌍스) 시대부터 17세기 말까지 약 150년이 이르는 기간 동안 진행된 과학혁명에 의해 형성되었다. 지난 2000년 동안 고대와 중세의 학문세계를 지배해온 아리스토텔레스적인 과학이 무너지고 근대천문학, 역학, 생리학 등 분과 학문과 방법론에 근본적이고 급격한 변화가 일어난 것이다. 그리하여 자연현상을 양적으로 기술하려는 경향의 증대, 중력작용 등 사물의 변화를 수학으로 해명한 뉴튼 역학의 정립, 기계론적 세계관의 주류화, 연역적 방법과 귀납적 방법 등 과학연구방법이 제시되었다. 현대과학은 첫째, 근대과학이 성립한 이래 계속해서 전문화와 세분화의 길을 걸어왔다. 둘째, 양적으로 엄청나게 팽창했다. 셋째, 기술과 매우 밀접한 관계를 맺게 되었다. 넷째, 현대사회에 없어서는 안되는 필수적인 것이 되었다. 다섯째, 관련 연구가 거대화·조직화되었다. 여섯째, 앞으로 어떻게 변화·발전해갈 것인지 예측하기가 매우 어렵게 되었다는 특징을 갖는다.

과학적 지식의 축적과 기술혁명의 진전은 상업화와 군사화에 의해 가속화되어왔다. 기술적 인공물을 독점, 배타적으로 이용할 수 있는 권리

보장을 위한 제도화, 정치권력에 종사하는 기술자의 등장은 이런 경향을
더욱 부추기게 되었다.

상업화

선진공업사회에서 기술변화를 추동하는 가장 큰 힘은 국가와 함께 경
제적 이익을 추구하는 거대 기업의 요구이다. 따라서 기업은 최대의 이
익을 취하기 위한 수단으로 기술개발에 역점을 두며 이 과정을 통해 독
점적·배타적 권리를 확보하고 엄청난 이윤을 확보한다. 기술의 독점
적·배타적 사용과정에서 기술지식이 지닌 공공성, 국제적 성격은 사라
진다. 기업은 개발이익을 또다른 연구개발비로 활용하게 되며 기술의 사
유화와 상업화는 더욱 가속화된다.

군사화와 국제화

기술의 군사화와 국제화와 관련하여 기술선진국의 행태에 주목할 필
요가 있다. 선진공업국들은 상업화의 필요와 함께 군사대국화를 강행하
며, 기술의 국제화를 통해 높은 경제적 이익을 추구한다. 그래서 이들 강
대국들은 기술혁신에 많은 인력과 자원을 할당하고 있다. 특히 대부분의
정보기술 발전은 군사기술의 발달과 함께해왔다고 말할 수 있다.

현재 미국에는 연방정부가 운용하는 10여개의 대표적 정보기관이 활
약하고 있다. 그중에는 이미 잘 알려진 기관도 있지만 관료체제 속에 숨
어서 정보수집을 전담하는 조직도 있다. 중앙정보국(CIA, Central
Intelligence Agency)은 미국의 해외 첩보활동을 책임진다. 또 스파이망
과 인공위성망을 통해 수집된 정보를 분석하는 작업도 관할한다. 그동안
CIA는 해외작전을 통해 50년대 이란과 과떼말라의 쿠데타를 지원하고
60년대 피델 까스뜨로 꾸바 대통령 암살을 기도했으며 최근 아프가니스
탄에서 활동을 전개해왔다. 국방정보국(Defence Intelligence Agency)은

주로 군사정보를 군 지휘관들이나 정책입안자들에게 보고한다. 국가안보국(National Security Agency)은 그 존재가 공식적으로 인정되지 않아 '존재하지 않는 기관'(No Such Agency)으로 알려져 있다. 이 기관은 전 세계 통신을 감청하고 분석한다. 국립정찰국(National Reconnaissance Organization)은 국방부 소속기관으로 미국 스파이위성을 관리하고, CIA와 군 위성 및 정찰기들이 수집한 정보를 분석한다. 국가화상지도작성국(National Image Mapping Administration)은 또다른 국방부 소속기관으로 군부 및 정보활동을 위한 지도와 화상자료를 생산하고 배포한다. 이외에도 육해공군 및 해병대 각 군은 작전에 필요한 전술 및 다른 정보를 수집하기 위한 정보부대를 두고 있다. 연방수사국(Federal Bureau of Investigation)은 법 집행기관이지만 국내 정보분야를 책임지고 있다. 국무부 정보국은 미국 외교정책에 영향을 미치는 정보를 분석한다. 에너지부는 외국의 핵무기와 핵 확산 및 에너지 관련 현안과 연계된 정보를 분석한다. 재무부는 재정 및 통화정책과 관련된 정보를 수집한다. 9·11 테러의 혐의를 받고 있는 알 카에다를 지원하는 재정 네트워크 분석이 이에 해당한다. 국토안전보장부는 다른 기관이 제공해준 정보를 활용해 테러 및 미국에 위협이 되는 다른 요인들을 모니터한다(『메트로』 2002. 11. 29). 최근 부시 정권은 이런 정보기능을 통합관리하기 위해 국토안전부를 창설하여 운영하고 있다. 이런 조직의 기반은 정보통신기술에 의해 유지된다.

대규모화

전통적 의미에서 기술개발은 천재 발명가나 연구자에 의해 수행되어 왔으나 현대과학기술은 거대화·대규모화·전문화되어 집단적 참여와 공동연구에 의해 수행되기에 이르렀다. 60년대까지 군사기술의 과학화, 과학기술의 국영화, 과학기술의 자본화가 촉진되었다. 거대과학의 출현이나 대형 기술체계의 등장은 이런 변화를 잘 보여준다. 특히 현대사회는 과학과 기술이 융합된 기술사회체계의 특성을 보인다.

지금까지 기술문제를 보는 대부분의 관점은 기술결정론(technological determinism)에 근거한 것이었다. 예를 들어 정보통신기반이 구축되고 국가와 산업정보화가 실현되는 '정보사회'가 실현되면 모든 것이 순조로울 것이라는 낙관적 입장을 취하는 '강한 기술결정론'과 기술사용으로 여러 문제가 나타나겠지만 기술적 대체에 의해 얼마든지 조절이 가능하다는 식의 '약한 기술결정론'이 있다. 이런 입장에 서면 기술은 가치중립적인 것으로 그 자체의 발전논리를 갖고 있으며 선형의 발전경로를 따라 의도한 목적을 향해 진화한다. 기술결정론은 새로운 기술이 등장하면 새로운 사회가 도래할 수 있다는 단선적 발전관을 중시한다. 그래서 선형 발전을 통해 기술은 독립변수, 사회는 종속변수로 파악하는 문제를 낳을 수밖에 없다. 현실의 사회변화는 기술뿐만 아니라 문화나 정치·경제와 같은 사회제도, 인간행위나 가치에 의해서도 이루어진다.

최근 등장한 기술의 사회적 구성론(social construction of technology perspective) 또는 사회적 형성론(social shaping of technology)의 시각은 새로운 관점을 제공해준다. 특히 새로운 기술의 출현과 사용은 과연 '사회가 기술을 관리하고 통제할 수 있는가'라는 또다른 질문을 던지게 한다. 그동안 불문에 붙여졌던 기술혁신의 실체를 벗겨내야 할 필요가 있다. 즉 기술개발과정의 '암흑상자 벗기기'가 요청되는 것이다. 그래서 기술도 정치적·사회적 산물이며 사회 내부에서 비선형 발전을 하는 사회과정을 거치며, 사회집단에 따라 동일한 기술문제를 다르게 해석할 수 있다는 점에 주목할 필요가 있다. 특히 인권침해를 정당화하려는 기술에 대한 사회적 통제가 제도화되어야 한다. 유엔과학교육문화기구 (UNESCO) 같은 국제기구에서는 과학기술의 인간화와 민주화를 위한 국제적 차원의 노력과 접근도 진행되고 있다.

(2) 정보통신기술의 발전과정과 특징

컴퓨터와 인터넷의 발전, 그 이후

정보통신기술은 정보의 수집, 축적, 처리, 검색 및 송수신 등 정보생산과 유통과정에 사용되는 모든 기술수단의 체계를 말한다. 전기의 도입 이후 전화와 텔레비전은 인류 생활의 변화를 가져온 대표적인 기술적 인공물이다. 이들 전자제품이 도입됨으로써 사람들의 생활양식은 동질화되었으며, 과거와 다른 의사소통이 가능해졌다.

정보사회를 선도하는 컴퓨터는 대규모 자료분석과 저장, 빠른 전산처리를 가능하게 한다. 컴퓨터가 통신에 이용되면서 사회는 정보화되기 시작했다. 1단계 정보화는 기초적인 정보기기의 생산과 분배산업을 출현시켰다. 2단계는 정보기술을 대규모 민간기업과 공공조직들이 수용하여 자동화 또는 전산화를 광범위하게 추진하는 것이다. 마지막 단계는 고도 정보써비스의 대량소비단계로 정보통신이 소규모 기업이나 일반 가정에까지 확대, 이용되는 시기를 말한다. 이와같은 컴퓨터와 통신의 융합은 디지털 방식에 의해 가능해졌다. 디지털화(digitalization)는 문자·소리·영상을 모두 0과 1, 또는 2진 부호(binary code)로 전환함으로써 컴퓨터와 통신기기의 호환성을 획기적으로 높인 것이다.

인터넷과 멀티미디어(multi-media)는 기존의 미디어와는 다른 특성을 지닌다. 첫째, 상호작용성이 크다. 의사소통이 양방향으로 이루어지며 공간적 제약을 넘어서게 된다. 둘째, 뉴미디어는 상이한 매체간의 접속성과 호환성을 획기적으로 개선함으로써 점차 멀티미디어화된다. 기존 미디어들의 기능은 하나의 체계에 통합되며 이용이 편리해진다.

정보사회의 특성

정보사회는 컴퓨터와 인터넷 등 각종 커뮤니케이션 미디어를 비롯한 정보기술이 발달하고 광범위하게 확산되면서 시작된다. 기술의 전문화 및 세분화와 함께 종합화 및 체계화(씨스템)가 강조된다. 이와 함께 정보기술의 특성과 역기능을 이해하려면 기술의 익명성·비동시성 등을 이해하여야 한다.

가. 익명성

인터넷이 창출한 가상현실(virtual reality), 즉 싸이버공간(cyber space)에서 이용자는 자신의 실명보다는 ID(Identification)로 활동한다. 이 가상공간에서 형성된 정체성(identity)을 '페르소나'(persona)라고 부르는데, 이것은 원래 가면(mask) 또는 연극에 등장하는 인물을 가리키는 말이다. 자기의 실체를 드러내지 않고 상호작용에 참여할 수 있는 데서 익명성은 커지게 된다. 이 익명성은 참여자의 행동을 자유롭게 하고 현실세계에서는 만날 수 없는 새로운 세계를 경험할 수 있게 하는 등의 장점도 있으나 인간관계를 우연성이나 일회성에 머무르게 하고 상호신뢰의 문제를 낳으며 비어나 속어, 거친 언사를 사용하게 함으로써 불필요한 논쟁의 씨앗을 낳는 등 부작용도 없지 않다.

나. 비동시성

뉴미디어는 비동시적이다. 전통적 매체는 메씨지를 동시적으로 전달한다. 그러나 뉴미디어는 메씨지를 저장했다가 수신자가 원하는 시간과 장소에서 필요한 프로그램을 볼 수 있다. 따라서 과거에 비해 정보수용이 훨씬 용이하고 다양해질 뿐 아니라 상호연결성을 극대화할 수 있다.

다. 복합성과 역설

정보사회는 첫째, 복합성의 증가 둘째, 역설과 불일치, 모순들의 혼재와 수용 셋째, 불안과 불확실성, 전망의 투명함을 특성으로 한다.

정보사회에서 생산된 지식은 세상을 더 이해하기 어렵게 만들어 학문과 일상생활의 분리가 심화되는 역설이 발생할 수 있다. 또 정보의 탐색과 이용은 위험부담을 줄이고 좀더 나은 선택 가능성을 증가시키지만 필요한 정보를 확보하지 못하거나 덜 중요한 것이나 잘못된 방향으로 나갈 경우 원래의 위험부담이 줄기는커녕 소요된 시간과 비용에 따른 새로운 부담까지 일어날 수 있다. 그래서 기술의 사회적 통제를 위한 시민사회의 역할은 무엇보다도 중요하다.

라. 정보통신기술의 역기능

정보사회의 도래와 기술의 발전은 사회 전분야에 걸쳐 일어나고 있으며, 이런 변화는 사회 모든 분야에 영향을 미친다. 정보화시대에서 싸이버공간을 중심으로 활동하는 한 시민사회단체는 정보사회로 가는 과정에서 발생하는 문제들을 연구하여 바람직한 각 분야별 변화의 상을 모색하고 이에 근거한 우리 사회의 새로운 운동의제를 설정·공론화하여, 궁극적으로 시민들의 삶의 질 향상에 기여하고자 다음과 같이 '정보사회의제'를 정리하고 있다.

디지털기술의 발전과 지적재산권; 정보사회에서의 정보불평등 해소; 전자정부 구현을 위한 방안과 추진과제; 프라이버씨 보호를 위한 사회적 과제; 디지털 경제와 노동시장의 변화; 전자상거래와 소비자권리 확대; 인터넷 혁명과 참여민주주의; 정보사회의 도래와 평생교육의 중요성; 인터넷과 새로운 문화 형성의 과제; 정보사회로의 전환과 시민운동.

3. 정보사회의 인권문제

(1) 정보사회의 인권문제

정보접근권

정보사회에서 정보격차는 산업사회에서의 빈부격차와 마찬가지로 자원의 배분과 처분과정에서 불가피하게 일어나는 현상이다. 정보격차(digital divide)는 정보에 대한 접근과 이용이 개인과 집단, 계층과 국가 간에 차이가 있음을 나타내는 개념이다.

정보격차의 발생 요인은 개인의 교육수준, 경제적 능력, 커뮤니케이션능력, 컴퓨터 사용능력, 정보추구 욕구, 문화적 차이 등이다. 사회인구학적으로는 젊은층이 상대적으로 정보매체에 쉽게 적응한다.

정보격차에 대한 시각은 낙관론과 비관론으로 나눠진다. 정보사회의 발전 가능성을 믿는 사람들은 정보격차를 정보화과정에서 해결할 수 있다는 입장을 취한다. 초기에는 특정계층이나 일부 기관이 이용하지만 기술이 발달하고 확산되면서 다수에게 보급되고 이로써 정보격차가 해소된다는 것이다. 그러나 회의론자들은 정보접근 기회의 불평등으로 인하여 정보격차는 더욱 지속되어 심화될 것이고 이로 인해 빈부격차도 더욱 심각해질 것이라고 믿는다. 따라서 정보격차의 해소를 위해서는 저소득 주민의 정보통신기기 보유와 써비스 이용을 지원하는 공적인 프로그램이 마련되어야 한다고 주장한다.

보편적 써비스(universal service)란 국민 모두가 나이·성별·지역·계층에 상관없이 정보통신기기에 접근해서 정보를 얻고 이용할 수 있는 동등한 기회와 권리를 갖는 것을 말한다.

전통적 의미의 보편적 써비스는 교통수단과 관련하여 대중교통수단의 필요성을 주장하는 데서 시작되어 전화써비스 확대에 적용되었다. 음성을 전달하는 전화써비스는 '지불할 수 있는 적절한 가격으로 전화써비스를 이용할 수 있는 권리'를 의미했다.

정보통신의 보편적 써비스는 보편적 써비스에 대한 개념과 내용을 통해 전화써비스에서 멀티미디어로 확대되어가고 있다. 정보화가 진전되면서 재택근무, 전자도서관과 원격접근, 전자상거래를 통한 생활필수품 구입 등 장애인을 위한 써비스가 많아질 것이라는 기대와 요구도 높아졌다. 그러나 장애인에 대한 보편적 써비스는 아직 완벽하게 구축되지 못한 실정이다.

각국의 보편적 써비스를 보면 성별이나 연령·지역과 직업에 상관없이 정보화 혜택을 받을 수 있는 환경 조성을 목표로 하고 있다. 한국의 보편적 써비스는 90년대 이후 지역 정보화, 지역 정보교육, 여성 정보화, 장애인과 노인을 위한 정보화, PC보급사업을 통해 비교적 빠른 시간에 광범위하게 확대되어왔다. 그러나 많은 예산과 인력이 투입되었음에도 불구하고 부처간 중복사업과 사후 관리미비로 인해 효율적으로 집행되지 않았다는 비판이 제기되고 있다. 2001년 1월 제정된 '정보격차해소에 관한법률'은 국가와 지방자치단체가 정보격차 해소 종합계획을 수립하고 장애인의 접근성을 보장하며 취약계층을 위한 정보통신기기를 보급하고 정보화 교육과 정보이용시설을 지원할 것을 내용으로 한다.

'보편적 써비스'가 매체에 대한 접근의 개념이라면 '공적 접근'(public access)은 매체와 매체의 사용자, 그리고 매체를 둘러싼 사회적 조건 모두를 고려하는 개념이다. 이런 미디어 액세스는 대중매체에 접근하여 이를 이용할 수 있는 권한을 말한다. 그리고 자기와 관계있는 보도에 대하여 반론이나 해명의 기회를 요구할 수 있는 반론권도 있다.

대중매체가 상업화·거대화·독점화함으로써 언론의 자유는 언론을 소유하고 지배하는 소수 계층이나 집단의 자유로 변질되고 있다. 따라서 일반 시민들의 언론의 자유를 보장하기 위해서 공적 접근권이 필요하다. 따라서 표현의 자유를 보장하고 미디어 교육 기회를 제공하며 지역 커뮤니티를 실현하고 필요한 공공써비스를 보완하기 위해 공적 접근에 의한 방송이 등장했다. 이것은 대중매체에서 소외된 사람들이 자기의 의견을 표명하기 위해 필요한 방송 시간을 대중매체에 요구하여 그것을 이용할 수 있도록 하는 것을 말한다. 자유로운 영상표현과 지역미디어운동의 활성화를 위해 공적 접근운동으로서 인터넷방송은 기존의 공중파 방송에 비해 여러 가지 면에서 제약이 덜하다. 비교적 자유롭게 소재를 선택해 작품을 준비할 수 있으며 그것에 대하여 이용자가 즉각 반응하고 참가할 수 있다.

정보에 대한 접근권으로서 '알 권리'(right to know)는 국민을 통제하고 관리하는 정보로 쓰일 가능성이 있는 자기 개인정보에 대한 권리를 말한다. 즉 개인의 자기정보의 접근과 통제는 개인의 알 권리가 된다.

오늘날 개인정보의 알 권리는 법률로 보장되어 있다. 1997년 12월 제정된 '정보공개청구에관한법률'은 "공공기관이 보유 관리하는 정보의 공개의무 및 국민의 정보공개청구에 관하여 필요한 사항을 정함으로써 국민의 알 권리를 보장하고 국정에 대한 국민의 참여와 국정운영의 투명성을 확보함을 목적으로 한다"라고 명기하고 있다. 그러나 현실적으로 이런 법적 규정으로서의 정보공개와 알 권리가 제대로 보장되고 있는지 구체적인 검토가 필요하다. 현재 국민의 알 권리를 보장하는 직간접적인 근거로는 평등권, 정보접근권, 자기정보통제권, 정보공개청구권 등을 들수 있다. 아울러 정보통신시설 이용과 온라인에서의 알 권리도 보장받을 수 있는지 법적 검토와 보완이 필요하다.

표현의 자유

이제 표현의 자유와 인터넷의 관계를 살펴보자. 언론 환경의 변화를 겪으면서 표현의 자유도 개념과 범위에서 많은 발전을 보여왔다. 인터넷은 처음부터 '민중의 매체'였다. 그것은 대중매체의 독점과 왜곡을 바로잡고 시장의 굴레와 정부의 억압을 넘어 인류의 의사소통을 이루게 할 중요한 매체로 부상했다. 이와같이 인터넷의 등장은 불가피하게 언론 환경의 변화를 야기하였지만 한국에서는 60년대에 제정된 '불온통신' 규정과 정보통신윤리위원회 같은 검열기구가 강압적으로 인터넷을 규제하면서 검열 시비가 계속되어왔다.

인터넷 규제 요구의 특징과 문제점을 살펴보자. 인터넷 표현을 규제하라는 주장들은 표현의 자유 원칙에서 금지해왔던 행정기관의 검열을 오히려 강화시키고 '불법'이 아닌 '불건전'하거나 '반사회적' 내용까지 규제할 것을 요구한다. 그리고 이들은 차단 쏘프트웨어나 인터넷 내용 등급제 같은 '기술에 의한 규제'를 선호한다. 이런 주장의 문제점은 표현물이 증가하니까 강한 규제가 필요하다는 데 있으며, 양적으로 급증하는 규제대상을 처리하기 위해 기술적인 규제방법이 등장했다는 데 있다. 더나아가 인터넷의 직접 통신이 가질 수 있는 문제를 해결하기 위해 중앙통제가 필요하다는 주장으로까지 이어진다는 데 큰 문제가 있다. 그리고 기술적인 격차는 정부규제가 필요하다는 논리로 연결되는 문제를 안고 있다. 인터넷은 인쇄·방송·통신 등 기존의 여러 가지 매체의 특성을 복합적으로 가진다. 그래서 어떤 매체의 규제모델을 적용할 것인가를 두고 논쟁이 일어나고 있다. 예를 들면 신문이나 잡지에서 허용되는 수준의 성적 표현이 방송에서는 허용되지 않는다. 왜냐하면 방송은 공공성이 크며 수용자의 벽이 비교적 단순하기 때문이다.

이 때문에 인터넷 표현의 자유에 대한 해석은 다양할 수밖에 없다. 헌법재판소의 해석은 첫째, 인터넷 매체의 성격에 적합한 내용규제 모델이 모색되어야 한다. 둘째, 인터넷의 내용을 규제하는 기준이었던 '불온통신'이란 개념은 위헌이다. 즉 이 개념은 명확성의 원칙, 과잉금지의 원칙,

포괄위임금지 원칙에 위반된다. 셋째, 인터넷의 내용을 규제하는 주체로서 '정보통신부 장관의 취급거부 정지 제한명령권'은 위헌이다. 헌법재판소는 인터넷이 공중파방송과 달리 '가장 참여적인 시장'이며, '표현 촉진적인 매체'라면서, 인터넷의 표현을 제한할 때는 명확한 원칙에 따라 최소한에 그쳐야 하며, 정부의 규제는 검열의 소지가 있다고 밝혔다.

외국의 사례를 보면 미국, 영국, 캐나다, 덴마크, 뉴질랜드, 노르웨이, 스웨덴 등 선진공업국에서는 행정부가 통신상의 불법 내용에 대한 판단과 처벌 권한을 갖고 있지 않다. 이들 나라에서는 사법 주체가 인터넷 내용의 불법성을 판단한다. 중국, 사우디아라비아, 싱가포르, 한국(정보통신부)에서는 정부가 내용 규제의 주체가 되고 있다.

한국의 현행 법률과 문제점을 살펴보자. 표현을 규제하는 일반 법률에는 표현만으로 불법이 되는 음란죄(형법 제243조, 정보통신망이용촉진및정보보호등에관한법률 제65조), 명예훼손과 모독(형법 제307조에서 제311조), 성폭력과 언어폭력(정보통신망이용촉진및정보보호등에관한법률 제65조), 불법선거운동(공직선거및선거부정방지법 제82조의3, 제251조), 찬양 고무죄(국가보안법 제7조) 등이 있다. 청소년유해매체물은 불법은 아니지만 청소년에게서 격리시켜야 한다(청소년보호법 제10조 등).

인터넷 표현에만 적용되는 법률이 제정되어 일반 법률에 의한 것보다 더한 규제를 받고 있다는 점도 문제로 제기되고 있다. 전기통신사업법 제53조는 정보통신부 장관의 명령권을 부여하여 이용자는 언제든지 규제의 대상이 될 수 있다. 나아가 정보통신윤리위원회는 심의권을 갖고 있으며, '정보통신망이용촉진및정보보호등에관한법률'(제44조)에 의해 정보 삭제도 요청할 수 있게 되어 있다. '음반비디오물및게임물에관한법률'은 유통관련업자의 준수사항을 명기하고 있다.

정보공유의 권리

정보화가 진전됨에 따라 지적재산권(intellectual property), 특허권, 저작권 등의 단어와 개념에 대한 이해가 요구되고 있다. 이것들은 우리의 삶에 여러 영향을 미치면서 때로는 기술과 문화의 활용을 제한하기도 하고, 심지어 생명까지 위협한다.

지적재산권은 '무형의 지적자산에 대한 소유권'을 의미한다. 즉 어떤 발명이나 음악, 미술, 문학 등의 창작물에 대해 발명자나 창작자에게 소유권과 유사한 권리를 법적으로 부여하는 것이다. 지적재산권에는 여러 가지 종류가 있다. 특허권은 산업기술 분야에 표현된 새로운 아이디어(발명)를 보호하기 위한 것으로 발명자가 특허발명을 일정 기간(특허 출원후 20년) 동안 독점적으로 이용할 수 있는 권리를 말한다. 저작권과는 달리 특허청에 출원한 후에 심사를 거쳐 특허권을 부여받는다.

저작권은 문화예술 창작자를 보호하기 위한 제도이다. 저작자는 자신의 저작물을 공표하고 성명을 표시하는 인격적 권리와 복제·공연·전시·배포·전송할 수 있는 독점적 권리를 부여받는다. 저작권은 창작 즉시 부여되며 보호기간은 저작자 사후 50년까지이다. 저작권과 특허 외에도 상표권, 의장권, 실용신안권, 지리적 표시, 영업 비밀, 반도체 배치설계 등 새로운 분야들이 지적재산권 영역에 포함된다. 지적재산권은 일시적인 독점을 부과하여 창작에 대한 동기를 부여하고 창작자에게 경제적 보상을 하기 위한 것이다. 특허는 발명 내용을 공개하여 기술의 확산과 발전을 촉진하려는 목적을 가지고 있다. 문제는 지적재산권을 소유권으로만 볼 것인가 여부이다. 원래 지식이나 문화는 사적으로 소유될 수 없는, 인류 공동의 자산으로 인식되어왔다. 따라서 자본주의 법률체계 내에서도 창작자의 사적 이익과 동시에 사회 공공이익의 균형을 맞추려는 시도를 볼 수 있다. 리처드 스톨만(Richard Stallman)은 '지적재산권'이라는 개념이 유체물과는 완전히 다른 성격을 가진 정보(지식과 문화)

에 대해서 유체물과 동일한 '소유권' 의식을 갖도록 왜곡한다고 비판한다. 그리고 원래 서로 다른 대상과 적용방식, 역사적인 맥락을 가진 저작권, 특허, 상표권 등을 같은 지적재산권으로 지나치게 일반화하고 있다는 지적도 제기된다.

특허에 의한 기본권 침해를 살펴보자. 현재 특허제도는 그 적용대상을 확장하고 있으며 특허권자의 보호를 강화하고 있다. 예를 들면 특허에 의한 독점 기간은 20년으로 세계무역기구의 무역 관련 지적재산권협정(TRIPs Agreement)을 통해 전세계적으로 확장되었다. 특허보호 대상도 생명체, 컴퓨터 쏘프트웨어, 사업방식 등으로 확장되었다. 선진공업국 다국적 기업이 주도하는 현재의 특허 경향은 산업발전을 가져오는 반면에 기술력이 낮은 제3세계의 경제적 종속을 심화시키고 있다는 데 문제의 심각성이 놓여 있다.

원래 영업방법은 특허 대상이 아니었다. 1998년 미 연방고등법원이 어떠한 대상이든 특허 대상이 될 수 있다는 요지의 판결을 한 이후 영업방법(business method) 특허도 부여되고 있다. 영업방법은 어떤 기술상의 혁신이라기보다는 인간의 아이디어에 불과하다. 따라서 지나친 특허부여는 기술개발을 저해할 수도 있다. 수확체증의 법칙을 따르는 인터넷의 속성상 권리를 선점한 자가 후발주자의 진입을 막고 독점을 영구화하는 문제점을 안고 있다.

의약품 특허와 건강권의 대립문제도 제기된다. 따라서 특허권 남용을 방지하는 효과적인 방법은 강제실시(compulsory license)이다. 이것은 특허권자의 의사에 상관없이 특허 발명을 타인이 실시할 수 있도록 강제하는 것을 말한다. 특허는 개발자만을 일방적으로 보호하기 위한 것이 아니라 사회 공공이익과의 균형을 고려해야 하는 것이므로, 특허권의 공정한 행사를 촉진하는 중요한 제도의 하나가 바로 강제실시이다.

디지털시대의 저작권은 변화된 현실을 인정하고 공정이용을 통해 개발자의 이익도 일정 기간 인정해주면서 공공의 이익도 보호해야 한다. 저작권의 공정이용(fair use)은 언론보도, 재판, 도서관, 교육 목적의 사용, 비영리적이고 개인적인 이용에서는 저작권자의 허락 없이도 저작물을 사용할 수 있게 한 것이다.

디지털기술과 인터넷의 등장은 저작권과 모순을 일으키고 있다. 정보사회에서 저작권법이 문제시되는 이유는 두 가지이다. 첫째, 문화의 산업화와 정보산업의 발전이다. 둘째, 정보통신기술이 발전함에 따라 디지털화와 네트워크화가 확산되는 환경의 변화이다.

기존의 오프라인 환경에서는 '접근'과 '복제'는 별개의 의미였다. 디지털 네트워크 환경에서 복제(copying) 개념의 변화는 프로그램 실행이나 어떤 정보에 접근하는 행위조차 복제 없이는 불가능하다는 데서 나타난다. 따라서 복제권(copy-right)을 창작자에게 전적으로 부여하는 것은 이용자들의 컴퓨터 사용이나 정보에 대한 접근권을 심각하게 침해할 수 있다.

창작 환경의 변화는 정보의 디지털화로부터 오는 것이다. 그것은 정보의 복제·전송뿐만 아니라 정보의 변형(개작), 융합의 가능성도 획기적으로 진전시켰다. 누구나 창작물의 수용자(이용자·소비자)이면서 동시에 생산자가 될 수 있는 환경이 되었다.

수용 환경의 변화는 컴퓨터와 인터넷을 통한 정보의 접근과 창출이 삶의 일부분이 되었다는 데 있다. 그리고 디지털 환경에서는 복제비용을 거의 들이지 않고 원본과 똑같은 복제물을 재생산할 수 있다. 이런 환경 변화는 지식과 문화의 향유 기회를 획기적으로 진전시켰지만 저작권 강화로 시비와 논쟁이 늘고 있다.

따라서 저작권의 성격변화가 필요하다. 즉 저작권의 주체가 개인에서 기업으로, 그중에서도 다국적기업으로 옮겨가게 됨으로써 자유시장의 원리에 따라 기업 독점이 초래하는 사회적 해악이 증폭되었다. 정보문화

산업에 큰 경쟁력을 가진 선진국 대기업의 이해관계가 저작권의 속성을 변질시키는 것이다.

대표적인 사례가 쏘프트웨어 저작권과 마이크로쏘프트(Microsoft)사 독점 문제라고 말할 수 있다. 컴퓨터 프로그램은 사실상 특정 기능을 수행하기 위한 '기능적 저작물'이다. 따라서 다른 예술 창작물과 같은 방식으로 취급하는 것은 타당하지 않다. 다른 저작물의 경우에는 저작물에 접근함과 동시에 쏘스를 얻어 또다른 창작 아이디어를 얻을 수 있지만 컴퓨터 프로그램은 프로그램의 이용과 쏘스의 공개가 분리되어 있어, 프로그램에 접근한다고 하더라도 창작자가 쏘스를 공개하지 않는다면 사회적으로 별 이득이 없다. 즉 컴퓨터 프로그램의 경우 다른 저작물에 비해 창작자에 대한 보호는 강력하지만 사회 공공의 이익으로 돌아오는 부분은 거의 없다고 말해도 과언이 아니다.

쏘프트웨어 저작권의 문제는 이른바 불법복제 쏘프트웨어 단속을 통해 나타나고 있다. 첫째, 대부분의 중요 프로그램들은 거대 쏘프트웨어 회사에 의해 상업적으로 개발, 판매되고 있으며 이에 따라 필수 쏘프트웨어에 대한 접근이 경제적인 능력에 따라 차별화될 수밖에 없다. 컴퓨터 프로그램은 네트워크 효과(데이터 교환 등으로 인해 한 사람의 이용 환경이 다른 사람에게 영향을 미치는 효과)가 작용하게 된다. 둘째, 불법복제를 단속하기 위해서는 프로그램 저작권자의 고소가 있어야 하고, 현저한 혐의가 있을 경우에 법원의 영장을 발부받아 해당 프로그램에 대한 조사만이 이루어져야 함에도 불구하고, 정부가 무작위 단속을 하는 것은 문제가 있다. 특히 안정성과 독립성을 보장받아야 할 사무공간에 폭력적으로 침입한 행위는 명백한 인권침해이다.

MS사의 독점문제도 지적하지 않을 수 없다. 이 쏘프트웨어 업체는 윈도우라는 독점적 운영체제를 가지고 있는데 전세계 PC 운영체제 시장의 90%를 장악하고 있다. 이를 기반으로 후발주자라는 약점에도 불구하고 워드, 엑셀 등 오피스 프로그램, 웹 브라우저, 미디어 플레이어 등 응용프로그램 영역에서도 지배적 위치를 차지했다. 장기적으로는 경쟁 후퇴로 인하여 기술발전을 저해하고 이용자의 선택 여지를 제한하게 된다. MS 제품의 사용으로 인하여 정보수집의 위험성, 국가안보의 문제, 막대한 예산 사용, 문서 유출의 위험 등이 도사리고 있다는 지적도 없지 않다.

이런 지적재산권체제에 대항하여 카피레프트(copy-left) 운동이 일어나고 있다. 이 개념은 자유쏘프트웨어재단(Free Software Foundation)의 리처드 스톨만에 의해 제시되었다. 그는 공개 컴퓨터 운영체제를 개발하는 그누(GNU) 프로젝트를 시작했고 리눅스(Linux)라는 커널(Kernal, 운영체제의 핵심부문)을 결합시켜 GNU/리눅스 운영체제를 공개, 개발하고 있다. 자신들의 프로그램에 저작권을 부여하고 GPL(General Public License)을 부가하는 방식을 택하여 누구나 자유롭게 이 프로그램을 복사·이용할 수 있고, 수정할 수도 있지만 수정해서 배포할 경우 그 수정된 프로그램 역시 GPL을 따라야 함을 명기한 것이다. 이 '자유 쏘프트웨어'는 누군가에게 악용되어 독점 쏘프트웨어로 변질되는 것을 방지하기 위한 것이다.

자기정보통제권

정보사회에서 프라이버씨 권리(right to privacy)를 어떻게 보아야 하는가. 프라이버씨의 고전적 개념은 '혼자 있을 권리'(right to alone)라는 데 있다. 프라이버씨권은 한편으로 자기정보통제권이라는 새로운 개념으로 발전했다. 다른 한편 프라이버씨권은 '감시에 반대하는 권리'로도 나아가고 있다. 경제개발협력기구(OECD)는 개인정보보호 8원칙을 구체화하고 있다. '프라이버씨 보호와 개인정보의 국제적 유통에 관한 가이드라인'은 수집제한, 정확성, 수집목적의 명확성, 이용제한, 안전보호, 공개성, 개인 참여, 책임 원칙을 제시하고 있다(1980. 9. 23. 채택).

반감시권은 민주주의와 인권에 대한 중대한 위협에 대응하는 권리이며, 개인의 프라이버씨나 개인정보를 넘어 개인과 집단의 사상과 행동의 자유를 제한하는 모든 행위를 통제 대상으로 삼는 것에 대한 자기보호와 권리주장을 위한 것이다.

프라이버씨 권리와 관련된 국내법과 국제인권규약을 살펴보자. 프라이버씨 보호와 관련된 국내법규로는 헌법에 주거의 자유(제16조), 사생활의 비밀과 자유(제17조), 통신의 비밀 보장(제18조) 등이 규정되어 있다. 공공기관이 가진 개인정보에 대해서는 '공공기관의개인정보보호에관한법률'에 의해 보호되며, 일반적인 상업싸이트와 네트워크들은 '정보통신망이용촉진및정보보호등에관한법률' '신용정보의보호및이용에관한법률' 등에 의해 보호되고 있다. 통신의 비밀은 다른 사람의 비밀을 침해하지 못하도록 규정한 형법(제316조)와 통신비밀보호법에 의해 보호받는다.

프라이버씨권을 위협하는 국가신분증명제도를 보자. 여기에는 주민등록제도, 지문날인제도가 있다. 이런 제도들은 개인정보의 맹목적인 집적과 무분별한 유통 등 여러 가지 운영상 문제점을 안고 있다. 주민등록을 하지 않으면 법에 의해 처벌받는 강제등록이 이루어지고 있다. 주민등록증은 신분 증명 외에 국가가 별도의 써비스를 제공하는 기능이 없으면서도 지나치게 많은 개인자료를 포함하고 있다. 주민등록표상의 수록항목은 무려 141가지나 된다. 이런 정보들에 국가정보원과 경찰 등 국가공안전산망에 의해 더 많은 양의 개인정보가 추가되어 관리되고 있다고 생각할 수 있고 따라서 개인이 국가에 의해 부단히 감시받고 있다고 여길 수 있다. 그리고 주민등록번호가 노출되면 그 사람의 모든 것을 파악할 수 있게 된다고 볼 수 있다. 특히 지문날인제도는 간첩이나 불순분자를 용이하게 식별, 색출하여 반공태세를 강화한다는 명분으로 1968년 민주공화당 단독국회에서 일방적으로 통과된 것이다. 다른 나라의 신분증명제도의 경우에는 도입하고 있지 않거나 운전면허증·사회보장카드 등에 의해 대체되고 있다. 국가에서 모든 국민에게 일괄적이고 강제적으로 신분증을 발급하는 나라는 한국이 유일한 사례라고 알려져 있다.

그래서 정보사회에서의 프라이버씨권은 여러 가지 측면에서 침해될 가능성이 높아지고 있다. '스마트카드'라는 미명 아래 전자주민카드와 전자건강카드 도입 시도 같은 개인정보와 행정정보의 통합은 국가로 하여금 개인에 대한 고도의 통제력을 행사할 수 있게 만들 뿐만 아니라 만약 전산씨스템이나 카드가 크래킹(cracking)당했을 경우 엄청난 피해와 인권침해의 소지가 있다. 전자주민카드와 전자건강카드에 입력되는 개인정보는 통합된 정보의 총량 외에 새로운 양적·질적 수준의 정보를 생성하기 때문에 인권침해와 유린이라는 새로운 사회적 문제점이 커질 수밖에 없다.

한편 2000년부터 구축된 학교종합정보관리씨스템(CS)을 통해 대부분의 교육행정정보가 전산화되어 있고 각 단위 학교에서 써버(server)를 운영하고 있어 교육행정의 중앙관리와는 다른 체제를 갖추고 있다. 그런데 정부는 전자정부 추진의 일환으로 2천여만명의 학생과 학부모 정보와 36만여명의 교사 신상파일을 한데 묶어 교육청과 교육부 써버와 연결시키는 교육행정정보씨스템(NEIS, National Education Information System)을 강행하려 한 바 있다.

이와같은 개인정보와 행정정보 통합의 문제점은 첫째, 개인정보의 유출은 정보가 유출당한 개인에게 직접적인 피해를 가져다줄 수 있고, 둘째, 개인에 대한 국가권력기관의 감시와 통제를 강화시켜 억압적인 사회분위기를 조성하며 권위적인 국가권력을 형성하는 데 일조함으로써 개인의 인권을 파괴하고 국가의 퇴행적 발전을 가져올 수 있다는 점이다.

이용자의 양해를 구하지 않고 이용자가 통제할 수 없는 방식과 양으로 폭주하는 전자우편물도 문제가 되고 있다. 이런 스팸메일(spam mail)을 지우는 데 드는 시간과 노력, 메일사업자의 부담 등 비용과 정신건강의 문제가 제기되고 있다. 나아가 스팸메일은 이용자의 프라이버씨를 침해한다는 문제점이 있다. 정보주체인 이용자에게 자기가 수신한 우편물에 대한 통제권을 준다는 의미에서 '옵트인 제도'라는 스팸메일에 대한 규제방식이 있다. 옵트인(opt in) 제도는 이용자가 메일을 보내도 된다고 허락한 경우에만 메일을 보낼 수 있는 제도이고 옵트아웃(opt out)은 수신거부를 할 때까지 메일을 보낼 수 있는 제도를 말한다. 한국은 '전기통신망이용촉진및개인정보보호등에관한법률'을 통해 이용자보다는 이메일 마케팅업자들의 이해를 따라 옵트아웃제로 바뀌었다.

또한 2001년 말 개정된 통신비밀보호법에 따르면 법원은 영장 없이 해당 지방검찰청 검사장의 승인만으로 가입자의 전기통신일지, 전기통신 개시와 종료시간, 발신과 착신 통신번호 등 상대방의 가입자 번호, 사용도수 등 전기통신사실에 관한 자료를 요구할 수 있다(제13조). 이는 헌법이 보장하는 '모든 국민은 통신의 비밀을 침해받지 않는다'는 권리를 침해한 것이다. 만약 통신의 비밀을 보장받을 권리를 제한받아야 한다면 반드시 법원의 영장이 있는 경우에만 그렇게 할 수 있도록 해야 할 것이다.

의료정보의 보호 역시 논란의 소지가 있다. 보건의료기본법에 '모든 국민은 보건의료와 관련하여 자신의 신체, 건강 및 사생활의 비밀을 침해받지 아니한다'라고 규정되어 있고, 병원 당국과 의사 등 의료인의 직업윤리에 의존하여 의료정보가 관리되도록 하고 있다. 그런데 검찰청은 1996년부터 '범죄수사'를 목적으로 유전자정보은행을 설립하려는 작업을 시도하고 있다. 국민의 신체정보에 대한 중대한 프라이버씨권의 침해 시비를 야기할 수 있는 시도라고 지적할 수 있다.

경제위기에 더하여 신용정보가 유출되고 있을 뿐만 아니라 신용불량자들의 인권이 여지없이 유린될 가능성에 노출되어 있다. 2003년부터 세금납부와 소송내역, 유통업체와의 거래정보까지 공유되면서 정보 공개의 폭이 광범위해짐에 따라 신용정보 유출이 큰 사회문제로 비화될 가능성이 적지 않다.

감시에 반대할 권리

감시에 반대할 권리(반감시권)란 무엇인가? 정보사회는 정보통신기술의 발달로 '전자감시사회'를 구성한다는 지적이 있다. 즉 정보사회의 중요한 특징 중 하나로 감시의 확대가 대두된다는 의미이다. 정보사회의 감시는 기본권의 침해, 민주주의의 왜곡, 배제와 차별의 양산이라는 문제점을 낳는다. 따라서 이런 감시의 확대로 인해 반감시권이 등장하게 되었다. 제1세대 프라이버씨권이 혼자 있을 권리, 제2세대 프라이버씨권이 자기정보의 통제권을 뜻한다면, 제3세대 프라이버씨권은 반감시권이라고 말할 수 있다. 국가와 기업은 정보를 수집하여 이용하고 있으며, 개인의 행동뿐만 아니라 생각까지 분석하고 있다. 따라서 감시의 문제는 개인의 사생활 보호나 자기정보통제권의 주장으로 해결할 수 없는 새로운 국면으로 나아가고 있다. 반감시권은 민주주의와 인권에 대한 위협에 대응하는 권리이다. 반감시권의 대상은 사생활이나 개인정보에 국한되지 않는다. 반감시권은 개인의 사생활이나 개인정보를 넘어 개인과 집단의 사상과 행동의 자유를 제한하는 모든 행위를 문제의 대상으로 삼아야 한다.

지금까지 사생활 보호는 대개 개인정보 수집시 고지하거나 동의를 얻는 형태로 이루어져왔다. 이는 개인이 대등한 지위에서 개인정보를 처분할 수 있다는 것을 전제로 한 것이다. 그러나 현대사회에서, 특히 기술이 발달한 정보사회에서 감시는 고지나 동의과정을 거치지 않고 얼마든지 이루어질 수 있고, 고지나 동의 당시 의도했던 것과 다른 새로운 감시효과가 발생할 수도 있다. 따라서 개인정보 수집시 고지 또는 동의를 기준으로 삼는 계약적 원칙을 넘어 감시로 인한 기본권 침해의 효과를 보호의 기준과 원칙으로 새롭게 정립해야 한다. 나아가 감시계획의 수립단계부터 개인이 참여하고 반대할 권리가 보장되어야 한다.

직장 내 노동자 감시에 대한 노동자의 기본입장을 보면 첫째, 노동자는 자신에 대한 정보가 수집·기록·저장되는 것에 대해 동의하거나 거부할 권리가 있다. 노동자는 자신의 존엄성과 프라이버씨권을 보장받고 정당한 대우를 받으며 일할 수 있어야 하기 때문이다. 둘째, 노동조합은 직장의 감시문제에 대하여 국제노동기구(ILO) 등이 마련한 국제적 기준에 따라 단체협약에 최대한 반영할 수 있도록 노력해야 한다. 셋째, 사용자는 위험과 사고방지를 위해 그 외의 방법이 없는 불가피한 경우에 한해 노동자의 동의를 얻은 후에 개인에 대한 정보를 수집할 수 있다는 점에 유의해야 한다. 넷째, 직장의 감시는 기본적으로 노동자의 존엄성, 프라이버씨권, 나아가 노동자의 단결권을 위협하는 행위이므로 사용자는 개인정보 수집 장치에 대한 정책과 의사결정을 노동자와 노동자 대표에게 투명하게 공개해야 하며 노동자와 노동자 대표가 이에 참여할 수 있어야 한다. 다섯째, 사용자는 노동자가 알 수 없는 상태에서 몰래 정보를 수집하고 감시하는 것이 금지되어 있다는 점에 유의해야 한다. 특히 업무와 직접 관련이 없는 사적 공간과 노동자의 사교, 노동조합에 대한 감시는 허용되지 않는다는 점에 유념해야 한다. 여섯째, 사용자는 노동자에게 개인정보 수집에 대한 동의를 구할 때, 노동자가 자신에게 미칠 영향을 충분히 이해한 상태에서 자유롭게 선택할 수 있도록 해야 한다는 점을 숙지해야 한다. 마지막으로 사용자는 노동자에 대해 수집한 정보가 노동자의 동의를 얻은 목적 외에 사용되어서는 안되며 노동자를 차별하는 근거가 되거나 노동자에게 불이익을 주는 기준이 되어서는 안된다는 점을 유념해야 한다.

직장의 감시카메라에 대한 노동자의 권리를 살펴보자. 노동자에게는 회사의 감시카메라에 대하여 동의하거나 거부할 수 있는 권리가 있다. 노동자가 알 수 없는 상태에서 몰래 실시하는 감시나 사생활을 침해하는 감시는 즉각 중단되어야 한다. 사용자는 노동자가 동의한 목적과 방법으로만 카메라를 이용할 수 있어야 한다. 그리고 감시카메라에 대한 모든 내용을 숨김없이 노동자에게 공개해야 한다. 나아가 카메라 자체뿐만 아니라 기록도 엄격하게 관리해야 한다. 특히 감시카메라로 수집한 정보가 노동자를 차별하거나 평가하는 기준이 되어서는 안된다. 다시 강조하지만 감시카메라에 대한 모든 결정권은 사용자가 아니라 노동자에게 있다. 필요한 경우에는 직장의 감시체제에 대한 대응을 위해 증거를 확보하고, 감시카메라의 철거를 요구하고, 반감시권을 주장하여 단체협상에 반영해야 한다.

나아가 직장 내에서 이메일, 메신저 기타 통신이용 감시에 대한 지침에 대해서도 알아둘 필요가 있다. 먼저 전자우편에는 비밀이 없으며 결코 안전하지 않다는 점을 알고 있어야 한다. 과거 사용자가 노동자를 감시할 경우 많은 비용과 시간이 들고 은밀하게 하기 어려웠지만, 이제는 컴퓨터를 이용하여 적은 비용으로 은밀하게 전자우편을 감시할 수 있다. 노동자는 직장에서 헌법상 보장된 인격권과 프라이버씨권과 통신의 자유를 누리면서 전자우편을 이용할 권리가 있다. 따라서 사용자는 전자우편 관리체계를 노동자에게 공개하고 노동자나 노동조합의 동의를 얻어야 한다. 그리고 직장에서 노동자의 사적인 전자우편의 비밀은 어떠한 경우에도 침해되어서는 안된다. 아울러 업무와 관련된 전자우편도 통신의 비밀이 보호되어야 하며 사전에 노동자와 노동조합의 동의를 얻어 업무와 직접 관련된 목적으로만 보존하거나 이용할 수 있어야 한다. 만약 자신의 전자우편이 감시당하는 것을 확인한 경우에는 회사의 전자우편 감시에 동의하지 않았음을 명백히 밝히면서 증거를 확보하여야 한다.

정보통신기술의 발달로 인한 장비의 확대로 직장 내의 노동자 감시는 심도와 폭이 한층 강화되고 다양화되고 있다. 직장의 인터넷 이용 감시와 접근 차단에 대한 대응지침으로 먼저 인터넷 이용은 노동자의 기본

권리로 보장되어야 함을 주지해야 한다. 나아가 직장에서 인터넷 접근이 차단되어서는 안된다. 단, 사용자는 명백한 범죄행위에 한해 인터넷 접근을 차단할 수 있다. 그리고 사용자는 노동조합 홈페이지나 노동조합활동과 관련된 홈페이지를 차단할 수 없다. 사용자의 이러한 조치는 노동자의 노동3권(단결권, 단체교섭권, 단체행동권)과 노동자의 자율성을 침해하는 행위이다. 회사는 특정 노동자나 노동조합을 감시·통제·개입·지배할 목적으로 감시할 수 없고 인터넷을 이용한 노동조합활동을 방해해서는 안된다. 그리고 인터넷 이용 씨스템에 대한 지속적 정보 제공·고지의 의무를 진다. 또한 씨스템 운영정책 결정에 대해서는 노동조합과 사전에 합의해야 한다.

국제노동기구(ILO)의 '노동자의 개인정보 보호에 대한 행동강령' (1995)은 일반적 원칙, 개인정보의 수집·보안·보관·이용과 전달에 대한 설명과 함께 개인의 권리 13개조와 집단적 권리를 열거하고 있다.

정보화시대에서 국민은 헌법 제10조, 제16조, 제17조, 제34조, 제37조 등에 의해 자유와 권리를 보호받는다. '성폭력범죄의처벌및피해자보호등에관한법률' 제14조의2(카메라등이용촬영처벌), 근로기준법 제101조 (기숙사생활의 보장), 통신비밀보호법 제2조, 제3조(통신및대화비밀의 보호), 제16조(벌칙) 등은 현행 법률에 의한 권리보호를 규정하고 있다.

(2) '전자감시사회'의 국제화와 세계인권규범

전자감시사회의 도래

정보기술의 이용과 도입으로 인하여 기존의 국제인권규약이나 헌법으로는 보호받지 못하는 새로운 권리공백지대가 형성될 수 있다. 푸꼬는 은밀한 상태에서의 밀접한 관찰과 감시는 권력의 행사, 통제 및 훈육을 나타낸다고 지적한다(Foucault 1991). '감시사회'라는 용어는 G. T. 마르쓰

(1985)가 '컴퓨터 기술을 사용하여 전체주의적인 통제의 마지막 장벽의 하나가 부서지는' 상황을 언급할 때 처음 사용되었다(Lyon 1994). 우리 시대 사회생활의 핵심적 특징이 된 감시를 사회적·정치적 검토의 대상으로 삼아야 한다는 주장이 대두되고 있다. 감시는 개인에게 불쾌감과 불편, 자존심의 훼손, 심각한 심리적·육체적 파괴를 동반할 수 있고 위협의 발생 가능성과 함께 인권침해의 요소를 갖고 있다. 전자감시사회는 기술이 발전하면서 생겨난 것으로 사람들의 행동, 소비행태, 의식 등을 전자적으로 추적하여 다음 행동을 예측하고 통제, 감시할 수 있는 기술 기반이 구비된 사회체제를 말한다.

새로운 원형감옥체제

인간은 감시사회에서 '투명한 어항 속의 고기'와 같은 신세, 혹은 기술에 물샐틈없이 포위된 형국에 놓이게 된다. 푸꼬가 말하는 제레미 벤섬(Jeremy Bentham)의 원형감옥(panopticon)은 이런 전자적 감시를 은유하는 데 사용될 수 있다. 즉 한 사람의 감시자가 여러 명의 수인을 가장 효율적으로 감시할 수 있는 건축구조를 상상할 수 있듯이 정보사회에서의 사회성원은 제3자에 의해 원치 않는 감시대상이 될 수 있다.

시민사회의 대응과 세계인권규범의 형성

인터넷은 시민사회의 매우 주요한 소통영역이 되고 있다. 과거부터 존재해온 강력한 정치·경제 세력이 신문과 방송 같은 전통적인 미디어를 지배하는 반면, 보통시민들과 사회단체들은 인터넷을 통해 그들의 요구와 주장을 많은 노력과 재원을 들이지 않고 전달할 수 있게 되었다.

그러나 아직 우리는 인터넷의 잠재력과 문제점을 인식하지 못하고 있다. 작금의 세계화 시대는 거대한 다국적 기업들과 선거를 통하지 않은 관료체제가 전세계 시민들의 삶에 지대한 영향을 미치는 지배구조를 만들어냈다. 지역 차원에서나 국가 차원에서 민주적인 기구들은 자신의 발전과 진보를 심각하게 제한당하고 있다. 오랜 투쟁을 통해 구체화된 사회적 권리들은 값싼 노동력과 열악한 사회환경을 찾아 한 국가에서 다른 국가로 빠르게 이동하는 자본에 의해 무력해지고 있다.

시민사회단체는 인터넷이 이에 맞서고 문제를 해결하는 데 중요한 역할을 수행할 것이라고 믿는다. 현재 전세계적으로 5억명 이상의 인터넷 사용자가 있으며, 이는 2005년까지 10억명 이상으로 증가할 것으로 추정된다. 인터넷의 공적 영역에서 전세계인들은 자신의 삶을 형성하고 있는 문제에 대해 자유롭게 논쟁하고 숙고할 수 있다. 인터넷을 통해 전세계적 차원의 공동체를 형성할 수 있고 또한 형성되고 있으며 다국적 기업과 관료체제의 권력에 도전하고 그 권력을 제한할 수 있다. 지금까지 시민사회단체는 이를 위해 많은 노력과 접근을 시도해왔다. 수많은 개인과 시민단체가 인터넷을 사용한 사회적 캠페인이 대단한 효과를 거둘 수 있음을 경험하고 이러한 인터넷의 잠재력을 인식하고 활용하고 있다.

그러나 다른 측면에서 인터넷의 민주적 잠재력은 크게 위협받고 있는 상황이다. 인터넷의 민주적 잠재력은 아직 개발되지 않은 반면 시민들은 이 잠재력에 대한 위협에 직면해 있다. 인터넷상에서 의견을 교환하고 토론하며 누려온 상대적 자유가 기술의 상업화와 군사화에 의해 공격당하는 것이다. 상업적 세력은 인터넷을 거대한 쇼핑몰과 도박판과 매음굴로 바꾸려 하고 있고, 인터넷의 민주적 기능이 지닌 힘을 두려워한 몇몇 정치인들이 인터넷상의 자유토론을 위협하고 있다. 시민사회단체는 더 상업화되고 더 강화되는 정부규제에 시민사회 인터넷권리 발의(Civil Society Internet Rights Initiative)를 통해 맞서고자 한다. 시민사회의 권리를 보호하고 확장하여 시민사회의 목적에 맞게 인터넷을 사용하자는 것이다.

첫째, 의사소통에 대한 권리가 중시되어야 한다. 인터넷은 경제적이면서도 쉽게 정보에 접근할 수 있는 기회를 제공하고, 정보를 전달하며, 발언을 위한 장을 마련한다. 민주주의 사회에서 의사소통의 권리는 기본 권으로 인정돼야 하고, 모든 사람에게 유용한 새로운 의사소통 기술이 제공되어야 한다.

이를 위해 시민사회단체는 개발도상국 사람들이 새로운 의사소통 기술에 접근할 수 있게 하고, 인터넷을 사용하는 데 사회적으로 소외된 사람들을 돕기 위한 설비와 훈련을 제공하며, 성별·인종·언어·능력에 상관없는 소통에 대한 동등한 접근을 이뤄내고자 한다. 새로운 광역인터넷 기술이 출현할 때 소수자와 약자는 존중되고 보호되어야 하며, 공적으로 폭넓게 접근할 수 있게 보장되어야 한다.

둘째, 공공의 이해에 관한 문제들에 대해 자유롭게 토론하고 논쟁할 권리가 중시되어야 한다. 시민사회단체는 자국 시민의 반대를 억제하려는 정부에 의한 것이든, 정치·경제적 권력을 가진 강력한 세력에 의한 것이든 간에 시민사회의 논쟁을 검열하려는 모든 시도에 반대한다. 기업들과 그들의 정책에 대한 비판을 방해하는 저작권과 지적재산권의 사용을 반대하고, 그들을 패러디할 권리는 지지한다.

인터넷은 공적이든 사적이든 의견과 정보를 교환하기 위한 매체로서 열린 사회와 민주사회를 성취하기 위한 가능성을 제공하므로 이러한 엄청난 잠재력을 안전하게 방어해야 하며 충분히 실현시켜야 한다. 인터넷 설비들을 유용하게 제작하여 국제적·국가적·지역적 수준에서 정부정책들에 대해 가장 광범위한 공적 토론을 할 수 있도록 허용해야 한다.

셋째, 무엇보다도 사생활 보호를 위한 권리들이 존중되어야 하며 완전하게 보장되어야 한다. 시민사회단체는 사적으로 소통되는 시민의 의사를 정부·군대·경찰·상업세력이 엿듣는 것이 민주사회에서 받아들여질 수 없다고 믿는다. 세계적 전자감시망인 에셜론(Ethelon) 같은 비밀 감시망체제 운용에 반대하고, 해법을 밝히지 않고 암호를 사용하는 단체 또는 개인의 권리는 지지한다.

넷째, 인터넷 표준을 설정할 때 공개된 민주적 과정들을 옹호해야 한다. 인터넷을 폐쇄적이고 통제된 매체로 바꾸고자 하는 사람들은 인터넷에 새로운 계급구조를 강요함으로써 개방성을 손상시키고 있다. 강력한 상업적 세력은 인터넷을 거대한 쇼핑쎈터로 바꾸고 싶어한다. 시민사회는 인터넷의 폐쇄적 발달과 통제적 측면에 반대하고, 언어·특성·문화적 가치를 부정하는 인터넷의 표준화를 지속적으로 분산시키고 개방시키기 위한 사람들과 협력하며, 공개자료와 무료 쏘프트웨어 지원을 위해 노력한다. 예를 들어 기술표준화 조직(Technical Standards Bodies)의 결정은 인터넷 사용자들의 사생활과 자유에 심각한 영향을 미칠 수 있다. 미연방수사국(FBI)은 이메일을 좀더 쉽게 감시하고 싶어하기 때문에 인터넷공학 태스크 포스는 IP 표준을 수정하라는 지속적인 압력을 받고 있다. 인터넷 도메인 이름체계(DNS, Domain Name System)도 마찬가지다. 기업들은 상표에 관한 법률을 사용함으로써 통제권을 가지려 한다. 시민사회단체는 인터넷 관리와 표준화 설계의 모든 측면에서 최대한의 항의와 시민사회의 참여를 요청한다.

다섯째, 필요하다면 가상공간을 위한 시민사회연합체(동맹)가 건설되어야 한다. 시민사회단체는 대중적 논쟁과 상호교차할 수 있는 공동체 건설을 위한 주요영역인 인터넷을 방어하기 위해 시민사회조직의 광범위한 동맹의 건설이 필요하다고 믿는다. 특히 다른 미디어 영역에서 일하는 사람들과 함께하길 원하며, 앞서 설명한 핵심영역에 대한 세부적인 정책을 공동으로 생산할 필요가 있다(진보통신연합The Association for Progressive Communications의 스태프인 크리스 베일리가 2000년 아셈(ASEM, 아시아·유럽 정상회담) 민간포럼 미디어분과 워크숍, 정보민주주의와 새로운 정보통신기술분과에서 발표한 내용).

4. 바람직한 정보사회의 가능성

정보사회는 희망과 꿈의 영역이지만 잘못하면 절망과 악몽의 공간이 될 수도 있다. 따라서 기술과 사회에 대한 일방적 관계가 아니라 명실상부한 상호소통의 관계를 회복해야 한다. '전자적 시민사회' 또는 바람직한 정보사회를 위해 정보공간에서의 인권은 절대적으로 보장되어야 한다. 정보접근권, 알 권리, 프라이버씨권, 반감시권 등은 보호되어야 하며 이를 위한 기존 관행의 폐지와 함께 권리보호를 위한 법적·제도적 접근이 필요하다.

정보평등권으로서의 알 권리는 정보화시대의 '생존권적 기본권'이라고 말할 수 있다. 왜냐하면 정보사회에서 국민들은 정보에 대한 알 권리를 가지며 그것은 사회 평균치의 삶을 살아가는 데 필수 요건이 되고 있기 때문이다. 따라서 기본 생존권을 보장받기 위해 국민들은 최소한의 정보에 접근할 수 있는 권리를 향유해야 한다.

그리고 지적재산권체제에 대한 대안이 필요하다. 첫째, 지적재산권은 다른 기본권을 침해하지 않는 방향으로 법 개정이 이루어져야 한다. 둘째, 지식과 문화의 생산에 대한 공공 차원의 지원이 강화되어야 하며, 이렇게 생산된 지적 생산물은 누구나 자유롭게 이용할 수 있도록 공유되어야 한다. 셋째, 카피레프트 운동처럼 시민사회 내에서 정보를 공유하는 자발적인 흐름이 형성되어야 한다. 예를 들면 오픈 컨텐츠 라이쎈스, 저작권 기증운동, 강의록 공개 같은 다양한 차원의 실험들이 이루어져야 할 것이다.

정보화시대의 프라이버씨권은 어떻게 보호해야 할까? 첫째, 현재의 신분증명제도를 개선하고 전국민을 대상으로 한 지문날인제도는 폐지되어야 한다. 둘째, 전자주민카드, 국민건강카드, 의료보험증, 신분증 등

개인정보를 통합하여 중앙관리하려는 시도가 반복되어서는 안된다. 셋째, 프라이버씨 보호 통합법률을 마련해야 한다. 넷째, 필요하다면 프라이버씨 보호위원회 설치가 추진, 실현되어야 한다. 권리는 시혜적으로 보장받는 것만이 아니라 주장하면서 쟁취되어야 하는 것이다.

■ 참고문헌

고영삼 『전자감시사회와 프라이버시』, 한울 1998.

배규한 『미래사회학』, 나남출판 2000.

유네스코한국위원회 『과학기술과 인권』, 당대 2001.

정보민주화와 진보적 통신을 위한 연대모임 사이버권리팀 『사이버권리백
서 — 세계인권선언 50주년 기념에 부쳐』(자료집), 1998.

진보네트워크센터 『표현의 자유, 반감시권, 정보접근권, 정보공유의 권리, 자
기정보통제권』(자료집), 2002.

허상수 「시민사회와 정보기술 — Y2K문제의 사회학」, 한국사회과학연구소
엮음 『동향과 전망』, 박영률출판사 1999.

_____ 「정보기술과 인권」, 『인권과 평화』 1호, 성공회대학교 인권평화센터 2000.

_____ 『한국 통신정보기술의 발전에 관한 사회학적 연구』, 고려대대학원
박사학위논문, 2001.

Foucault, Michell, *Discipline and Punish: The Birth of the Prison*,
Harmondsworth: Penguin Books 1991.

Lyon, David, *The Electronic Eye: The Rise of Surveillance Society*, Basil:
Blackwell 1994.

■ 추천 인터넷 싸이트

진보네트워크(http://www.jinbo.net)

Computer Professionals for Social Responsibility(http://www.cpsr.org)

The American Civil Liberties Union(http://www.aclu.org)

The Association for Progressive Communications(http://www.apc.org)

The Electronic Privacy Information Center(http://www.epic.org)

생각해볼 문제

1. 정보기술의 보급과 이용과정에서 일어나는 부작용과 역기능은 어떤 것인가?

2. 정보기술을 개발했다는 이유로 독점적 이용을 배타적으로 적용할 때 이를 해결할 수 있는 방법은 무엇인가?

3. 자신의 정보를 타인이 무단으로 사용할 때 이를 구제할 수단과 방법은 무엇인가?

4. 정보사회에서 권리주장을 위한 방식과 공간은 어떤 것일까?

5. 네티즌의 권리장전에 포함되어야 할 사항들은 무엇인가?

동아시아 인권담론의 의미와 한계, 그리고 재구축을 위하여
한국철학계의 인권담론을 중심으로

조경란

1. 동아시아 인권담론의 배경과 조건

19세기말 세계체제 형성 이후 지속적으로 보여준 동아시아 사회의 역동성은 역설적으로 이 지역이 갖는 세계사적 모순의 집중 현상을 설명해준다. 반제 반봉건의 거센 투쟁과 냉전 이후의 높은 경제성장률은 모순이 깊을수록 투쟁의 강도 또한 높다는 것을 보여준 사례이다. 1990년대 동아시아학계의 대유행이 되다시피 한 동아시아론이 구미에서 먼저 발의된 것은 동아시아의 이러한 역동적 움직임에 대한 견제심리의 발현에 다름아니다. 냉전체제 붕괴 이후 동아시아 지역에서 번성한 동아시아론은 서구 포스트모더니즘의 흐름과 무관하지 않다. 이는 또 서구적 근대의 대안으로 제시되었던 사회주의 이념의 공백상태를 전통사상으로 메우려는 가열찬 '투쟁'의 결과라고도 볼 수 있다.

90년대 후반에는 동아시아 발전모델로 경제성장을 설명하는 것을 넘어 동아시아 고유모델로 정치 민주화를 설명하려는 움직임이 일고 있다. 정치 민주화에서 인권문제는 민주주의의 중요한 가늠자이기 때문에 비켜갈 수 없다. 그동안 동아시아는 식민시대, 냉전시대를 거치면서 자본주의적 근대화든 반자본주의적 근대화든 급속한 근대화를 진행해야 했기 때문에 자기정체성 즉 전통문화에 대해 진지하게 고민해보지 못한 것도 사실이다. 따라서 동아시아담론이 어떻게 시작되었든 경제성장을 기반으로 민주화의 기틀을 마련해가려는 이 싯점에서 단순히 전통 복고가 아닌 문화적 자기성찰의 의도를 갖는 인권담론이라면 적극적으로 환영할 일이다.

하지만 동아시아에서 인권을 거론한다는 것 자체가 간단한 문제는 아니다. 지금도 세계의 현실은 정치적으로는 인권의 이름으로 유린되는 국가주권의 문제가 엄존하고, 국내적으로는 국가주권의 언설에 억눌린 다양한 형태의 집단과 개인의 인권문제가 광범위하게 존재하며 이 상황 또한 고정되어 있지 않다. 또 경제적으로도 다국적 자본과 그에 협조하는 국가정책으로 인해 빈곤탈출의 일정한 효과를 보는 반면 사회문화적·경제적 차원의 인권문제가 지속적으로 발생하고 있다. 의식 면에서도 식민주의·냉전주의에서 비롯된 인권침해의 잔재들이 갖가지 형태로 눈에 보이지 않는 새로운 인권문제를 낳고 있다. 이런 구체적이고 역사적인 문제들을 고려하지 않은 인권담론은 결과가 아무리 그럴싸하다 해도 관념적이며 자족적일 수밖에 없다. 동아시아 인권담론이 담론답기 위해서 가장 바람직한 것은 인권침해가 일어나는 근본 원인에 대한 진단과 그에 대한 처방의 연장선상에서 인권담론이 이루어지는 것이다.

또 여기서 동아시아를 거론하고 있지만 동아시아를 하나의 단위로 묶어서 논하기에는 합당하지 않은 점도 있다. 동아시아는 우선 정치·경제 상황이 나라마다 천차만별이다. 이를테면 경제성장에 이어 정치적 민주화가 이루어졌다고 평가되는 한국과 대만을 위시하여, 국가만 있고 시장은 없다고 평가되는 싱가포르, 시장만 있고 국가는 없는 홍콩, 정체(政體)로서 공산주의국가인 북한과 중국 그리고 베트남이 있고, 입헌군주국가인 일본, 타이 등 다양한 국가들이 혼재하고 있다. 또 종교와 문화 면에서도 크게는 동북아와 동남아로 구분되지만 엄격히 따지면 나라마다 모두 다르다. 이러한 정치·경제·문화·종교의 차이와 유동성 때문에 인권을 받아들이는 시민들의 감수성이 다르므로 단순히 정치적·시민적 인권을 넘어 사회적·문화적 인권까지 고려했을 때만이 이들 각국의 인권적 상황을 충분히 담아낼 수 있는 인권담론이 가능해진다.

최근 동아시아의 경제적·정치적 입지점이 강화되면서 사회적·문화적 인권의 중요성이 강조되는 것은 어찌 보면 자연스런 현상이며 이는 보편주의 인권에 대한 도전으로도 해석할 수 있다. 즉 보편주의적 인권 대 문화주의적 인권의 대립으로 나타나는 이런 현상은 철학적으로는 개인주의와 공동체주의, 단일문화주의와 다문화주의가 대립 양상을 띠는 것처럼 비춰지기도 한다. 하지만 이와같은 경제권·사회권·문화권적 인권의 주장이 약자 집단의 인권을 향상시키는 문제와 연결되지 않고 단순히 문화의 자기주장과 또 권위주의 정부의 독재를 옹호하고 일부 기득권층의 이해를 대변하는 이데올로기와 연결된다면 그 의미는 반감된다. 서구의 보편적 인권 또한 비서구사회의 위와 같은 도전에 즉자적 대응으로 그칠 것이 아니라 인권의 역사성이나 현실적 적용 측면의 정당성과 허구성을 문제삼는, 즉 사회권과 생존권 등 실제적 차원에서의 문제제기에 적극적으로 대답할 수 있어야 한다. 실제로 서구적 인권이 자본주의를 앞세워 서구의 헤게모니를 확장하기 위한 수단이 되고 있다는 지적은 이미 상식이 되었기 때문이다.

최근 한국에서의 인권담론은 대부분 동서양 양자를 대립구도로 놓고 이분법적으로 풀려는 시도가 일반적이라 할 수 있다. 이 이분법의 저변에는 고전적이고 정태적인 문화개념이 자리잡고 있다. 이 이분법을 전제하고 차이점과 공통점을 찾으려는 것이다. 차이점을 찾는 경우는 어느 쪽의 문화가 우월 또는 열등하다는 판단하에서 이루어지는 경우가 적지 않으며 공통점을 찾을 때도 동서문화의 융합이라는 지나치게 거창한 슬로건을 걸고 진행한다. 물론 이러한 작업 자체가 의미가 없는 것은 아니다. 문제는 이러한 논의가 현실의 정치적·사회적 문제들을 개입시키지 않은 채 진행된다는 데 있다. 인권은 도덕, 문화의 문제라기보다는 정치의 문제이다. 물론 동아시아적 상황에서는 인권의 의미를 포괄적으로 사용할 때만이 실행 가능한 인권의 개념화나 인권사상의 형성이라는 문제를 고민할 수 있다. 인권논의가 정당화되기 위해서는 문화적 고찰이 필요하다. 따라서 동아시아 인권의 패러다임과 전망에 대한 논의를 전개하기 위해서는 정치적 접근만으로 또는 문화적 접근만으로는 불가하다. 하지만 어떠한 경우에도 인권은 사회적 역학관계 속에서 나타나는 정치적 권력관계에서 비롯되는 것이기 때문에 정치에서 이탈된 논의는 문제가 있다. 따라서 문화적으로 접근하면서도 동시에 현실의 정치적·사회적 문제의 끈을 놓지 않는 담론적 태도가 절실하다 하겠다.

이 글은 위의 문제의식을 가지고 있으면서 동시에 동아시아의 '현실 상황'을 감안하여 '보편적 인권'이 갖는 규범적 의미가 여전히 소중하다는 입장을 견지한다. 기본적으로 고전적 의미의 보편적 인권의 정당성에 대해 유보적 태도를 유지하면서도 아직은 최소한의 인권을 보유하지 못한 개인 또는 소규모 집단들이 광범위하게 존재한다는 사실에 주목하고자 한다. 이 말은 '보편적 인권'이 갖는 문제점이 없진 않지만 지금으로선 '전략적'으로 중요할 수 있다는 뜻이다. 더불어 이는 '보편적 인권'이 갖는 추상성과 이데올로기성에 대한 본질적 문제제기를 매우 타당한 것으로 받아들인다는 것을 의미한다. 또 이 입장은 서구의 보편적 인권에 즉자적 대응으로 이루어지는 동아시아 일각의 보수적 인권논의에 동의하지는 않지만 궁극적으로 동아시아 인권의 개념화에 대한 전망은 포기할 수 없다는 것을 시사하기도 한다.

이런 생각을 바탕으로 이 글은 그간 국내에서 진행된 유가적(儒家的)

인권담론과 그에 대한 보편주의적 인권 입장에서의 비판, 그리고 보편주의적 인권에 대한 비판론을 소개하고 이들 논의들이 갖는 현재적 의미와 한계를 짚어본다. 그리고 이들 논의들이 기대고 있는 몇가지 개념들에 대한 논의방식들이 과연 정당한가에 대해서도 재구축의 시각에서 재고해보고자 한다. 이를 통해 우리는 동아시아 인권에 대한 어떤 거창한 대안은 아니더라도 이 문제를 어떻게 사고하고 고민해야 하는가에 대한 작은 단서를 마련할 수 있다고 본다.

2. 유가적 인권담론의 의미와 한계

(1) 유가적 인권담론의 공식: 동양−선, 서양−악

최근 동아시아 근대화의 성공을 유가자본주의로 설명한 데 이어 정치변화 현상도 아시아적 가치나 유가적 모델로 설명하려는 움직임이 있다는 것은 서론에서 말한 대로이다. 동아시아를 둘러싼 정치·경제적 조건의 변화는 바야흐로 동아시아의 문화정체성을 기반으로 한 인권담론을 가능하게 했고 이 담론이 가능하게 되었다는 것은 동아시아가 그만큼 자의식이 성장했다는 증거여서 고무적이다. 하지만 이 담론들이 갖는 문제점도 만만치 않다.

싱가포르의 리 꽝야오(李光耀)를 비롯한 아시아적 가치론자들이 주장하는 인권에 관한 개요를 간략하게 소개하면 다음과 같다. 절대개인을 전제로 하는 서구적 인권은 공동체주의를 기반으로 하는 동아시아에 부적합하다. 그럼에도 불구하고 서구주의자들은 서구의 인권을 보편주의라는 이름하에 가치척도를 달리하는 동아시아 사회에 강요하고 있다. 아시아적 가치론자들은 동양과 서양이 본질적으로 다르다고 인식한다. 가치척도가 다른 동아시아 사회에 서구적 인권을 적용하는 것은 무리라고 보는 것이다. 서구의 보편주의에 동아시아의 특수주의로 맞서는 것은 동아시아인의 문화적 자존심을 지키기 위해서라도 매우 중요한 일이다.

유가적 인권을 주장하는 함재봉의 논지는 동서의 차이를 지적하는 것에서 한걸음 더 나아가 동양이 서양보다 우월하다고 생각한다. 그의 논지는 이렇다. 서양은 절대개인을 상정하고 객관적 지식을 목표로 하며, 유가는 인간 사이〔人間〕, 타인과의 관계를 설정하고 도덕성을 이상으로 한다. 개인이 아닌 인간을 전제하는 유가사상에서는 결코 절대적인 개인, 인간관계에 우선하는 권리, 사회 전체의 이익을 위해서 침해할 수 없는 신성불가침의 개인영역이란 있을 수 없다. 따라서 서구의 민주주의, 인권사상은 국가와 정부에 대한 근본적 불신에서 나온 것이다. 삼권분립, 선거를 통한 정권교체, 최소국가주의, 인권의 절대화 등은 모두 국가와 정부에 대한 뿌리깊은 불신에서 비롯된 제도와 가치들이다. 반면 유가의 정치사상은 국가는 근본적으로 선할 수 있고, 선해야 한다고 생각하는 데서 출발한다. 성리학적인 세계관은 인간의 이성을 통하여 객관적이고 도덕적인 것을 알고 실천할 수 있다고 가정하는 데서 출발한다. 그리고 객관적이고 도덕적인 지식을 터득하고 실천에 옮길 수 있는 지식인층, 지도층이 형성될 수 있다고 가정한다. 정치와 안보, 경제의 문제마저도 윤리와 도덕에 귀속시키는 유가체제는 인권유린을 조장할 수 없다. 따라서 서양학자들이 상정하는 절대개인의 존재론 없이도 인권은 보호될 수 있다.

위 내용의 핵심 주장은 동서양의 차이는 개인과 개인의 관계, 국가와 개인의 관계성을 달리하는 데서 비롯되며 절대개인을 전제로 하는 열등한 서구의 인권을 선과 도덕을 전제하는 우월한 동아시아 공동체사회에 적용하는 것은 어리석은 짓이라는 것이다. 이런 견해의 밑바탕에는 서구의 인권은 국가불신에서 비롯되었으며 동양은 본래 국가가 선하기 때문에 국가불신이 있을 수 없다는 생각이 깔려 있다. 여기에는 또한 국가와 사회지도층이 국가가 선하도록 유도한다는 판단이 지배한다. 따라서 선한 지도층에 의해 좌지우지되는 정치와 경제의 영역이 곧 윤리의 영역이기 때문에 인권유린은 있을 수 없다는 결론이 나온다.

하지만 기본적으로 국가와 개인의 관계 속에서 국가가 개인의 권리를 모두 실현시켜줄 수도, 침해할 수도 있으며 인권이 국가에 대한 일종의 견제수단으로 나온 것이라는 점을 상기한다면 인권문제는 이미 도덕의 범주를 초월한 법과 제도의 문제라고 할 수 있다. 따라서 함재봉의 논의는 동서양을 관념의 최고도덕과 현실의 최소도덕을 같은 선상에 놓고 비교하는 꼴이다. 하지만 우리가 문제삼아야 하는 것은 단순히 동서양의 인식론이나 존재론상의 장점과 단점에 대한 확인이 아니며 도덕이 있고 없고의 문제도 아니다. 현실에서 인간의 도덕에만 기대서는 최소한의 인권이 지켜지지 않기 때문에 부득이하게 법과 제도를 받아들이고 최소의 의무로서 인권과 민주주의를 강조하는 것이다. 그리고 이는 역사적이고 경험적인 결론이다. 인간에 대한 낙관적 신뢰와 도덕으로 현실정치가 잘 굴러갈 수 있고 인권이 보장된다면야 함재봉이 정부에 대한 뿌리깊은 불신에서 나온 제도라고 단정한 삼권분립, 선거를 통한 정권교체의 제도 등이 그 발원지를 떠나 타 지역에까지 보편적으로 받아들여질 리 없으며 인권문제에 대해 우리가 여기서 힘들여가며 토론할 필요도 없을 것이다.

리 꽝야오나 함재봉 모두 아시아 사회는 신뢰를 바탕으로 한다고 가정한다. 그렇다면 불신의 서구사회에서 만들어진 제도들이 들어와 동아시아 사회의 신뢰를 무너뜨릴 것이라는 우려는 어찌 보면 당연하다. 하지만 현실에서 동아시아 사회에 서구적 인권이 들어와 무너뜨릴 만한 정치적·사회적 신뢰가 과연 있는가가 문제이다. 물론 주관적인 판단에 의해 신뢰가 있다고 보는 것은 별문제이다. 여기서 강압적인 수단으로 확립된 '질서있는 사회'가 혹 신뢰가 있는 것으로 보일 수도 있을 것이다.

일반적으로 지적하는 것처럼 아시아적 가치를 주창하거나 암묵적으로 환영하는 싱가포르, 말레이시아, 중국 같은 나라가 그러하다. 그러나 정치적 질서가 잡혀 있는 듯한 이들 나라의 실상은 정치적 이견(異見)을 압살하고 민주정치과정을 침해하는 것이다. 따라서 기실 그들의 우려는 동아시아 사회에는 맞지 않는 서구의 인권이 들어와 집권층과 그들을 둘러싸고 있는 기득권을 가진 관료와 지식인 집단의 특권을 무너뜨리지나 않을까 하는 두려움의 표현일 수도 있다. 서양의 인권과 민주주의가 동아시아에 맞지 않는다고 하는 것이나 동아시아의 민중이 민주주의를 이룰 자격이 없다고 보는 것도 모두 이런 두려움의 표현에 다름아니다. 이런 점에서 인권의 보편주의와 특수주의, 자유권과 개발권 중 아시아적 가치나 유가적 인권론자들이 유독 후자를 주장하는 숨겨진 이유—물론 빈곤퇴치도 있을 테지만—는 자유를 묶어놓고 독재를 하겠다는 것이다. 따라서 이들에게는 유가사상이 보편이 되어야 하는 것이고 이런 점에서 서구주의자들과 똑같이 다문화주의보다는 단일문화주의를 선호한다. 이렇게 본다면 서구적 인권이 자신을 보편으로 전제하고 다문화주의를 반대하는 논리와 하등 다를 것이 없다. 결국 헌팅턴(S. Huntington)의 문명충돌론은 서구의 보편주의자들에게뿐만 아니라 동아시아의 특수주의자들에게도 훌륭한 논리를 제공해주었다고 할 수 있다.

(2) 유가의 권리개념과 그 폐쇄성

아시아적 가치를 비판적으로 보면서 출발하는 이승환의 인권논의는 함재봉보다 훨씬 세련된 면모를 보여주지만 오히려 더 적극적으로 유가적 인권을 정당화하는 면이 있다. 유가윤리 사상 속에서 권리의식과 개념을 찾으려 하기 때문이다. 그의 핵심주장의 한 부분을 소개하면 아래와 같다. ①권리라는 단어의 부재는 곧 권리개념의 부재를 의미하는 것

이라는 주장에 대해: 권리는 다른 형식을 통해서도 표현될 수 있다. ②유가윤리는 역할중심의 윤리이고 관계중심의 윤리이기 때문에 권리 개념이 불필요하다는 주장에 대해: 모든 사회적 역할들은 그 기능의 효과적인 수행을 위해 모종의 능력과 권리를 필요로 한다. 실제 전통사회의 개인들은 불평등하게나마 사회적 역할분담 원칙에 따라 각기 다른 항목과 범위의 권리들을 부여받았다. ③유가윤리는 개인의 자유와 자율보다는 개인들이 속한 공동체 안에서 공동선을 실현하기 위한 공동체주의적 윤리이기 때문에 권리개념과 양립할 수 없다는 주장에 대해: 화목한 공동체 수립을 위한 첫걸음은 권리의 존중과 정의의 준수이고 인(仁)이나 의(義) 같은 덕목에 최대도덕뿐 아니라 최소도덕으로서 권리존중의 의미가 있다.

위의 세 가지 주장을 논증하기 위해 일단 이승환은 권리와 관련될 수 있는 유가적 외연을 최대로 확장하여 설명하려 한다. 이에 대해서는 인권사상에 부합하는 유가사상을 현재적 관점에서 재해석하고 그 발전 가능성을 보여주었다는 측면에서 긍정적으로 평가할 수 있다. 여기서 ①의 주장은 최근 서구문화 이외의 문화의 자기주장에서 드물지 않게 제기되는 문제이며 이러한 문제제기는 어떤 권리냐에 따라 많은 논의가 필요하지만 일단 타당하다고 본다. 명문화되지는 않았더라도 자기문화 나름의 고유한 방식으로 권리내용을 담아낼 수 있다고 보기 때문이다. ③의 주장에서는 인이나 의에 최소도덕으로서의 권리존중의 의미가 있다고 해석한다 하더라도 그 실행력의 측면에서 약할 수밖에 없다고 본다. 왜냐하면 법과 제도가 불비한 도덕성에만 의존하는 것은 한계가 있을 수밖에 없기 때문이다. 이 가운데 가장 논의가 필요한 것은 ②의 주장일 텐데, 여기서 문제는 유가의 정명론(正名論)에 근거한 권리개념인 '역할권리'를 어떻게 볼 것인가이다. 우리는 자신의 이름에 걸맞은 역할과 책임을 다할 것을 주장하는 공자의 정명론이 신분사회의 질서유지라는 부분과 밀접하게 관련되어 있다는 것을 알고 있다. 따라서 이승환도 인정한바, 정명론에 근거한 권리가 '불평등한 권리개념'이라는 것은 분명하다. 소위 역할권리가 갖는 긍정적인 점들을 인정한다 해도 문제점은 바로 불평등을 용인하는 권리개념이라는 데 있을 것이다. 이런 의미에서 이 역할권리 개념은 일반 민중에게는 배제를 함축한 것이라 할 수 있고 이 점에서 계급적 보편성의 지향을 포기한 것이 되며 그렇기 때문에 폐쇄적일 수밖에 없다.

또 동아시아 인권담론을 서구의 보편적 인권에 저항함과 동시에 동아시아 인권의 패러다임 형성이라는 의도에서 진행할 때 자칫 상대주의에 빠지기 쉽다. 서구 보편적 인권에 대한 저항이 그 쪽에서 놓치고 있는 부분에 대한 보완이라는 의미에서 보편성의 확장으로 나아가는 것이어야지 또다른 중심을 위한다거나 지배를 위한 저항이라면 그것은 폐쇄적인 상대주의로 전락할 공산이 크다. 이를 기준으로 보면 이승환이 주장하는 역할권리는 차별의 질서를 고수하고자 하는 것으로 해석할 수 있고 그런 한에서 아직도 인권의 실질적 보편화가 요원한 동아시아적 상황에서 그의 논의의 사회적·정치적 함의는 보수성을 가질 수밖에 없을 것이다. 상대주의의 시좌를 확립하는 것과 상대주의에 함몰되는 것은 분명 다르다. 인권의 측면에서 보편주의가 자기를 중심으로 끊임없이 확장을 시도한다면, 상대주의(또는 특수주의)는 보편주의의 약점을 비판, 보완함으로써 그 약점을 지양하려 하기보다는 또다른 지배와 중심을 꿈꾼다는 점에서 이 양자는 월러스틴(I. Wallerstein)이 말한바, 보편주의와 성차별주의 그리고 인종주의가 상호 공생관계인 것과도 같은 이치라 할 수 있다.

(3) 유가의 잠재력과 이상화된 해석학

한상진은 인권사상에 대한 서구중심주의의 도전이 인권담론의 거부로 나아가지 않고 새로운 탐색으로 나아가게 하기 때문에 환영할 만한 일이라고 본다. 특히 문명간의 충돌이 아니라 대화를 가능하게 한다는 점에서 그렇다. 하지만 그는 아시아적 가치에 근거한 인권논의에 대해서는 기능주의적 접근으로 규정한다. 한상진은 또 서구가 주장하는 시민적·정치적 권리를 동아시아가 존중한다 해도 인권의 기본구상은 서구적인 것과는 다를 것이라고 전제한 뒤 테일러의 입장을 받아들여 공동체적 차원의 권리를 존중하자고 주장한다. 그러나 여기서 한상진이 받아들이는 공동체의 단위가 전체 공동체를 말하는 것인지, 부분 공동체를 말하는지가 애매모호하다. 테일러가 동아시아적 차원을 염두에 두고 말한 것은 각 부문별, 집단별 자결권의 의미가 강하다. 차이에 바탕한 공동체적 차원을 강조하는 것이다. 그리고 여기서 우리가 주목해야 하는 것은 서양에서 공동체주의를 주장하는 맥락과 동아시아에서 공동체주의를 주장하는 맥락이 결코 같을 수 없다는 점이다. 전자는 개인주의를 비판하는 기능을 한다면 후자는——많은 경우에——기존의 '봉건주의적' 체제와 질서를 옹호하는 기능을 한다. 같은 것을 주장한다 해도 그것이 놓여 있는 맥락에 따라 그 함의는 다를 수 있다. 서양의 최근 개인주의에 대한 공동체주의 주장은 자기비판의 맥락이 존재하기 때문에 의미가 있다. 하지만 동아시아에서 공동체주의 주장은 자기비판을 회피하려는 혐의를 받을 수 있다. 따라서 공동체주의를 주장하더라도 그것의 단위와 목적을 분명히 밝힐 필요가 있다.

한상진은 또 유교의 잠재력을 찾고자 해석학적 태도를 갖기를 요구한다. 그 의도는 유가사상에서 그동안 망각되거나 주변화된 파편들을 재구성하여 그 시각으로 오늘의 문제를 비판적으로 조명하자는 것이고 그 방법으로 '전복적 계보학(subversive genealogy)'을 제안한다. 이 방법을 통해 현재 당연시되고 있는 유가의 쓰임새를 의문시할 수 있고 유가 전통에 일찍부터 내장되어 있는 다른 의미를 재구성할 수 있다고 믿는다.

이 '전복적 계보학'을 통해 수단화되고 있는 아시아적 가치를 비판하면서 한편으로는 유가사상이 가진 실천적이고 포괄적인 합리성을 추구하자는 것이다. 그 구체적인 예로 그는 일정한 토론문화를 전제하고 있고 선비문화와 연결되어 있다고 보이는 율곡의 공론사상과 중용의 사상을 제시한다. 여기서 공론사상과 중용에 주목하는 것은 절차적 참여민주주의의 중요성이 부각되고 있는 동아시아 오늘의 정치현실을 생각해볼 때 일단은 의미있는 문제제기라고 볼 수 있다. 장기적으로 동아시아 인권의 개념화를 시도해야 하고 그것이 기왕의 동아시아 문화 전통을 어느정도는 운명적으로 받아들이는 가운데 이루어져야 한다고 본다면 전통문화의 현대적 재생에 대한 적극적 고민은 필요하다. 하지만 한상진은 이 과정에서 선비문화를 이상적으로 묘사하는 등 유가사상의 현대적 재구성의 결과에 대해 지나치게 낙관적이라는 인상을 준다. 또 유가문화 중에서도 선비문화에 대한 지나친 강조는 이승환의 역할권리에서 지적한바, 계급적 보편성에 대한 지향이 있는지 의심하게 만든다.

3. 보편적 인권과 보편적 인권의 비판

(1) 유가적 인권의 비판과 '보편적' 인권의 옹호

앞의 세 논자가 동아시아 현실에 대한 유가사상의 노골적 적용이든 해석학적 적용이든 유가사상을 호의적으로 보려는 데 반해, 장은주는 보편적 인권의 입장에서 이들에 대해 시종일관 비판적이다. 인권의 보편성을 주장하기 위해 그는 우선 서구 근대 인권사상의 발생맥락에서 벗어날 것을 주장한다. 인권의 이념을 '탈형이상학적'으로 그리고 문화중립적으로 정초하려는 시도 그 자체에서 보아야지 서구적 배경에서 보면 안된다는 것이다. 인권의 보편성은 다름아닌 그 보편주의적 지향, 지구상의 모든 사람들에 대해 무제약적으로 타당해야 한다는 규범적 지향 그 자체만을 담고 있기 때문에 보편적이라는 것이다. 이러한 '절차적' 보편성은 따라서 '목적'의 보편성이고 모든 배제된 것을 끌어안으려는 '범위'의 보편성이다. 인권이 규범적 정당성을 갖는 것도 '목적'의 보편성과 '범위'의 보편성 때문이라는 것이다. 하지만 문성원에 의하면 '보편적 인권'은 서양에서 근대 시민사회의 출현과 동시에 세계사의 무대에 등장한 것이지, 이제껏 있어왔던 역사상의 다양한 사회와 문화에 보편적으로 존재했던 것은 아니다. 따라서 인권의 보편화문제는 자유주의의 정당성문제와 연관될 수밖에 없고 이 때문에 보편적 인권의 주장은 서양의 자유주의 정치질서 확장의 논리와 무관하지 않다. 월러스틴도 현재의 사적 씨스템으로서의 보편주의의 기원 중의 하나를 자본주의 세계경제에 특별히 유리한 이데올로기로 본다. 보편주의가 근대세계에서 정치적 교의로서 본격적으로 추구된 것은 근대세계의 특수한 사회경제적 틀 속에서라는 것이다. 이들의 논리에 따르면 장은주가 주장하는 인권이 애초에 '목적의 보편성'과 '범위의 보편성'을 가지고 있었다고 하더라도 자유주의가 정치질서로 확립된 후에는 애초의 보편성을 상실했다고 할 수 있다. 그렇기 때문에 서구사회에서도 동아시아 사회와 마찬가지로 보편적 인권이 보편성을 계속 유지하기 위해서는 끊임없이 보편성에 대한 정당화 작업이 진행되어야 하는 것이고 그럴 때 규범적 의미도 획득될 수 있다.

하지만 장은주는 서구의 근대성과 개인주의를 확고부동한 진리로 보고 있다. 이승환에 대한 비판에서 그의 이런 모습이 적나라하게 드러난다. 자유주의의 권리주장의 문화와 유가가 제공하는 덕과 공동체의 문화를 상호보완적으로 추구하자는 이승환의 주장에 대해 장은주는 근대화=서구화의 도식 아래 모더니티를 서구적 발생맥락에 가두어놓으면서 근대화를 경제개발, 물질적 풍요 등으로만 등치시킨다. 또 그는 이승환이 인권 또는 기본권이라는 개인의 자유보장을 위한 근대적 형식을 물질주의적 근대의 실현을 위한 제도적 수단 정도로 이해한다고 지적한다. 이에 따라 이승환은 유가사상의 상호 주관적인 공동체적 가치와 덕이 서구 모더니티의 한계를 극복할 수 있는 잠재력을 가진 것으로 본다는 것이다. 물론 여기서 이승환의 유가사상에 대한 지나치게 낙관적이고 주관적인 해석에 근거한 서구 근대의 극복 방안은 비판의 여지가 있다. 하지만 이승환 못지않게 장은주의 서구의 근대성에 대한 해석도 지나치게 낙관적이고 주관적이며 비성찰적이기까지 하다.

또 장은주는 문화적 자기주장과 인권의 관계는 우연적이고 작위적인 것이 아니라 개념적이고 필연적인 것이며 인권은 전통에 대한 자기주장의 필연적인 규범적 자기전제라고 주장한다. 내가 잘못 이해하지 않았다면 이 서술은 보편적 인권의 발원지인 서구에서는 이미 문화와 인권이 개념적이고 필연적인 관계이고 그렇기 때문에 더이상 인권의 보편성에 대한 이론적·도덕적 정당화 작업이 불필요하며 그 이외 지역에서는 인권에 대한 문화주의적 개념화 작업을 아무리 시도한다 해도 희망이 없다는 주장이다. 여기에도 앞에서와 같이 근대성에 대한 굳은 믿음이 깔려 있음을 알 수 있다.

장은주는 이어서 '우리 문화'는 인권이라는 형태로는 한번도 인간 존엄성에 대한 문제를 생각해본 적이 없기에 현재로선 '인권의 보편성' 실현에 소극적일 수밖에 없는 한계를 가지고 있다고 주장한다. 그리고 그 예를 불법체류 외국인 노동자들에 대한 비인간적인 대우에서 찾는다. 그에 의하면 이는 인간이라는 이유만으로 그에 상응한 적절한 대우를 받아야 한다는 도덕적 이해가 우리 삶의 양식 안에 자리잡고 있지 못한 데서 비롯되는 것이다. 여기서 외국인 노동자들에 대한 비인간적인 대우에 대해서는 우리 모두 비판받아 마땅하다. 하지만 최근에는 여러 층위에서 이들의 인권운동이 벌어지고 있다. 그렇다면 이런 운동들이 일어나고 있는 현실은 어떻게 설명할 수 있을까? 동아시아의 근현대 역사 속에서 생존권을 포함한 다종다양한 투쟁을 진행해온 민중문화를 인권과 연관지어본다면 장은주의 위의 발언은 문제가 있다. 운동으로서의 인권의 의미로 보자면, 동아시아의 식민지 냉전시기를 거치면서 민중의 독립투쟁과 독재투쟁은 인권의 법적 형태는 아닐지라도 여러 층위의 사회운동을 통해 넓은 의미의 인권을 실현하려는 운동이었고 개인과 공동체적 차원의 권리찾기운동이었으며 이 운동의 맥이 현재는 여러 층위에서 외국인 노동자 인권운동으로 이어지고 있다고 본다.

불법체류 노동자들에 대한 비인간적인 대우가 서구의 보편적 인권을 내재화하지 못한 동아시아 사회의 낮은 인권의식에서 비롯되었다면, 차원이 다른 이야기지만, 천부인권론에 대한 도덕적인 이해가 삶의 양식 안에 이미 자리잡았다고 평가받는 서구사회가 이전 역사에서나 지금이나 여전히 유색인종을 비인간적으로 대우하는 것은 어떤 논리로 설명할 수 있을까? 더구나 그들은 천부인권론의 원리를 그들 자신에게는 철저히 적용하지 않던가? 물론 이러한 구미의 행태조차도 장은주가 앞에서 제시한 서구적 맥락과는 상관없는 '인권의 보편성'이 갖는 규범적 지향의 범위에서 벗어난 데서 발생한 문제라고 반격할 수도 있다. '인권의 보편성'을 탄생시킨 서구의 맥락과 단절되었다 하더라도 그것을 탄생시킨 발상지에서 지켜지지 않는다면 다른 지역에서 지켜질 가능성이 더더욱 희박해지는 것이다. 결론적으로 장은주의 위의 논의를 기준으로 보면 인권의 보편성은 동아시아 인권에 대한 정당화 작업이 불필요하며 우리는 그저 서구의 인권을 '보편성'을 담지했다는 이유만으로 가감없이 받아들여 실천만 하면 되는 것이다.

물론 문성원의 말대로 동아시아의 어떤 현실에서 개인주의에 근거한 현실의 특정 국면들을 설명하는 데는 약점이 있지만 당위를 내세우기에는 편리하기 때문에 장은주의 논리는 인권의 개념화에 대한 동아시아적 전망을 보여주지는 않지만 동아시아적 맥락에서는 아직 긍정성이 있을 수 있다. 동아시아 사회는 근대성의 부작용에 직면했지만 아직도 가부장성이 만연해 있다는 사실을 직시할 때 보편적 인권의 강조는 현재성을 가질 수 있으며 이런 점에서 '전략적'으로 중요하다고 보기 때문이다.

(2) 보편적 인권의 비판적 재인식과 공동체주의적 인권의 가능성

문성원은 장은주가 믿는 서양의 '인권의 보편성'에 대해 지금의 싯점에서는 그 보편성의 진의를 물어야 한다고 주장한다. 그의 주장을 한마디로 요약하면 '보편적 인권'을 고정된 것으로 받아들이기보다는 역사적으로 파악할 필요가 있으며, 따라서 끊임없이 보편화하려는 움직임 속에서 보편적인 것을 파악해야 한다는 것이다. 그는 일단 인권이 모든 사회와 문화에 보편적으로 존재했던 것이 아니라 바로 서양 근대 시민사회의 출현과 함께 등장했음에 주목하여 보편적 인권의 주장은 서양 정치질서의 확장과 무관할 수 없다고 본다. 현재까지 '보편적' 인권은 서양의 현대성 논의에서 지속적으로 거론되는 논제였고 그 덕에 근대 초기에는 인권을 사실로 정착시키는 것이 문제였지만, 이제는 그것이 어느정도 성공하여 인권이 실정성을 갖게 되었고 이미 규범적 사실이 되었다는 것이다. 때문에 오늘날 서구의 입장에서 인권을 옹호하는 일은 근대 초기와 다른 일면을 보인다. 즉 이미 존재하는 인권의 사실성을 수호하거나 확충하려는 모습을 띠게 되고 그런 의미에서 보수적인 양상을 나타내기도 하는 것이다. 이런 보수성은 인권의 정당성과 보편성을 의문시하고 인권과 연결된 정치질서를 침해하려는 시도에 대한 일종의 방어적 성격을 지닌다. 문성원은 이에 대해 인권을 사실성과 연관지어 옹호하려는 태도를 보이는 철학자인 하버마스(J. Habermas) 이하 몇명의 서양철학자들을 비판한다. 이들에게서 인권의 보편화문제는 공통적으로 자유주의를 정당화하려는 의도와 연계되어 있다는 것이다. 하지만 문성원에 의하면 서구철학계에서 자유주의 보편화에 맞서는 저항 또한 지속되어왔다. 이 저항은 지배적인 질서가 강요하는 획일성을 거부하고 다양성과 차이를 옹호한다. 하지만 그는 무페(C. Mouffe)를 원용하면서 다원주의의 한계를 인정해야 한다고 본다. 그러지 않고서는 갈등하는 세력들이 한 사회 속에서 정치적인 연합을 이루어내지 못할 것이기 때문이다. 이런 점에서 자유민주주의의 기초 자체를 의문시하는 요구는 불법으로 보아야 하지만 그 불법성과 정당성을 규정하는 것은 정치적 세력관계이지 도덕일 수 없다는 것이다. 이 때문에 다원적 민주주의를 위해 진정 필요한 것은 중립성을 가장하여 지배적인 세력관계를 특권적으로 옹호하는 일이 아니라 배제와 지배의 형태를 재인식하는 일이다. 여기서 문성원은 무페가 의도하는 바를 지배적인 세력의 지배 및 그와 결합된 논리의 보편화에 저항하는 것이라 말한다. 특히 이런 방식의 저항은 그 저항을 통해 또다른 지배를 지향하는 것이 아니라는 데 그 특징이 있다. 그러나 문제는 이러한 태도가 극단화할 때 많은 집단이 공유할 수 있는 보편화의 긍정적인 성과마저도 내던져버릴 위험이 있다는 점이다. 즉 극단적인 상대주의는 보편성의 지배에 반대하면서 모든 보편성을 배제해버리는 폐쇄성을 낳을 수 있다. 보편성이 사회이념의 측면에서 지니는 중요한 의의는 바로 폐쇄성과 대치되는 개방성에서 찾을 수 있다. 이 개방성은 문명 개방을 요구하는 무기이며 지배의 무기일 수 있지만 지배가 수반하는 폐쇄성에까지 적용할 수 있는 무기이다. 여기서 진정한 개방성과 연결되는 보편성을 위해 문성원이 내놓는 것이 '배제의 배제'이다. 따라서 '배제의 배제'로 해석되는 보편성은 실상 평등의 이념과 직결된다. 이 보편성은 근대 시장자본주의의 좁은 한계를 넘어 상대주의의 폐쇄성을 비판할 수 있는 길을 열어주고 또 집단이기주의에 대한 비판으로서 현실적인 내용을 획득할 수 있다는 것이다. 이렇게 본다면 '배제의 배제'로서의 보편성은 규범적인 방향을 제시해줄 수 있는 이념이 될 수 있으며 이는 실정적인 보편성으로서의 인권과 구분된다고 보는 것이다.

문성원은 위의 논의를 바탕으로 하여 공동체주의와 자유주의 논쟁에 주목한다. 그는 테일러가 주장하는 공동체주의 주장의 의의를 원자론적 개인주의에 대한 비판보다는 세계화라는 이름 뒤에 감춰진 자유주의 내지 신자유주의의 보편화 경향을 무비판적으로 받아들이는 것에 대한 문제제기의 맥락에서 점검해보아야 한다고 주장한다. 공동체주의를 이런 맥락에서 받아들인다면 신자유주의의 파고가 세계 어느 나라보다도 강력한 한국사회에는 일정한 의의가 있다.

문성원은 또 공동체주의자들은 일반적으로 자유주의가 무시하는 현실의 중요한 면면이 인간사회의 공동체성 내지 집단성에 있다고 생각한다고 말한다. 그는, 한 개인의 권리는 그가 속한 집단의 권리를 바탕으로 발현되는 것이기 때문에 현실에 엄존하는 집단적 조건에 대한 고려가 불충분할 경우 위험할 수도 있다는 점을 북한 주민의 경우를 예로 들어 설명하면서 타 집단에 인권문제를 제시할 때는 구체적인 맥락을 분명하게 적시해야 한다고 말한다. 중국 소수민족을 예로 들어보아도 중국정부가 한족을 소수민족 지구로 대규모 이주시키는 정책을 폈기 때문에 집단거주지역이 사실상 소멸되어가고 있다고는 해도 현실적으로는 여전히 소수민족에 속하는 개인의 권리는 해당 소수민족의 집단적 인권상황과 분리하여 사고하기 힘들다. 이런 점에서 문성원의 지적은 타당하며 특히 '개인적 인권'의 추상성과 허구성을 잘 드러냈다고 할 수 있다.

하지만 동아시아 인권담론의 맥락에서 보면 문제는 그리 단순하지 않다. 위의 지적은 한 국가 내부의 문화와 문화 간의, 또 인권상황이 다른 국가간의 문제에 적용할 때는 적절할지 모르지만 동아시아 각국의 사회 내부로 들어가보면 사정이 다르다. 특히 그간 동아시아 사회에서 개인의 고유한 자기정체성은 지배 집단이나 다수 집단의 정체성으로 동일화되어 인식되어온 측면이 있었다. 또 최근 다중적 정체성, 즉 한 개인이 여러 집단에 동시에 소속되는 현상이 일반적으로 나타나고 이 때문에 집단의 소속의식이 상대화되어 결국 '소속 없는 개인'이 출현하고 있다는 지적도 있으므로 이미 개인(주의)은 더이상 이데올로기가 아니라 모두에게 공통된 존재방식이라고 해야 할지 모른다. 다시 말해 개인의 권리가 집단의 권리로 환원될 수 없는 부분이 적지 않다고 봐야 할 것이다.

4. 동아시아 인권담론의 재구축을 위하여

이상에서 한국철학계의 인권논의를 대상으로 그 의미와 한계의 대강을 살펴보았다. 본론에서 한계로 지적된 문제들 중 동아시아적 문제들을 중심으로 보완적 서술을 하는 것으로 결론을 대신하고자 한다. 서양의 인권논의에 대해서는 지식이 일천할 뿐 아니라 동아시아적 문제제기는 자기비판적 성격을 갖기 때문이다. 동아시아 인권담론의 재구축을 위해 무엇보다 중요한 것은 이 담론에서 당연하다고 여겨온 문제들에 대한 재질문을 통해 고정관념을 해체하는 작업이다.

첫째, 먼저 동아시아 인권논의가 이 사회에 주는 함의와 기능의 문제를 검토해야 한다. 앞에서 말한 대로 아직도 동아시아 사회 곳곳에는 가부장성이 강력하게 존재하고 있다. 이런 상황에서 가부장성을 부추길 소지가 있는 내용을 아무런 여과 없이 주장하는 데는 반드시 도덕성의 문제가 따른다. 이를테면 아시아적 가치와 무관하다고 할 수 없는 연고주의가 가장 문제가 될 수 있으며 그 구체적인 사례는 한국의 경우 지역주의이다. 현재까지 유가적 연고주의의 결속력이 한국사회 전반을 횡단하여 지배하고 있다고 해도 과언이 아니다. 이 연고주의는 자기정체성의 가장 기본이 되는 계급의식을 갖지 못하게 한다. 한국에서는 계급의식보다는 영남 출신이냐 호남 출신이냐가 자기정체성을 결정한다. 이것은 자기정체성에 대한 심각한 비틀림의 표출이다. 이러한 연고주의에 대한 비판 없이 유가가 말하는 바 단순하게 공동선이니 공동체적 인권이니 덕치를 왈가왈부하는 것은 많은 중요한 문제들을 왜곡하거나 은폐하는 결과를 가져온다.

아직까지 대다수의 인권논의는 서양의 보편적 인권에 대한 근거나 정당성을 문제삼는 차원에서 동아시아 인권을 제시하는 것이 아니라 서양의 절대개인을 토대로 한 자유주의적 인권의 부도덕성을 동양의 도덕으로 보완 또는 치유하고자 하는 차원에서 이루어지고 있다. 따라서 상대주의의 또다른 폐쇄성으로 빠지지 않으면서 유가사상을 토대로 동아시아 인권의 개념화를 시도한 지금까지의 작업에는 앞에서 살펴본 바처럼, 적지 않은 한계가 노출되고 있다. 굳이 유가사상을 토대로 작업하고자 한다면 유가적 상층계급의 낙관적 세계관에 근거한 주지주의적·계몽주의적 측면을 강조하기보다는 보편성을 확대해온 역사에 주목하는 것이 훨씬 호소력이 있다. 이를테면 유가사상의 민중화가 역사에서 어떻게 진행되었는가, 그리고 이 민중화와 역사의 관계는 어떠한가 하는 부분들이 인권 차원에서 발굴되어 논의되어야 한다. 그 좋은 예가 한국의 동학혁명과 유학의 관계, 중국의 역사에서 농민운동과 유가사상의 관계 등이다. 여기서라면 유가사상의 보편성을 찾아낼 수도 있을 것이다.

둘째, 동아시아 사회에서 공동체담론의 이데올로기적 의미가 철저하게 검토되어야 한다. 동아시아담론에서 전통적으로 공동체라는 단어는 서양의 개인주의담론에 대항하여 내세워지는 대표주자이다. 그러나 정작 그 공동체의 구조와 성격이 무엇인지, 누구를 위한 공동체였는지, 누구의 공동체였는지가 분명히 제시되지 않은 채 사용된다. 공동체가 원초적인 것이 아니라 어떤 가치관에 의해 주어진 것이고 이 공동체가 구성원들에게 아이덴티티를 구성하도록 하는 어떤 집단으로 존재한다면, 즉 공동체도 역사적 구성물이라면 그 가치관이나 아이덴티티도 구성된 것이다. 이와 관련하여 나는 이전의 한 글에서 기존의 '낡은 공동체주의'를 대일통(大一統) 관념에 연원을 둔 위로부터의 공동체주의, 가족의 원리에 바탕한 혈연적 공동체주의, 개체성의 순종으로 이루어지는 전체적 공동체주의로 정의한 바 있다. 이러한 공동체주의로 구성된 공동체는 그 규범이 타율적일 수밖에 없다. 공동체의 규범에 자율이 없고 자유가 없다면 주체가 없는 것이고 따라서 당연히 책임과 도덕성을 문제삼을 수 없게 된다. 동아시아 사회가 사회성격뿐 아니라 문화적으로도 공동체성을 특징으로 하고 있음은 부정할 수 없다. 그렇다고 이것이 공동체성을 의심 없이 받아들여도 되는 구실이 될 수는 없다. 같은 공동체성을 강조하더라도 보수적인 성격을 띠는 경우도 있고 진보적인 성격을 보여주는 경우도 있다. 전자는 위계질서를 온존시키려 하지만 후자는 그것을 파괴시키려 한다. 따라서 누가, 왜 공동체성을 주장하느냐를 분명히 적시해야 한다. 공동체성이 강한 동아시아에서 기존의 공동체성에 대한 비판적 접근 없이 공동체성을 주장할 때는 전통주의적인 관점에서 현상유지를 주장하는 것으로 오해받을 소지가 있다. 현재 개인에 기초한 서양의 자유주의 인권담론이 보편성이라는 이름으로 실제 미국의 패권화를 합리화하고 있는 것은 사실이지만, 이에 대응한다는 명목으로 무조건적으로 공동체적 인권을 주장하는 것이 동아시아에서 어떤 함의를 주는가에 대해서도 고민해야 한다. 아직도 개체의식의 부족과 집단의식의 과잉이 동아시아의 현실이기 때문이다.

셋째, 인권담론에서 동서양을 이분법적 대립 구도로 보아서는 논의의 진전을 볼 수 없다. 동도서기(東道西器), 중체서용(中體西用), 정신과 육체, 공동체와 개인 등 19세기 중후반 이후 전가의 보도처럼 이용되는 이 이분법적 구도는 논자의 입장에 따라 각각 '좋은 것'과 '나쁜 것'으로 치환된다. 이 이분법적 구도의 밑바탕에는 자문화중심주의와 문화상대주의가 깔려 있다. 물론 니시까와 나가오(西川長夫)도 지적한바, 애초에 문화상대주의는 자문화중심주의에 대한 양심적인 대응책으로 제시된 것이다. 문화상대주의는 서구의 자문화중심주의에 대해 문화의 다양성, 평등주의, 타자나 이문화에 대한 관용을 주장한다는 점에서 긍정적이지만 그 이면으로 들어가보면 반드시 그렇지만은 않다. 국민국가 시대의 약자의 입장에 서서 전개되는 관용의 논리는 상황이 바뀌면 쉽게 배제와 차별의 논리로 전환되기도 한다. "문화상대주의는 또 인류에 공통인 보편적인 가치를 어떻게 할 것인가 하는 문제에 답할 수 없는 논리적인 약점이 있다고 지적한 바 있다. 또 문화상대주의에 기초한 중립적인 태도가 결국은 현상유지를 돕는, 이를테면 혁신의 옷을 입은 보수주의로 떨어질 수 있다는 윤리적 비판에도 충분히 답할 수 없다." 이런 점들이 애초에 양심적인 대응책으로 나온 문화상대주의가 갖는 또다른 보수성과 폐쇄성이다. 이런 점에서 보편주의와 특수주의(상대주의), 이 두 이데올로기는 상호작용 속에서 존재하고 상호작용 속에서 스스로를 규정한다. 그런 면에서 양자는 동전의 양면과도 같다.

넷째, 동아시아의 문화적 기반과 관련하여 인권담론의 목적을 어디에 둘 것인가에 관한 문제이다. 즉 인권담론의 목적이 광범위한 민주주의의 실현에 있느냐 아니면 고전적이고 정태적인 문화개념에 기반한 사회의 재구성에 있느냐이다. 이 문제는 지금의 동아시아 사회를 단순하게 유교사회, 또는 불교사회로 전제하고 인권담론을 전개하는 것이 과연 타당한가의 문제와도 관련된다. 물론 동아시아 몇몇 나라들의 문화적 원천이 유교나 불교라는 것을 부정할 수는 없다. 하지만 이런 식으로 따지면 기층 민중의 무의식적 기반을 이루는 도교문화를 소홀히 하는 결과가 초래된다. 십분 양보하여 이를 받아들인다 해도 근대화과정에서 이문화 교류를 통한 사회적 가치관이나 규범은 이미 많은 변화를 겪었다. 지금의 싯점에서 시민들이 의식 면에서 전통적 가치관을 얼마나 유지하고 있는지도 논란거리이고 세대별로도 적지 않은 차이를 보여준다. 특히 서세동점이 시작된 이후 현재까지의 역사에서 민중의 인권침해에 대한 광범위한 투쟁의 역사—물론 서양문화에 대한 동일화를 거부하고 자기정체성을 지키려는 의도에서 이루어진 투쟁도 포함하여—와 가치를 피드백으로 가지고 있는 동아시아 시민들의 인식은 동아시아 인권담론에 대한 일부 단순하고 정치적 이해관계가 결부된 서구자유주의자들의 보편적 인권 일변도의 주장이나 아시아적 가치, 유가적 인권담론에 만족할 수 없을 만큼 상향조정되었다. 이들에게는 이미 어떤 문화적 자기주장도 우리의 것이라는 이유만으로, 또 서구적 보편성을 담지했다는 이유만으로 정당화될 수 없다. 정당화의 기준은 오로지 민주주의라는 보편성이 지켜지는 토대 위에서 자신의 존엄성을 얼마나 잘 유지할 수 있느냐일 것이다. 물론 그 구체적인 평가기준이나 가치척도, 또 그 가치를 달성하는 방법은 문화의 유형에 따라 차이가 있을 수 있지만 민주주의의 공정한 경쟁, 정치참여와 기본권 보장은 문화의 구체적 유형에 관계없이 정치적 노력으로 얻을 수 있는 가치들이다. 요컨대 문화적 전통의 테두리를 굳이 고집하지 않으면서 생생히 움직이는 우리의 현실과 마주하고자 한다면 자연스럽게 고유의 문화적 요구를 포괄하면서도 인권담론의 보편적이고 규범적 문제제기로 이어질 수 있을 것이다.

■ 참고문헌

김영명 「동아시아의 문화와 정치」, 『아시아적 가치』, 전통과현대 1999.

문성원 「현대성과 보편성(1)─인권, 자유주의, 배제의 배제」; 「현대성과 보편성(2)─자유주의와 공동체주의」, 『배제의 배제와 환대』, 동녘 2000.

_____ 「개인적 인권과 집단적 인권─자유주의 인권개념의 한계를 넘어서」, 성공회대 인권평화연구소 엮음 『동아시아 인권의 새로운 탐색』, 삼인 2002.

미조구찌 유우조 외 『중국의 예치씨스템』, 동국대동양사연구실 옮김, 청계 2001.

알랭 로랑 『개인주의의 역사』, 김용민 옮김, 한길사 2001.

원승룡 「다문화사회에서 인권담론 분석」, 『민주주의와 인권』 3권 1호, 2003.

이승환 「유가에 권리개념이 있었는가」; 「유가는 '자유주의'와 양립 가능한가?」, 『유가사상의 사회철학적 재조명』, 고려대학교출판부 1998.

장은주 「문화적 차이와 인권─동아시아의 맥락에서」, 『철학연구』 제49집 (2000년 여름호).

잭 도널리 「인권개념과 아시아적 가치」, 한상진 엮음 『현대사회와 인권』, 나남 2001.

조경란 「중국의 전통과 근대에서 개체와 집단의 문제─새로운 공동체를 위한 시론적 접근」, 『철학연구』 제49집(2000년 여름호).

_____ 「중국 근대의 자유주의」, 『중국 근현대 사상의 탐색』, 삼인 2003.

한상진 「위험사회에 대한 동서양의 성찰」, 『계간 사상』 1998년 봄호.

_____ 「인권 논의에서 왜 동아시아가 중요한가」, 『현대사회와 인권』, 나남 2001.

함재봉 「유가전통과 인권사상」, 『계간 사상』 1996년 겨울호.

秦暉 「"大共同體本位"與傳統中國社會」, 『傳統十論』, 復旦大學出版社 2003.

西川長夫 『地球時代の民族=文化理論』(脱「國民文化」のために), 新曜社 1995.

Bauer, Joanne R., "The challenges to international human rights," Mahmood Monshipouri, Neil Englehart, Andrew J. Nathan and Kavita Philip (eds.), *Constructing Human Rights in the Age of Globalization*, M.E. Sharpe 2003.

Bauer, Joanne R. and Daniel A. Bell (eds.), *The East Asian Challenge for Human Rights*, Cambridge: Cambridge University Press 1999.

Wallerstein, Immanuel, "The Ideological Tensions of Capitalism: Universalism versus Racism and Sexism," Etienne Balibar and Immanuel Wallerstein, *Race, Nation, Class*, London·New York: Verso 1991.

생각해볼 문제

1. 서구의 보편적 인권이 현재 동아시아의 맥락에서 갖는 의미와 한계는 무엇인가?
2. 서구의 보편적 인권에 대한 대항으로 제시한 동아시아 인권의 상대주의적 입장에서 나타나는 가장 큰 문제점은 무엇인가?
3. 동아시아 사회에서 공동체주의적 인권의 주장이 갖는 기능과 현재적 의미는 무엇인가?
4. 유가적 인권논의에서 나타나는 문제점은 무엇이며 이 논의가 앞으로 보편성을 확대하기 위해서는 어떤 방향으로 나아가야 하는가?
5. 동아시아 인권담론과 민주주의 실현은 궁극적으로 어떠한 관계가 있는가?

'여성'과 '인간'을 넘어서
인권의 성별 정치학

정희진

1. 범주의 정치학——누가 사람인가? 그것은 누가 정하는가?

이 글은 여성의 시각에서 1) 기존의 서구 남성중심적 인권개념을 재해석하고 2) 개인의 사회적 위치와 인권 3) 사적인 것과 정치적인 것 4) 여성인권과 서구중심주의 5) 여성과 다른 사회적 약자와의 관계 등 여성주의 인권이 제기하는 주요 쟁점을 다룬다.

'여성과 인권' '현대사회와 여성' '법과 여성' 등 대학에 개설되어 있는 여성학 관련 과목명들은 인간의 범주와 성별제도(gender)의 관계를 보여준다. '남성과 인권' '남성과 사회'라는 말은 없다. '민족주의와 여성'에 대한 문제제기는 많지만, '민족주의와 남성'이란 이슈는 제기되지 않는다. 이는 기존의 언어가 젠더화(性別化)되어 있어서, 이미 인권은 남성의 인권을 뜻하기 때문이다. 우리 사회에서 흔히 사용하는, '시민운동과 여성운동' '여성과 사회'라는 말은, 마치 '흑인과 사람'이라는 말과 같다. '여성주의 시각에서 본 인권'은 성립할 수 있지만, '여성과 인권'은 여성과 인간(남성)을 별도의 존재로 간주하여, 여성을 인간의 범주에서 제외하는 언설이다. 이처럼 사회의 상식, 언론매체, 통념, 법과 정책, 지식사회 등 거의 모든 인식체계에서 '인간'은 성 중립적인(gender neutral) 개념이 아니다.

기지촌 성매매나 일제시대 '종군위안부' 역사에 대해, "민족 모순인가, 성 모순인가 혹은 어떤 문제가 더 근본적인 원인인가?"라는 질문방식도 이러한 인식을 드러낸다. 이 질문은 여성은 민족의 구성원이 아니라는 것을 가정하고 있다. 주한미군 기지의 미군 전용 유흥업소 출입구에는 '내국인 출입금지'라는 푯말이 걸려 있는데, 이는 그 안에서 일하는 한국 여성들은 한국인이 아니라는 것을 의미한다. 이같은 '국민'(시민, 노동자…) 범주의 성별화(gendered)는 헌법에서부터 출발한다. 대한민국 헌법 제39조 제1항은 "모든 국민은 법률이 정하는 바에 의하여 국방의 의무를 진다"고 규정하고 있다. 이 조항은 국방의 의무를 이행하지 '못하는' 여성과 장애인은, 국민이 아니거나 국민인 비장애인 남성의 '보호'(지배)를 받는다는 것을 함의한다. 국가는 남성에게 직접 시민권을 부여하지만, 여성은 가족제도를 통해, 즉 남성과의 관계를 통해서만 국가와 연결된다. 남성의 시민권은 가족제도와 관련이 없다(이에 대해서는 뒤에 다시 언급하겠다). 1948년 유엔이 채택한 세계인권선언조차, "제1조 모든 인간은 태어날 때부터 (…) 동등하다 (…) 서로 (자매애가 아니라) 형제애의 정신으로 행동해야 한다"(괄호와 강조는 필자)고 규정하고 있다. 그나마 이 문구는 세계인권선언 작성 당시 처음에는 '형제처럼'(like brother)이었다가, 유엔여성위원회의 요청에 따라 '형제애의 정신'(in the spirit of brotherhood)으로 바뀌었다.

"모든 인간은 인간으로서 권리를 가진다"는 말은, 당위적인 진리가 아니라 추구해야 할 희망적 가치이다. 불행하게도 현실에서는 사람(person)이라고 해서 모두가 인권을 가질 수 있는 것이 아니기 때문이다. 인간의 범위는 자연적으로 정해지는 것이 아니라 계급차별주의, 인종주의, 서구중심주의, 가부장제, 비장애인중심주의, 이성애주의 등이 복잡하게 상호작용하는 사회적 권력관계 속에서 결정된다. 인종주의사회에서 '유색'인종은 표준적 인간이 아니며, '비장애인'의 몸이 인간을 대표하는 사회에서 장애인은 정상성의 범주에서 탈락한 타자(他者)로 간주된다. 흔히 흑인은 인간과 동물의 중간으로, 여성은 인간과 자연의 중간 존재로 '다루어진다'.

인간과 비인간의 여부는 한 사회의 지배규범에 의해 자의적으로 정해진다. 해방후 이승만 정부가 친미반공국가 건설을 위해 다수의 제주도민을 학살한 제주 4·3 사건에서 우익테러조직인 서북청년단이 "우리는 사람을 죽인 것이 아니라 '빨갱이'를 죽였다"고 말한 것이나, 아내에게 폭력을 행사한 자들이 "나는 사람을 때린 것이 아니라 집사람을 때렸다"라고 주장하는 사례 등은, 가해자가 피해자를 인간으로 간주하지 않고 있음을 보여준다.

이처럼 인간의 개념은 시대와 지역에 따라 다르다. 그러므로 인간으로서의 권리인 인권은 특정한 사회가 어떤 조건의 사람을 인간으로 규정하는가에 따라 달리 해석될 수밖에 없다. 역사의 진보는 인간의 범위가 확대되어 좀더 많은 사람들에게 인권이 부여되는 과정을 말한다. 즉 인권은 사회적 투쟁 속에서 경합하는 매우 정치적인, '움직이는' 역동적 가치일 수밖에 없다. 사회적 약자의 고통이 인권의 의제로 상정되고 논의되는 것은 피해 당사자들의 지난한 투쟁의 산물이다. 예를 들어 우리 사회에서 성폭력은 몇년 전까지만 해도 사회적인 문제가 아니라 사적인 일로 간주되었다. 하지만 현재, 성폭력문제는 여성들의 투쟁에 의해 여성뿐만 아니라 남성에게도 중요한 사회적 의제가 되었다. 물론 이는 여성문제만 그런 것은 아니다. '광주 사태'나 제주 4·3 사건도, 우리 사회의 민주주의가 진전되기 전까지는 민주화운동으로 간주되지 않았지만, 많은 사람들의 투쟁과 헌신에 의해 공식적인 역사로 인정받게 된 경우이다.

후기구조주의 여성주의와 탈식민여성주의에서는 차별뿐만 아니라 여성/남성, 장애인/비장애인, 동성애자/이성애자의 구분, 즉 차이 자체를 임의적인 제도의 산물이라고 본다. 차이가 차별을 낳는 것이 아니라 권력이 차이를 구성한다는 것이다. 그러므로 '정상'과 '비정상'의 기준은 매우 유동적이다. 다리가 조금 불편한 장애인과 거의 온몸을 컴퓨터에 의지한 중증 장애인은 비장애인의 기준에서 보면 같은 장애인이지만, 실제 두 사람의 몸의 차이는 비장애인과 다리가 조금 불편한 사람의 차이보다 훨씬 크다. 다시 말해 장애인 내부의 몸의 차이는(시각장애인과 청각장애인의 차이를 생각해보자), 장애인과 비장애인의 몸의 차이보다 큰 경우가 대부분이다. 왜냐하면 장애인인가 아닌가에 대한 판단은 비장애인이 '정상'이라는 전제 아래 비장애인의 시각에서 규정되기 때문이다. 즉 장애인은 비장애인중심주의로 인한 임의적인 범주인 것이다.

여성과 남성의 차이도 마찬가지다. 남녀의 성기관을 모두 가진 '자웅동체' 인간인 양성구유자(兩性具有者)의 존재는, 인간이 원래부터 양성으로 구분되어 있다는 가부장제사회의 통념에 도전한다. 성별 구분은 계급, 인종, 학력, 성격, 사회적 지위 등에서 여성과 여성의 차이가 남성과 여성의 차이보다 클 경우와 모순된다. 모든 사람은 한 가지 정체성으로 환원할 수 없는 다중적 주체인데, 인간을 성별이나 피부색을 기준으로 '여성' '흑인'으로 환원하여 규정하는 것이 바로 성차별주의, 인종차별주의이다. 동성애 인권운동가들은 이성애와 동성애의 구분에 의문을 제기한다. 만일 가부장제사회의 통념대로, 남성이 늑대이고 여성이 여우라면, 늑대는 늑대끼리 여우는 여우끼리 섹스를 해야 '정상'일 것이다. 늑대와 여우가 섹스하는 것이야말로 '변태'일지 모른다. 이는 가부장제사회의 동성애 혐오가 그 자체로 모순이라는 것을 의미한다. 동성애와 이성애의 '차이'는 성별 구분에서 시작된다. 인간을 남성, 여성으로 구분하는 것은 '자연스러운' 일이 아니라 이성애제도의 산물인 것이다.

2. 성폭력 가해자의 인권?—경합적 가치로서의 인권

모든 인간이 인권을 갖는다는 근대적 인권개념의 보편주의는, 진보적인 동시에 문제적인 사유방식이다. 보편적 인권개념은 칼날과 칼자루와 같은 양면성을 지닌다. 인권개념의 보편성은, "여자도 인간이다" "동성애자도 인간이다" 등 사회적 약자에게도 평등하게 적용될 수 있다는 의미에서는 이상적인 가치이다. 그러나 누구에게나 적용된다는 보편적 인권개념이, 현재 우리 사회에서 주장되고 있는 "성폭력 가해자의 인권"이나, "이성애자의 인권" "자본가의 인권" "백인의 인권"처럼, 사회적 약자에 대한 차별을 정당화하기 위한 '강자의 인권'일 경우에도 진보적 가치가될 수 있을까? 비슷한 예로, 백인이 흑인을 '야만인'으로 재현하거나, 여성의 몸을 남성의 성활동의 도구로 삼는 남성 시각의 포르노그래피 제조를 '표현의 자유'라고 할 수 있을까? 최근 우리 사회의 논란대로, "친일과거사 청산" 노력에 대해 "친북 과거사도 청산하자"는 보수세력의 주장을 '평등한' 논쟁이라고 할 수 있을까?

성폭력 가해자를 처벌하라는 여성들의 요구가 '성폭력 가해자의 인권'을 침해하는 언설이라는 일부 남성들의 주장은, 여성인권이 실현되는 과정의 어려움과 특수성을 잘 보여준다. 현재 한국사회에서는 성폭력특별법 제정에도 불구하고, 여전히 피해여성의 진술보다는 가해남성의 주장을 신뢰하는 분위기가 팽배하다. 그렇기 때문에 성폭력은 범죄 사실을 인지, 인정하는 것 자체가 대단히 어렵다. 성폭력은 절도나 사기 등 다른 범죄와는 달리, 언제나 "강간이냐 화간이냐"라는 식으로, 피해 사실을 둘러싼 객관성 논쟁에 휩싸인다. 성폭력 사건의 80%는 아는 사람에 의한 것인데, 이는 성폭력이 남녀간의 '정상'적인 성/사랑과 질적으로 다른 문제가 아니기 때문이다. 가부장제사회에서 성폭력-성매매-'아름다운 성과 사랑'(이성애)은 모두 불평등한 성역할제도(gender system)의 연속 선상에서 존재하기 때문에, 아동 성폭력이나 윤간 등 남성의 기준에서 볼 때도 의심의 여지가 없는 '완벽한' 피해를 제외한 대부분의 성폭력은 가시화되기 어렵다.

한국의 성폭력 신고율이 2~6%에 불과한 것은, 신고할 경우 더 큰 피해를 입게 된다는 것을 여성들 스스로 잘 알기 때문이다. 이러한 남성중심적 사회구조는 성폭력 가해자로 하여금 범죄를 저질러도 처벌받지 않는다는 자신감을 갖게 한다. 피해여성은 법의 도움을 요청하는 순간, 가해남성으로부터 명예훼손, 무고죄 등으로 역고소를 당한다. 성폭력 가해자가 피해 사실을 공론화한 피해자를 명예훼손, 무고, 모욕죄, 간통죄 등으로 역고소한 사례는 1986년 부천서 성고문 사건, 1988년 대구 경찰관두 명이 다방에서 일하는 여성을 성폭력한 사건, 1993년 신OO 교수 사건(서울대 성희롱 사건) 등 꾸준히 이어져왔다. 그러다가 2001년 초, '운동사회 성폭력 뿌리뽑기 100인 위원회'가 공개한 두 가지 사건을 시작으로 명예훼손 역고소 사건이 크게 증가하면서 일반화되었다. 현행법상 명예훼손은 피해여성이 여성단체에 상담하는 등 피해 사실을 제3자에게 말하기만 하면, 얼마든지 적용될 수 있다. 이러한 과정에서 가해남성은 성폭행을 적극적으로 부인하고 피해여성을 괴롭히는 행위를 남성의 인권이라고 주장하고 있다. 남성중심적 사회구조에 편승한, 가해남성의 2차 성폭력 행위(social rape, second rape)가 "성폭력 가해자에게도 인권이 있다"는, 보편적 인권개념으로 옹호되고 있는 것이다.

성폭력 사건의 '진실'을 둘러싼 논쟁에서 가해남성과 가부장제사회가 실질적으로 주장하는 것은, 성폭력 가해자의 인권이라기보다는 남성생물학의 자연스런 결과로서 성폭력의 불가피성인 경우가 대부분이다. 한국사회에서 성폭력 개념과 성폭력 사건의 객관성은, 법 운용이나 일상생활에서 모두 피해여성의 입장이 아니라 남성의 경험과 이해에 의해 구성된다. 때문에 남녀 모두에게, 여성의 주장은 지나치게 예민하고 과격한 것으로 받아들여지지만, 남성의 주장은 자연스럽고 객관적인 것으로 수용된다. 이렇게 5천년이 넘는 성별 권력관계의 역사성을 무시한 채, 인권의 보편성을 똑같은 방식으로 적용하면, 결과적으로 사회적 강자의 이해를 실현하는 결과를 낳게 된다.

물론 성폭력 가해자에게도 인권은 있다. 그러나 '가해자의 인권'은, 성폭력 가해 용의자가 수사과정에서 고문이나 부당한 대우를 받지 않을 권리를 의미하는 것이지, 피해여성을 억압하는 남성의 권력은 아니다. 가부장제사회에서 여성에게 성은 억압이자 자원이기 때문에, 가해 사실이 없는데도 여성이 남성을 성폭력범으로 지목하는 경우가 있을 수 있다. 하지만 순결 이데올로기가 강력한 우리 사회에서 '성폭력 피해자("더럽혀진")'라는 낙인을 감수하고, 남성의 처벌을 원하는 여성은 그리 많지 않다. 이런 경우에도 가해 사실 여부는 수사과정에서 가려질 문제이지, 범죄 사실을 부정하는 것을 남성의 인권이라고 명명하기는 어렵다. 또한 남성들이 흔히 주장하는 '순결한' '진짜' 성폭력 피해여성과 소위 '꽃뱀'은 구별되어야 한다는 언설도, 성인지적 시각(gender perspective)이 없기 때문에 나온 것이다. 현행법 차원에서는 구별되어야겠지만, 좀더 넓은 시각에서 보면 여성의 성폭력 피해나 남성의 '꽃뱀 피해' 모두, 성의 주체는 남성으로 간주된다는 근본적인 공통점이 있다. 즉 여성의 성은 여성의 몸 밖에 존재한다는 것이다. 가부장제사회에서 여성의 성은 여성의 것이 아니라 남성과의 관계에서 폭력·매매·협상의 대상이 된다. 그러나 남성의 성은 이러한 의미를 갖고 있지 않다.

여성주의의 문제제기는, "성폭력 가해자는 인권이 없다"는 것이 아니라 가해자의 인권이 누구를 대상으로 어떤 권력과의 관계에서 주장되고 있는가 하는 것이다. 성폭력 가해자의 인권은 사법권을 가진 국가를 상대로 용의자와 재소자의 권리 차원에서 주장되어야지, 피해여성을 상대로 경합되거나 주장될 수는 없다. 이러한 원칙은 다른 인권 사안에도 마찬가지로 적용된다. 80년 광주 학살의 발포 명령자 등 가해자의 인권 역시, 재판과정에서 보장받아야지, 광주 민주화운동의 피해자들을 상대로 주장될 수는 없는 것이다.

이처럼 인권개념의 보편성은 사회적 약자에게 적용될 때만 '인권으로서의 의미'를 갖는다. 포르노그래피가 "표현의 자유냐, 여성인권침해냐"의 논쟁도 이 문제를 살펴볼 수 있는 좋은 사례이다. 원래 권리로서 표현의 자유개념은 근대 자본주의사회에서 강력한 국민국가(nation state)가 탄생하면서 거대한 국가권력에 비해 취약한 개인의 권리를 보장하기 위한 것이었다. 집회의 자유, 사상의 자유 역시 같은 맥락의 권리들이다. 즉 표현의 자유는 아무 때나 누구에게나 주장할 수 있는 것이 아니라, 지배규범에 대한 사회적 약자의 저항일 때만 권리로서 존중될 수 있다. 남성이 여성의 몸과 성을 임의적으로 재현하는 현재의 포르노그래피는 '표현의 자유'가 아니라 여성인권침해이며, 여성에 대한 폭력이다. 여성이나 장애인, 동성애자의 성적 권리와 욕망을 옹호하는 포르노그래피도 소수지만 제작되고 있다. 여성주의자들이 포르노그래피를 반대하는 것은 성 보수주의자 혹은 '검열주의자'여서가 아니라 현재 제작, 유통되고 있는 포르노그래피가 성폭력을 '정상적인 쎅스'로 묘사하여 합리화하는 기제로 활용되기 때문이다. 실제로 우리 사회에서 많은 남성들은 "포르노는 이론이고, 강간은 실천"이라고 여기고 있다.

위에서 살펴본 것과 같이, 인권의 보편주의는 근대적 인권개념의 성과이자 한계이다. 보편적 인권은 피억압자에게 인권을 적용할 수 있는 근거가 되지만, 성차별주의(인종주의, 이성애주의…) 등 구체적인 제도들의 사회적 작용을 고려하여 맥락에 따라 구체적으로 해석하지 않는다면, 억압세력의 지배전략이 될 수도 있다. "빵을 훔친 사람은 징역에 처한다"는 법은 평등하지 않다. 부자는 빵을 훔칠 가능성이 없기 때문이다.

이 법은 가난한 사람에게만 적용된다. 이처럼 개인이 갖는 권리의 내용은 그 개인이 속한 성별·인종·계급 등 사회적 위치에 따라 달라진다. 인권은 사회적 제 권력관계와 관계없이 추상적·초월적으로 선재(先在)하는 개념이 아니라 구성되고 쟁취되는 경합적 가치이다. 인권은 언제나 피억압 집단의 개입을 기다리는 과정적 개념인 것이다.

3. 일상적·개인적인 것이 정치적인 것으로 ── 인권개념의 확대

인간이 겪는 고통과 억압의 문제가 인권문제로 상정되려면, 무엇을 문제로 보는가 하는 특정방식의 패러다임 안에서만 가능하다. 보장되어야 할 인권에 대한 규정은 '객관적인' 억압 상황뿐만 아니라 가치판단에 의한 선택의 문제를 함의하는데, 선택의 원리에는 권력관계가 개입하기 마련이다. 예를 들어 가정폭력이나 성폭력 등 여성에 대한 폭력은 여성운동이 활발할수록, 사회적 대책이 마련될수록 증가하는 속성이 있다. 해결하려는 노력이 활발할수록 문제가 심각해진다는 것은, 이 문제가 특정한 시각(여성주의 관점)에 의해서만 우리에게 '사실'로 인지되는 사회현상이기 때문이다.

아주 오랜 세월 동안 성차별과 여성에 대한 폭력은 사회적인 문제가 아니라 사적인, 사소한 문제였다. 가부장제는 인류 역사와 함께 시작되었지만, 여성인권문제가 가시화되고 사회적인 문제로 부각된 것은 지극히 최근의 일이다. 서구에서는 1960년대부터 여성에 대한 폭력이 사회적 이슈가 되었는데, 동물학대, 아동학대, 아내학대의 순서대로 문제화되기 시작했다. 한국의 경우, (해방후부터 고려한다면) '여성주의 시각'의 여성운동은 80년대부터 시작되어 90년대 이르러 본격적으로 주목받기 시작했다.

현대사회의 공/사(公/私) 영역분리 이데올로기는 여성인권침해의 가장 핵심적인 논리적 기반이라고 할 수 있다. 인간의 활동이 사적인 것(the private)과 공적인 것(the public)으로 구분되기 시작한 것은 근대 자본주의사회 이후의 일이다. 이때부터 집과 일터는 분리되기 시작했다. 봉건제사회에서는 일터·학교·집이 분리되지 않았기 때문에, 사생활, 프라이버씨라는 말도 존재하지 않았다. 여기서 말하는 공사 영역의 구분은 실제로 분리되었다는 것이 아니라, 근대에 이르러 공사분리 "이데올로기"가 만들어졌다는 의미이다. 일터는 공적인 영역으로, 집은 사적인 영역으로 개념화되기 시작한 것이다. 일터와 집은 물리적으로 분리되었지만, 실제로는 연결되어 상호작용하고 있다. 그러나 공사분리 '이데올로기'에서 두 영역은 상호배타적·위계적인 것으로 간주된다.

17세기 영국의 철학자 존 로크(John Locke)가 모든 권위는 개인(individuals)에게서 나온다고 개념화한 것은, 근대 국민국가 성립에 핵심적 사상이었다. 그러나 모든 인간이 평등하다는 근대적 인권개념은 성차별을 옹호하는 가부장제와 양립할 수 없었다. 공사 영역분리 이데올로기는 여성을 개인, 인간의 위치로 승격시키는 것과 가부장제 사이의 모순을 해결하는 데 유용한 전략이었다. '여성적 공간'이라고 간주되는 사적인 영역에서는 인권개념이 적용되지 않는다고 여겨지기 때문이다(우리 사회에는 가족 외에도 사회로부터 배제되는 영역이 많다. 군대에서 제대를 "사회 나간다"고 표현하거나 "윤락여성의 사회 복귀 방안에 대한 연구" 같은 언설들은, 군대나 성매매 집결지('집창지역')는 사회가 아니라는 의미를 함축하고 있다. 그런 곳은 사회가 아니므로 폭력 등 인권침해 사안이 발생해도 사회가 개입하지 않는다는 것이다).

근대 이후 여성은 가족을, 남성은 사회를 대표하게 되었다. 이것이 공사 영역분리의 성별화이다. 모성이나 아동기의 개념도 이때 탄생한 것인데, 여성은 모성의 담지자로서 '노동자로서 자격'을 잃게 되었다. 여성의

가사노동은 비가시화되고, 산업예비군, '유휴'노동력으로 전락한 것이다. 반면 남성가장은 사회에 대해 가족의 이해를 대변하게 되었고, 노동자 모델을 남성으로 전제하여 남성노동자와 여성노동자의 임금차별을 정당화하는 '가족임금제'(family wage)가 만들어졌다. 남성이 가족을 부양한다는 가정 아래 고용·임금·승진·직업훈련 등에서 남성노동자를 최우선으로 고려하는 가족임금제사회에서는 여성의 경제적 독립이 대단히 어려워진다.

공사분리제도를 통해 여성은 남성과는 다른 형태로 국가, 사회와 관계를 맺는다. 공적 영역은 남성들의 세계로 남성만을 주체로 세우기 때문에 여성이 공적 영역과 관계를 맺거나 경찰, 법 같은 공적 자원을 이용하려면, 가족제도를 통해 남편을 매개할 때 가능하다(죽어야 하는데 아직 죽지 않은 사람이라는 뜻의 '미망인(未亡人)'은, 남편이 없는 여성에 대한 가부장제사회의 시선을 보여준다). 가부장제사회에서 여성은 한 사람의 개인으로서보다는, '누구의 아내'일 때 정상성을 획득하고 좀더 많은 '자원'을 갖게 된다. 때문에 여성에게는 사회적 시민, 노동자로서의 정체성보다 아내, 어머니 등 성역할 정체성이 우선시되며, 여성의 다양한 사회적 정체성은 성역할로 환원된다. 예를 들어 사회는 가정폭력 피해여성에게 '인간으로서 맞지 않을 권리'보다 '아내로서 참아야 하는 도리'를 더 강조한다.

'성역할 수행자로서의 여성'은 곧 여성이 사적인 존재로 간주됨을 의미한다. 우리가 흔히 사용하는 '여성의 사회진출'이라는 말은, 여성이 생활하고 있는 가정은 사회가 아니라는 것을 의미한다. 가정은 사회와 배타적인 영역으로 설정되어, 모든 면에서 사회와 다른 원리가 적용된다. 남성의 입장에서 가정은 공적인 곳과 달리 경쟁이나 권력관계, 노동이 없는 평화로운 안식처로 여겨진다(물론 이것은 신화일 뿐 현실이 아니다). 때문에 "비바람은 집에 들어가도, 법은 집안에 들어가지 못한다"는 말처럼, 가정은 비정치적인 공간이어서 법이나 인권, 민주주의가 적용될 수 없다고 생각한다(여기서 법은 남성 젠더를 상징하기 때문에, 법이 집 안에 들어오면 한 집안에 두 명의 남성이 존재한다는 의미로, 이는 집안 의 가부장인 남성의 입장에서는 용납할 수 없는 일이다).

이처럼 공사 영역분리 이데올로기의 실재는, 공적인 영역의 시각에서 사적인 영역이 규정된다는 것을 의미한다. 사적 영역은 공적 영역의 창 조물로서, 사적인 것은 공적인 것과의 대립을 통해 정의된다. 공적 영역 의 정치적·갈등적 성격에 비해 사적인 것은 동의가 전제되는 영역으로 간주되기 때문에, 사람들은 사적인 영역에서는 폭력과 강제가 없을 것이 라고 생각한다. 사적인 것에 대한 이러한 관념은 가정폭력 피해여성에게 '왜 가정을 떠나지 않는가?'와 같은 질문을 하게 한다. 국가폭력이나 학 교폭력, 전쟁의 피해자에게는 이런 질문을 하지 않는다.

남성과 여성의 관계는 다른 권력관계와 다르게 성애화(sexualized)되 어 있기 때문에, '자연스러운 것'으로 인식되어 이제까지 정치적 분석의 대상이 되지 못했다. 그러나 여성주의자들은 '무엇이 정치적인 문제인 가, 그리고 그것은 누가 정하는가'를 질문하기 시작했다. 대개 남성에게 가정은 휴식처지만, 여성에게 가정은 노동의 공간, 많은 경우 폭력의 공 간이다. 또한 남성에게 쎅슈얼리티(sexuality)는 자연스럽게 허용된 사적 인 것이지만, 여성이나 동성애자에게 성은 중요한 사회적 억압이며 지극 히 정치적인 문제이다. 즉 여성의 삶에서는 공적인 것과 사적인 것이 구 별되지 않는다. 여성의 입장에서는 "개인적인 것이 정치적인 것이다". 여 성이 남편에게 강간당하거나 구타당하면 '집안일'이고, 경찰, 국정원, 미 일 제국주의 등 공적 영역에서 피해를 당하면 정치적인 문제인가? 한국 남성에게 성폭력을 당하면 '개인적인 일'이고, 일본남성에게 당하면 '민 족의 아픔'인가? 피해여성의 입장에서 보면 모두 같은 폭력이며 정치적 인 사건이다.

프라이버씨(privacy)는 개인의 개념과 함께 탄생했는데, 이때 개인은 중산층 남성만을 의미한다. 우리 사회에서 일상적으로 사용하는 프라이버씨 개념은 중산층 남성의 프라이버씨다. 프라이버씨는 계급화·젠더화된 언어이다. 다시 말해 모든 인간이 인간(개인)으로 간주되지 않기 때문에, 프라이버씨 역시 모든 사람에게 평등하게 보장되지 않는다. 만일 어떤 사람이 9평 아파트에 산다면 9평이 그/녀의 프라이버씨 공간이 되고, 50평 아파트에 산다면 50평이 사적인 공간이 된다. 남성에게 집은 프라이버씨의 공간이지만, 여성에게 집은 노동의 공간으로 프라이버씨가 잘 보장되지 않는다. 오히려 여성들은 집에서 나와 공적인 노동을 할 때 프라이버씨를 가질 수 있다고 말한다.

이제까지 가정폭력에 대해 국가가 개입하지 않은 주된 근거는 개인(구타 남성)의 프라이버씨를 침해할 우려가 있다는 것이었다. 이러한 인식은, 인간이 아닌 여성의 프라이버씨는 남편에게 속해 있으며, 폭력당하는 여성의 고통보다 가해자의 프라이버씨가 더 중요하다는 의미를 함축한다. 그러나 사회는 사적 영역에 선택적으로 개입한다. 같은 가정폭력이라 해도 아동학대나 노인학대에는 아내폭력과 같은 불개입 논리를 구사하지 않는다. 또한 국가가 개인의 사생활을 보장하기 위해 가정폭력에 개입하지 않아야 한다면, 호주제·상속세·가족법·가족계획사업 등으로 국민의 사생활에 깊숙이 간여하는 일도 삼가해야 할 것이다. 이처럼 공사 영역의 분리, 대립은 허구적인 것이다. (공적)'체계'와 '생활세계'를 대립시켜 체계에 의한 '생활세계의 식민화'를 우려했던 하버마스(J. Habermas)의 비판이론 역시, 여성의 시각에서 보면 공사분리 이데올로기의 변형이다. '하버마스주의자'의 입장에서는 국가가 가정폭력에 개입하는 것은 '생활세계의 식민화'에 다름아니다.

여성주의 시각의 인권은 기존의 미시/거시, 공/사, 개인적인 것/정치적인 것, 일상/구조, 보편/특수의 이분법을 비판하며, 일상적 차원의 억압이 작동하지 않고는 구조적인 억압도 가능하지 않다고 본다. 몇년 전 사회문제가 되었던 고려대 학생들의 이화여대 축제 난동 사건은, '일상적 파시즘'과 '구조적 파시즘'의 관계를 드러내는 중요한 사건이었다. 1985년부터 1996년까지 12년 동안 일부 고려대 학생들은 매년 5월 이대 대동제에 집단으로 난입하여 집기를 부수며 행사를 방해했고, 이 과정에서 이화여대 학생들은 팔이 부러지는 등의 부상을 입었다. 이화여대 학생들과 여성운동가들은 이 사건을 '성폭력'(gender violence)으로 규정했다. 그러나 여론은 '학생들이 강간을 한 것도 아닌데 성폭력이라고 하는 것은 지나치다'며, 이 사건을 고려대 학생들의 '젊음의 낭만, 장난스러운 놀이'라고 보았다. 이는 성폭력을 강간으로만 한정하는 해석이다. 이 사건은 여성 공간 침탈, 여성의 자율성 침해, 여성에 대한 폭력으로서 성폭력에 해당한다. 더욱 중요한 시사점은 평화시 남성중심적인 놀이문화가 바로 전쟁시에 집단강간이나 제노싸이드(genocide) 같은 폭력으로 연결된다는 점이다. 집단강간, 고문 등 전시 폭력은 '광기' 때문에 급작스럽게 일어나는 것이 아니라 이러한 일상문화의 연장선에서 발생하기 때문에, 남성들의 폭력적인 일상문화를 성찰하는 것은 매우 중요하다.

인권이론에 대한 여성주의의 가장 큰 공헌은, 국가권력으로부터 개인의 권리를 보호하고자 했던 근대적 인권개념의 한계를 뛰어넘어, 이제까지 비정치적인 공간이라고 간주되었던 '사적인 영역'에 인권개념을 적용함으로써 인권의 범위를 확장시킨 것이다. 여성주의 인권은 기존 공적 영역에서의 '국가 대 개인'의 억압뿐만 아니라 '개인 대 개인'의 억압도 중요한 인권문제로 보며 일상을 정치화했다. 사실 기존의 인권범위는 대단히 협소했다. 인구의 과반수를 훨씬 넘는 여성, 동성애자, 장애인들은 국가의 법과 제도에 의해 차별받기도 하지만, 일상생활에서의 '보이지 않는' 차별과 그로 인한 고통은 더욱 심각하다. 성차별만이 일상의 폭력으로서 인권문제로 제기되어야 하는 것은 아니다. 한국사회에서 많은 이들의 일상을 규율하는 외모, 학벌, 나이, 서울중심주의 등으로 인한 차별 사안도 인권침해의 문제로 다루어야 한다.

4. 여성인권문제와 탈식민주의

여성에 대한 차별을 줄여 성차별이라고 하듯이, 성폭력(gender violence, violence against women)은 강간뿐만 아니라 여성에 대한 폭력 전반을 가리킨다. 1993년 유엔이 채택한 '여성폭력철폐선언'(Declaration on the Elimination of Violence against Women) 제1조는 여성에 대한 폭력을 '사적·공적 영역에서 일어나는 여성에 대한 신체적·성적·심리적 해악과 여성에게 고통을 주거나 위협하는 강제와 자유의 일방적 박탈 등 성별제도에 기초한 모든 폭력행위'로 정의하고 있다. 1995년 제4차 북경 세계여성대회에서는 여성폭력에 대한 행동 강령을 채택했다. 이에 근거하여 여성폭력의 정의와 종류를 구분하면 다음과 같다.

①가족 내에서 일어나는 신체적·성적·심리적 폭력: 아내 구타, 성적 학대, 여아 낙태, 근친강간, 생식기·음핵 절단, 음부 봉합 등.
②지역 사회에서 일어나는 신체적·성적·심리적 폭력: 강간, 성희롱, 성적 위협, 인신매매, 강제 매춘, 포르노, 음란전화, 성기 노출, 황산 테러(acid attack), 지참금 살인(dowry death), 신부 화장(bride burning), 아내 순사(殉死), 전족(foot binding), 과도한 다이어트와 성형수술 등.
③국가에 의해 자행되거나 묵인되는 신체적·심리적·성적 폭력: '군위안부', 기생 관광, 기지촌 성매매 등.
④무력분쟁하에서 일어나는 여성인권침해: 살상, 강간, 성적 노예화, 강제 임신, 제노싸이드.

⑤임신 관련 폭력: 강제 불임, 강제 낙태, 피임제의 강제적 사용, 여아 영아살해, 성별 태아 살해.

⑥특수 상황에 있는 여성에 대한 폭력: 소수민족, 토착민, 난민, 이주자, 장애여성, 여성노인, 감금되어 있는 여성, 빈곤 여성에 대한 폭력.

서구 급진주의 페미니즘의 주요 이슈였던 여성에 대한 폭력은 90년대 들어서 전세계적인 여성운동의 의제가 되었다. 여성운동가들의 국제 연대의 성과로 1979년 유엔이 정한 '여성차별철폐협약'(CEDAW)에 여성폭력이 빠진 것을 비판하여, 1993년 '여성폭력철폐선언'이 추가로 제정되었다. 특히 주목할 만한 것은, 한국의 '군위안부'문제가 강간, 가정폭력과 함께 여성인권문제로 국제인권운동의 중심적 현안으로 등장하면서 국제사회에서 여성문제의 주류화(main-streaming)에 큰 영향을 미쳤다는 점이다.

주지하다시피, 일제시대 '군위안부'문제는 한국과 일본이라는 국가 대 국가 차원의 노력으로는 해결되지 못했다. 오랫동안 한국과 일본 정부는 이 문제를 남성의 시각에서 민족문제로만 다루어왔기 때문이다. 한국사회는 보수, 진보 진영에 상관없이 '군위안부'문제를 '민족의 수치'라고 보았고, 일본정부는 강제로 끌려간 전쟁 성폭력 피해여성을 '자발적 공창'이라고 주장해왔다. 양국 정부의 이러한 입장은, 여성의 성은 남성 공동체의 소유물이라는 인식하에, 여성을 '순결한' 성폭력 피해여성과 '타락한' 성 판매여성으로 이분화한 것이다. 한국남성의 입장에서 '군위안부' 역사는 한국여성을 일본남성에게 '빼앗긴' 남성 집단간 갈등이고, 일본정부의 입장에서는 그들이 여성을 '강탈'한 것이 아니라 여성들의 '자발적인' 참여에 의한 것이므로 배상할 필요가 없다는 것이다. 여성의 존재성과 인권을 성을 기준으로 이분화한 이 입장들은 동일한 인식론에 기반하고 있다(남성은 성을 기준으로 이분화되지 않는다). 때문에 '군위안부'문제는 국가 차원의 해결이 아니라, 국적을 초월한 여성들간의 국제연대로 유엔에 여성인권침해문제로 상정되었고 국제사회의 압력으로 해결의 실마리를 찾을 수 있었다.

여성에 대한 폭력문제를 둘러싼 성별제도(젠더)와 민족문제의 관계는 대단히 복잡하다. 버지니아 울프의 "여성에게는 조국이 없다"는 주장은 자칫, 여성들간의 인종차별을 은폐하는 서구중심 이데올로기로 기능할 가능성이 크다. 한국 '군위안부'문제는 국제적인 여성연대가 거둔 성과였지만, 실제로는 여성들간의 연대가 쉽지 않은 사안이 더 많다. 대표적인 논쟁이 바로 인도의 아내 '자살' 풍습인 사티(sati)와 일부 아프리카와 이슬람사회에서 널리 행해지고 있는 음핵 절개(clitoridectomy)이다. 사티와 음핵 절개는 탈식민 여성주의, 제3세계 페미니즘에서 매우 중요한 이론적 주제이기도 하다.

사티는 인도사회의 일부 힌두교 여성들이 죽은 남편을 화장(火葬)할 때 산 채로 뛰어드는 순사(따라 죽는 것) 관습이다. 사티는 오랫동안 인도사회에서 민족문화의 전통으로 여겨져왔다. 그러나 인도를 식민 통치한 영국은 이 제도를 '야만'으로 여겨 금지시켰다. 이에 반발한 인도의 독립운동가들은 영국정부의 사티 금지를 민족문화 침탈로 간주하고, 인도독립운동과정 내내 규탄과 저항 대상으로 삼았다. 하지만 사티에 대한 인도여성의 입장은 인도남성과 다를 수밖에 없다. 인도 내부의 성차별과 제국주의의 이중억압을 경험하는 인도여성의 상황은, 가부장적인 인도남성 민족주의자들과도 다르고 사티에 반대하는 서구의 여성주의자와도 다르다. 인도여성(한국여성도 비슷하다)은 남성중심적 민족국가의 국민 범주에서도 제외되었고, 서구 백인여성중심의 여성 범주에서도 배제된 제3의 정치적 주체인 것이다.

음핵 절개는 남성의 음경에 해당하는 여성의 성기관인 음핵(陰核, clitoris)을 10세 전후에 절단하는 것이다. 이후 임신과 출산시 반복적으로 봉합, 절개하기도 한다. 대개 집에서 연장자 여성에 의해 병조각, 녹슨 면도날 등으로 비위생적 상황에서 마취제 없이 행해진다. 이슬람사회에서는 음핵 절개를 공동체의 전통이라고 주장하지만, 해마다 많은 여성들이 과다출혈 등 합병증으로 사망하는 심각한 여성인권침해이다. 최근 음핵 절개 등 이슬람사회의 성차별을 피해 서구사회로 망명하는 여성들이 늘고 있는데, 국제사회는 이를 '정치적 망명'으로 인정하고 있다.

전세계의 많은 여성들이 음핵 절개 관습에 대해 분노하지만, 누가 이 문제를 비판할 수 있는가는 윤리적이면서 정치적인 문제이다. 음핵 절개 시술을 받았다는 것을 공동체의 정당한 성원이 되는 통과의례로 생각하는 여성들이 대다수이며, 이 제도를 지지하는 여성들도 많다. 앞서 말한 대로, 실제로 이 시술은 여성에 의해 이루어진다. 음핵 절개를 시행하는 사회의 '내부' 여성의 목소리가 없을 경우, 누가 이를 문제화할 것인가? 미국이 이라크 침공의 명분을 이라크 여성의 인권을 보장하기 위해서라고 공언하듯이, 종종 인권과 페미니즘은 제3세계 지배를 정당화하는 서구 제국주의의 이데올로기적 수출품이 되기도 한다. 서방세계 미디어에 제3세계의 여성 억압상황이 재현될 때, 여성들은 비서구사회의 야만의 상징처럼 보여지는 경우가 많다.

실제로 이제까지 이슬람사회 여성들이 겪는 여성 할례의 고통에 대한 서구 여성주의자들의 문제제기는, '비서구'사회에 대한 타자화와 제3세계 여성에 대한 피해자화를 벗어나지 못했다. 물론 그렇다고 해서 음핵 절개를 비판해선 안된다는 것은 아니다. 여성주의는 여성들간의 '차이'를 존중하지만, 어떤 차이까지 수용하고 존중해야 하는지에 대해서는 언제나 논쟁적일 수밖에 없다. "폭력이나 고통은 안된다"는 절대적·보편적 인권개념은 앞서 비판한 서구남성중심의 보편적 인권개념과는 분명 다르다. 그러나 다른 사회의 성차별을 비판하는 여성주의 인권운동은 '자매애'만으로는 인종주의 같은 여성에 의한 여성 억압을 설명할 수 없다. 여성의 상황에 대한 '외부자'의 개입이 반드시 틀린 것도 아니지만, 동시에 외부자가 '그들의' 입장을 대변할 수 없음도 분명하기 때문이다.

5. 인권의 시각에서 본 여성에 대한 차별과 폭력

가부장제사회에서 여성에 대한 폭력이나 차별은 인권의 시각에서 정의, 문제화되지 않고 가족주의·민족주의 등 남성공동체의 관점과 이해에 따라 규정되는 경우가 많다. 그동안 한국사회에서는 여성 억압에 반대하는 이유조차 여성인권을 중심으로 논해지지 않아 실질적인 효과를 거두기가 어려웠다. 예를 들어, 여성의 노동권은 생존권으로서 제기되는 것이 아니라 국가 경쟁력 제고를 위한 활용과 동원 차원에서 논의된다 (활용할 필요가 없을 때는 제일 먼저 해고된다). 여아 낙태는 여아의 생명권과 어머니 여성의 건강권을 중심으로 논의되는 것이 아니라, 성비 불균형으로 '남자들이 장가 못 간다'는 것이 더 중요한 문제가 된다. 정신대문제는 피해여성의 인권이 아니라 민족의 수치를 중심으로만 논의된다. "남편의 폭력으로 평화로운 가정이 깨져서 문제"라기보다 "죽음에 가까운 폭력으로도 (남성중심적) 가정이 깨지지 않는," 가정폭력이 근절되지 않는 현실이 문제이다. 하지만 가정폭력에 대한 해결책 역시 피해여성의 공포나 고통의 해결보다는 남성중심적 가족 유지를 더 강조해왔다. 문제의 원인이 대책으로 제시되고 있는 것이다.

무엇이 성폭력인가 하는 성폭력 정의(定義)의 배제와 포함의 원리를 살펴보면, 한국사회의 반(反)성폭력담론은 여성의 인권이 아닌 부계가족 보호라는 남성공동체의 이해(利害)에 더 기능적임을 알 수 있다. 1996년 대법원은 트랜스젠더 여성(male to female)을 남성 세 명이 길거리에서 승용차로 납치하여 집단강간한 사건에 대해, "피해자를 여성이라고 볼 수 없고 생식능력이 없다"는 이유로 가해자에게 제1심과 제2심 판결에 이어 무죄를 판결했다. 이 사건은 성폭력의 정의뿐 아니라 남성중심사회에서 남성의 시각에 부합하는 '진짜' 여성은 누구인가를 묻고 있다. 현행 성폭력특별법, 가정폭력방지법은 여성운동의 성과물이긴 하지만, 여성의 쎅슈얼리티가 여성 자신의 것이라는 인권의 시각보다는 여성 쎅슈얼리티에 대한 가족주의의 규범과 통제의 성격이 더 강하다.

현행 성폭력특별법에서 강간은 남성의 성기가 여성의 성기에 삽입되었을 경우로 한정된다. 성폭력을 피해자의 인권침해가 아니라 '가임 가능한 부녀자 보호'라는 가부장적 시각에서 규정하기 때문이다. 그러므로 군대에서 남성간 성폭력, 성전환자에 대한 강간, 여성 성기에 이물질을 삽입하는 것 등은 강간이 아니라 추행죄가 적용되어 강간보다 낮은 형량이 부과된다. 피해자가 '여성'이든 '남성'이든 성전환자든, 성기 삽입이든, 이물질 삽입이든 피해자의 입장에서 보면 모두 인권침해이고 성폭력이다. 가부장제사회가 '가임 가능한 부녀'만을 '여성'으로 볼 때, 성폭력은 개인의 인권을 침해하는 범죄가 아니라 남성 각자가 소유한 '가임 가능한 부녀'에 대한 침해죄—'사유재산권' 침해—가 된다. 이러한 문화적 규범 때문에 성폭력특별법이 있어도 아내나 성 판매여성에 대한 강간은 처벌하기 어렵다. 자기 아내나 성 판매여성에 대한 성폭력은, 다른 남성의 '가임 가능한 부녀'가 아니므로 남성연대의 가부장제 질서를 위협하지 않기 때문이다.

여성폭력은 언제나 피해여성 개인의 고통보다 그 여성이 속한 집단의 명예와 관련되어 논의되어왔다. 특히 유교 전통과 성의 이중규범(double standard)이 강력하게 작동하는 한국사회에서 여성폭력은 범죄나 인권침해의 문제가 아니라 도덕적인 문제로 인식되는 경향이 강하다. 여성폭력을 명예나 도덕과 관련한 문제로 인식하면, 피해여성은 자신이 속한 집단의 명예를 '더럽힌' 존재로서 피해 사실에 분노하기보다는 수

치심을 느낀다. 그러므로 자신이 당한 폭력을 거론하는 여성은 공동체 내부의 치부를 폭로한 '배신자'로 간주된다. 성폭력 피해를 문제화하는 여성이 가장 많이 듣는 말은 '남자 앞길 망친 여자'라는 비난이다. 폭력 피해여성들도 자신의 고통과 피해를 중심으로 생각하기보다는 가족이나 직장·조직·학교 등 자신이 속한 공동체의 명예를 먼저 걱정하는 경우가 많다. 사회적으로 피해여성의 고통보다 가해남성의 명예가 더 중요하다고 간주되기 때문이다.

이러한 상황 때문에 성차별이 인권문제로 인식되기 위해서는 우리 사회의 기본질서에 대한 근본적인 문제제기가 불가피하다. 국가주의·민족주의·가족주의 등 남성중심의 공동체적 질서가 강한 한국사회에서 여성이 권리를 획득하는 문제는 곧 공동체에 대한 공격으로 해석되기 때문이다. 예를 들어 가정폭력 현상의 사회적 인식은 필연적으로 가족에 대한 국가의 개입과 중재가 요구되는데, 이것은 가부장제사회에서 남성(남편)을 통해서만 사회적 지위와 정체성을 획득해왔던 여성이 국가·사회와 직접 협상하는 주체, 사회적 시민으로 나서게 됨을 의미한다. 하지만 이러한 변화에 대한 사회적 저항이 너무나 크기 때문에 이제까지 여성운동 진영조차 가족·아동 중심의 관점에서 가정폭력을 논의해왔다.

6. 성매매 근절은 장애남성 인권침해인가?—보편성의 재구성을 위하여

한 사회에서 인권개념이 확장되는 원인, 과정, 영역은 동일하지 않다. 인권문제가 발생하는 이유 자체가 사회구성원들의 서로 다른 이해 때문이다. 성별·인종·계급 등의 차별로 인해 각 개인의 삶의 조건이 다르므로, 개별적인 인간들의 권리는 상충되고 갈등한다. 현실에서 이러한 예는 매우 흔하다. 비장애인 여성과 장애인 남성, 이성애자 여성과 동성애자 남성, 한국여성과 남성 이주노동자의 '보편적 인권'이 충돌하는 경우, 각각의 인권은 어떻게 보장될 수 있을까. 비슷한 처지의 여성과 남성의 갈등에는 젠더라는 비교적 단일한 요소가 작용하지만, 비장애인 여성과 장애인 남성의 대립에는 젠더 혹은 장애문제라는 복합적인 요소가 작용하므로 한 가지 인식만으로 해결하기는 어려울 것이다.

최근 우리 사회에서 성매매방지법 시행을 전후하여 제기된 논란은 여성인권과 남성 집단 내부의 타자인 장애남성, 남성 이주노동자 인권과의 관계를 보여주는 매우 좋은 예이다. 성매매방지법이 장애남성이나 남성 이주노동자의 '성을 살 권리'를 침해한다고 주장하는 여론이 비등하다. 그렇다면 여성의 몸을 사는 것은 '인간으로서의 권리'인가, 아니면 '남성으로서의 권력'인가? 성매매를 반대하는 여성운동은 장애남성의 성을 살 권리를 탄압하는가? 비장애인중심의 여성운동과 남성중심의 장애운동은 대립할 수밖에 없는가? 최근 불가피한 글로벌 경제현상처럼 논의되고 있는 남성 이주노동자의 매춘(買春)할 권리가 인권인가? 한국의 성판매여성이 이주노동자 손님을 거부하는 것은 "외국인 노동자의 인권을 멍들게 하는 일"인가? 등을 질문해볼 수 있다.

성매매에 반대하는 여성들의 입장을 '(비장애)여성 이기주의' '장애인 차별' '비장애인중심주의'의 일환으로 보는 일부 남성장애 인권운동가의 전제는, 모든 인간에게는 같은 인권이 있으므로 장애남성도 비장애남성처럼 매춘할 권리가 있다는 것이다. 그러나 이러한 주장은 다음의 세 가지 측면에서 '보편적 인권'에 위배된다. 첫째, 사회가 장애여성의 성적 권리에 대해서는 무관심하다는 점에서, 장애여성의 남성의 성을 살 권리를 주장하는 사람은 없다는 점에서, 이 입장을 남성과 여성을 모두 포함하는 보편적인 장애인권론이라고 말할 수 없다. 또한 인신매매되어 감금 성매매를 강요당하는 장애여성이 있다는 점에서, 장애남성들의 이러한 주장은 같은 장애여성을 억압하는 것이기도 하다.

둘째, 이러한 주장은 인간의 성활동(여기서는 성매매), 쎅슈얼리티가 사회적으로 구성되는 것이 아니라 본질적이고 생물학적인 것이라고 가정하고 있다. 만일 장애인을 위한 사회복지시설을 확충한다면, 교육·문화·의료·직업훈련 등의 시설이 우선적으로 필요할까, 성매매시설이 우선적으로 필요할까? 이에 대한 대답은 한 사회가 지향하는 가치에 의한 판단과 선택에 따라 달라질 것이다. 다시 말해, 여성의 성을 사는 것이 본능이기 때문에 장애남성의 인권을 위해 성매매 시설이 당연히 필요한 것이 아니라, 사회적 선택에 따라 성매매시설의 필요 여부가 결정된다는 것이다. 사랑이든 성폭력이든 성매매든, 성과 사랑에 관한 인간의 실천은 특정한 제도와 규범에 의해 형성된 것이지, 자연발생적인 것이 아니다. 성매매는 불가피한 것이 아니라 개개인이 선택하지 않으면 사라질 수도 있는 사회적 관행일 뿐이다.

셋째, 위와 같은 일부 장애남성들의 주장은, 비장애남성과의 차별을 비판하기보다는 비장애남성의 '남성다움' '정상성'을 욕망하는 것이다. 이제까지 비장애인 남성이 누려왔던 권력이자 잘못인 성폭력·성매매를 장애남성도 똑같이 하는 것이, 장애남성과 비장애남성의 '평등'인가? 이런 식의 논리대로라면, 양성평등은 여성도 남성이 저질러왔던 살인과 전쟁, 고문, 폭력을 똑같이 하겠다는 것이고, 장애여성과 비장애여성의 평등은 장애여성도 비장애 여성처럼 남성의 성적 대상이 되자는 주장이 될 것이다.

비장애인 남성 성기중심적인 쎅슈얼리티가 인간의 쎅슈얼리티를 대변하는 가부장제사회에서 여성이나 장애인들은 기존의 성을 실천할 몸이 없는 성적 타자들이다. 때문에 이들은 성적 주체가 아니라 남성을 위한 성적 대상이거나 무성적(asexual) 존재로 간주되어왔다. 장애여성, 비장애여성, 장애남성은 비장애남성 쎅슈얼리티의 '공동의 피해자'라고 할

수 있다. 섹슈얼리티와 관련한 인권개념의 재구성은 이제까지 지배규범
이었던 비장애남성 섹슈얼리티를 "우리도 똑같이 하자"가 아니라 성적
타자들이 연대하여 대안적인 성문화를 생산할 때 가능하다. 즉 남성의
'성을 살 권리'를 비판하지 않는 상태에서는, 비장애인 여성의 인권과 장
애인 남성의 인권의 충돌이 불가피할 것이다. 대안적 인권개념을 고민하
기 위해서는 기존 인권개념의 확대 적용에 그쳐서는 안되며, '무엇이 인
간의 권리인가'에 대한 새로운 물음이 필요하다. 이제까지와는 다른 차
원의 정치적 상상과 언어가 요구되는 것이다.

위의 경우처럼 여성인권이 다른 사회적 약자의 인권주장과 충돌하는
경우뿐만 아니라, 여성이 남성과 같음을 주장할 때도 남성중심적 인권개
념의 수정이 필요하다. 여성이 남성과 같음을 주장하는 것만으로는 여성
의 인권도 남성의 인권도 모두 제대로 보장되기 어렵다는 것이다. 여성
운동의 '성적 자기결정권'(self-determination) 주장을 예로 들어 생각해
보자. 그간 한국의 반(反)성폭력 여성운동은, 성폭력이 정조(순결)의 문
제가 아니라 여성의 성적 자기결정권을 침해하는 문제라고 주장해왔다.
성적 자기결정권은 여성의 성이 가족이나 국가 등 남성공동체가 아니라
여성 자신에게 속해 있다는 주장으로, 한국사회에서 성폭력특별법 제정
운동의 핵심적인 이론적 기반이었다. 하지만 성적 자기결정권 개념은, 몸
/정신 이분법과 개인의 개념을 전제하는 자유주의철학에 기반한 논리이
다. 이 개념은 여성도 남성처럼 몸(body)이 아니라 정신(mind)의 담지자
라고 보며, 여성을 남성처럼 개인의 위치로 승격해달라고 요구한다.

그러나 성적 자기결정권은 성폭력이 사적인 문제가 아니라 성별제도,
젠더라는 사회적 구조에서 발생하는 범죄라는 여성주의의 주장과 모순
된다. 여성이 성적인 권리를 스스로 결정, 선택해야 한다는 논리를 따른
다면 성폭력 피해의 책임 역시 여성이 지게 된다. 이때 성폭력은 (본래부
터) 성적 자기결정권을 가진 남성과 (투쟁으로 획득한) 성적 자기결정권

을 가진 여성, 두 사람 사이에서 발생한 개인적인 문제가 된다. 그래서 그간 반(反)성폭력 여성운동은 지향으로서 여성의 성적 자기결정권을 주장하면서도, 동시에 여성은 성적 자기결정권을 제대로 행사하지 못하도록 교육받았다고 주장해야 했다.

또한 기본적으로 성적 자기결정권은 비장애 성인여성을 기준으로 한 논리로, 장애여성이나 여자어린이, 여성노인에게는 적용하기 어렵다. 비장애 성인여성 중심의 시각에서 보면, 장애여성, 여자어린이, 여성노인 등 여성 내부의 타자들은 성적 자기결정을 하기 힘든 존재이다. 그리고 장애여성의 성적 자기결정의 의미와 내용이 비장애여성의 그것과 같다고 할 수도 없다. 특히 성적 자기결정권이 자유주의적으로 해석될 때, '10대 원조교제(청소년 성매수)' '자발적 성판매' '낙태'는 사회적 문제가 아니라 여성 개인이 마음대로 자기 몸에 대한 권리를 행사한 결과로 이해되기 쉽다.

그러나 인간이 원하는 것은 개인의 고유한 의지로만 형성되지 않으며, 몸은 단순히 그 몸을 '소유한' 개인의 판단 대상이 아니다. 여성의 자기결정은 여성의 정신에 의해 투명하게 구성되거나, 약자인 여성의 결정이기에 그 자체로 올바른 것이 아니다. 성적 자기결정론은, 개인의 자기 몸에 대한 결정 내용이 사회 혹은 상대방과의 상호작용과 사회적 맥락 안에서 형성된다는 사실을 은폐하는 추상적·현실초월적인(disembodiment) 논리이다.

"내 몸은 나의 것"이 아니라 내 몸이 바로 나다. 성적 자기결정권을 주창한 급진주의 페미니즘은 성폭력이 사적인 피해라는 자유주의이론에 대한 비판에서 출발했지만, 몸을 주체의 소유물, 주체의 재산으로 간주하는 근대 자유주의철학의 연장선상에 있었다. 몸을 주체의 소유물로 보는 관점에서는 몸은 마음이 아닌 어떤 것, 즉 영혼·이성·마음의 배반이자 감옥으로 간주된다. 이러한 논리에서 몸은 존재를 담아두는 보관장소에 불과하게 된다. 페미니즘 역시 사회·정치·문화 전반에 걸쳐 남성이 가정한 몸과 정신의 이분법을 무비판적으로 수용해온 것이다. 즉 성적 자기결정권 주장은 근대 자유주의의 남성논리를 비판하기보다 기존의 논리에 여성도 포함시켜줄 것을 요구한 것이고, 이는 여성의 삶에 기반한 언어가 아니기 때문에 제한적일 수밖에 없다. 성적 자기결정권은 순결 이데올로기에 대한 저항으로서 정치적 의미가 있는 것이지, 여성주의의 최종 목표라고는 할 수 없다.

여성주의 인권은 여성에게도 남성과 같은 근대적 개인, 근대적 주체의 권리를 보장하라는 주장과 동시에, 기존 인권개념의 기준 자체에 도전한다. 양성평등이 누구 중심의 평등인가는 언제나 논쟁거리이다. 정의(justice)로서의 평등한 인권은 같음(same)이라기보다는 공정함(fairness)을 추구하는 것이다. 양성평등(gender equality)한 인권은, 여성이 남성과 같아지는 것만을 의미하지 않는다. 이제까지 양성평등은 남성이 여성과 같아지는 것이 아니라 여성이 남성과 같아지는 것을 의미했다. 여성은 '공적 영역'으로 진출했지만, 남성은 그만큼 '사적 영역'으로 진출하지 않았다. 결국 이러한 남성중심의 같음을 의미하는 '양성평등' 이념은 여성들에게 임금노동과 가사노동의 두 영역에서 이중노동을 강요하는 결과를 초래했다. 남성들은 '양성평등'을 위해 여성과 같아지려고 노력하지 않는다. "집에 가서 애나 봐라"라는 말에서 알 수 있듯이, 가사노동, 자녀 양육 등 주로 여성이 해왔던 재생산 노동은 경시되고 비하되며, 더욱이 우리 사회에서 남성이 이런 '여성적인 노동'을 하는 것은 수치와 무능력으로 여겨진다. 현재 인권개념에도 보살핌과 돌봄, 배려의 가치 같은 '여성적 경험'은 포함되어 있지 않다.

같음의 기준이 남성의 경험에 기반한 것일 때, 여성은 남성과 같음을 주장해도 차별받고 다름을 주장해도 차별받게 된다. 이것이 소위 '차이와 평등의 딜레마'이다. 예를 들어, 여성이 남성과의 차이를 주장하면 남성사회는 그것을 차별의 근거로 삼고, 같음을 주장하면 사회적 조건의 다름은 무시한 채 남성의 기준을 따르라고 요구한다. 양성평등을 "여자도 군대 가라" "숙직해라"로 이해하는 것이다. 그러나 공정함의 시각에서 평등은 기회의 평등에만 머물지 않고, 조건의 평등, 더 나아가 결과의 평등을 지향한다. 남성과 여성의 화장실이 5:5의 비율로 있는 것은 기회의 평등이지만, 남성과 여성의 서로 다른 사회적·역사적 상황을 고려하면, 기회의 평등은 평등이라고 할 수 없다. 임신, 생리, 의상구조가 남성과 다르고 유아를 동반하는 경우가 많기 때문에, 여성의 화장실 사용 시간은 남성의 두 배가 넘는다. 그러므로 이런 경우에는 5:8 정도의 비율로 여성 화장실을 넓게, 많이 만드는 것이 실질적이고 공정한 평등정책이다.

이같은 인권·평등개념의 재구성은 성별문제에 국한되지 않는다. 휠체어를 사용하는 장애인과 두 발로 걷는 비장애인을 동일한 조건에서 달리기 경쟁을 하라는 것은 평등이 아니다. 그러나 아직까지도 우리 사회에서 '평등'은, 장애인이 장애를 '극복'하고 비장애인과 같아지는 것을 의미한다. 이것은 사회적 강자의 기준을 강요하는 것이지, 평등이라고 볼 수 없다. 인권운동은 사회적 약자에게 인권개념을 확대 적용하는 것을 넘어 기존의 인권개념을 문제시, 재구성하는 것까지 포함하는 '인권의 운동'과정이기도 하다. 인권운동은 인권개념의 운동을 낳고 동시에 새로운 개념은 인권운동을 발전시킨다.

* 이 글은 필자의 책 『페미니즘의 도전 — 한국사회 일상의 성 정치학』(교양인 2005)에 실린 글을 약간 수정·보완한 것이다.

■ 참고문헌

가야트리 스피박『다른 세상에서——문화정치학 에세이』, 태혜숙 옮김, 여
　이연 2003.

김동춘『근대의 그늘——한국의 근대성과 민족주의』, 당대 2000.

김엘림·윤덕경·박현미「성폭력특별법 제정 이후 성폭력 범죄에 관한 판례
　연구」, 대통령직속여성특별위원회, 1999.

김은실「인권, 문화, 여성——여성인권을 논하기 위한 문화비판 시론」,『철
　학과 현실』 44호, 철학문화연구소 2000.

_____『여성의 몸, 몸의 문화정치학』, 또하나의문화 2001.

김은정「정상성에 도전하는 여성들——한국장애여성운동사」, 한국여성의전
　화연합 엮음『한국여성인권운동사』, 한울 1999.

김형수「나는 '나쁜' 장애인이고 싶다」,『당대비평』 14호, 삼인 2001.

마리아 미스·반다나 시바『에코 페미니즘』, 손덕수·이난하 옮김, 창작과비
　평사 1993.

문성원「개인적 인권과 집단적 인권—자유주의 인권개념의 한계를 넘어
　서」, 성공회대학교 인권평화연구소 엮음『동아시아 인권의 새로운 탐색』,
　삼인 2002.

신혜수「여성관련 국제인권협약과 여성운동」, 한국여성의전화연합 엮음,
　앞의 책.

심영희「일상생활과 권력」,『사회비평』 12호, 사회비평사 1994.

정유진「'민족'의 이름으로 순결해진 딸들?——주한미군범죄와 여성」,『당대
　비평』 11호, 삼인 2000.

정희진『페미니즘의 도전——한국사회 일상의 성정치학』, 교양인 2005.

_____ 엮음『성폭력을 다시 쓴다——객관성, 여성운동, 인권』, 한울 2003.

_____『저는 오늘 꽃을 받았어요 ——가정폭력과 여성인권』, 또하나의문화

조주현 『여성 정체성의 정치학』, 또하나의 문화 2000.

캐럴 페이트만 · 메어리 린든 쉐어리 『페미니즘 정치사상사』, 이남석 · 이현
애 옮김, 이후 2004.

커스틴 셀라스 『인권, 그 위선의 역사』, 오승훈 옮김, 은행나무 2003.

하이디 하트만 「성, 계급, 정치투쟁의 장으로서의 가족」, 이효재 엮음 『가족
연구의 관점과 쟁점』, 까치 1988.

한채윤 「어느 비이성애자, 이성애를 묻다」, 『당대비평』 22호, 생각의나무
2003.

Jaggar, Alison, "Globalizing Feminist Ethics," *Hypatia* vol.13, no.3, 1998.

Mohanty, Chandra, "Under Western Eyes: Feminist Scholarship and
Colonial Discourses," *Feminist Review* No. 30, 1998.

Ouljic, Maria B., "Embodiment of Terror: Gendered Violence in Peacetime
and Wartime in Croatia and Bosnia-Herzegovina," *Medical Anthropology*
vol.12, no. 1, 1998.

■ 추천도서

김은실 『여성의 몸, 몸의 문화정치학』, 또하나의 문화 2001.

또하나의문화 『여성의 일 찾기, 세상 바꾸기』 제15호, 또하나의문화 1999.

알리 러셀 혹실드 『돈 잘 버는 여자 밥 잘 하는 남자──맞벌이 부부의 가사
분담 이야기』, 백영미 옮김, 아침이슬 2001.

일레인 김 · 최정무 엮음 『위험한 여성──젠더와 한국의 민족주의』, 박은미
옮김, 삼인 2001.

정희진 『페미니즘의 도전──한국사회 일상의 성정치학』, 교양인 2005.

_____ 『저는 오늘 꽃을 받았어요 ──가정폭력과 여성인권』, 또하나의문화

2001.

_____ 엮음 『성폭력을 다시 쓴다 — 객관성, 여성운동, 인권』, 한울 2003.

캐롤 타브리스 『여성과 남성이 다르지도 똑같지도 않은 이유』, 히스테리아

    옮김, 또하나의문화 1999.

캐슬린 배리 『섹슈얼리티의 매춘화』, 정금나·김은정 옮김, 삼인 2002.

한국여성의전화연합 엮음 『한국여성인권운동사』, 한울 1999.

생각해볼 문제

1. "성폭력 가해자를 처벌하라"는 요구는 성폭력 가해자의 인권을 침해하는가?
2. 여성주의가 인권이론에 기여한 부분은 무엇인가?
3. 여성인권침해 사례로 어떤 것이 있는가? 이때 도움이 될 만한 여성인권운동단체에는 어떤 것이 있는가?
4. 어떤 상황에서 여성인권과 여성의 성역할이 충돌하는가? 그리고 이에 대한 해결책은 무엇인가?

노동하는 인간의 권리

신원철

1. 노동자 권리에 대한 새로운 시각

노동자의 권리에 대하여 인권이라는 시각에서 접근함으로써 전통적인 노동기본권의 개념이 확장될 수 있다. 인간의 존엄성에 대한 믿음에서 인권의 보편성이 도출된다고 할 때 모든 노동자에게도 인권이 보장되어야 함은 당연하다. '시민'이 사용자와 고용계약관계를 맺고 피고용자가 되었다고 해서 그의 인권을 제약받아야 할 이유는 없다. 자유시장경제하에서 사용자는 노동자의 생활 전반에 상당한 영향력을 행사할 수 있는 지위에 있으며, 그가 고용한 개인의 권리를 침해할 가능성이 있다. 따라서 모든 노동자들은 사용자의 자의적 통제로부터 최소한의 보호를 받지 않으면 안된다. 이는 인권이 사적인 영역으로 확대되어야 한다는 점, 즉 인권침해의 원천이 국가인가 혹은 사용자인가에 관계없이 인권은 수호되어야 함을 뜻한다(Gross 2003; Spieler 2003).

제1차세계대전 이후 베르사이유 조약에 의하여 국제노동기구(ILO)가 설립되었을 때 이 기구의 헌장에는 '인권'이라는 단어가 사용되지 않았으며, '사회정의'가 목표로 제시되었다. 제2차세계대전 이후 ILO가 유엔의 특별기구가 되고, 또 인권이 주요한 의제로 부각되자 ILO는 인권 및 사회정의라는 개념과 노동자 권리의 관계를 강조하게 되었다. 하지만 그후에도 노동자의 권리라는 개념은 사실상 인권이라는 좀더 광범위한 영역에서 배제되었고, 또 인권이라는 개념은 노동자의 권리를 비롯한 사회적 권리를 배제하는 방식으로 사용되는 경향이 있었다(Leary 1996, 39면).

한국의 경우 군사독재정권은 민주화운동과 노동운동을 탄압했고, 국민의 기본인권을 심각하게 침해했다. 특히 노동운동에 대한 탄압과정에서 노동조합 간부의 불법 구금과 폭행, 해고가 상습적으로 이루어져 기본인권이 유린되는 사태가 빈번했다. 이러한 상황에서 자연스럽게 노동기본권도 인권문제로 접근되었는데, 여기에는 여러 인권사회운동 단체의 역할이 컸다. 1987년 이후 민주화과정과 노동운동의 성장과정에서 전통적인 노동기본권이 부분적으로 확대되었다. 하지만 1990년대 이후의 이른바 지구화(globalization)과정에서 신자유주의 정책이 확산되고, 노동조합의 규제에 대한 비판이 고조되면서 전통적인 노동3권의 사회적 기능이 축소되어왔다(송호근 2002). 국내에서는 2001년 국가인권위원회가 만들어진 이후 노동자들의 권리에 대해서도 인권이라는 범주하에 접근하는 경우가 늘어나고 있다. 이는 보편적 인권을 지닌 시민으로서의 노동자라는 시각에서 전통적인 노동기본권을 인권이라는 개념으로 재구성하고 확장하려는 시도로 해석할 수 있다.

노동하는 인간의 권리, 즉 노동인권은 크게 두 가지 영역으로 구분해볼 수 있다. 첫째는 사용자와 노동자의 고용계약관계에 고유한 문제영역으로서 단결권·단체교섭권·단체행동권 등의 영역이다. 단결권과 단체교섭권은 '근로자 단체에 개별적인 계약을 넘어서는 단체협약을 체결할 수 있는 권한을 부여함으로써 개인이 고용계약을 협상할 때 근로자 개인대 사용자 간에 존재하는 불공평한 교섭권을 극복하기 위한 한 가지 방법'이라고 할 수 있다(ILO 2002, 40면). 노동자들이 단결을 통해 비로소 고용주와 대등한 지위에서 계약을 체결할 수 있다는 점에서 단결권 자체가 인권으로 간주된다. 공장과 사무실 내에서 많은 노동자들이 고용주 앞에서 권리를 지닌 성인이 아니라 고용주와 상사의 의지에 완전히 종속된 하인이나 무기력한 어린애 같은 상태에 놓이기도 한다. 그러한 의미에서 노동자들에게 단결권을 보장하는 것은 '인권과는 양립할 수 없는 고용주와 노동자의 노예적 종속관계'에 반대하는 도덕적 선택이기도 했다(Gross 2003, 2면).

둘째로 신체의 자유나 안전의 권리, 차별받지 않고 평등하게 대우받을 권리, 사생활의 권리 등 시민적 자유와 권리 즉, 기본인권이 고용관계 내에서 특별히 침해되는 경우, 이를 노동인권의 측면에서 접근할 수 있다. 예를 들어 노동자가 고용주에 의해서 폭행이나 협박의 위협에 노출되는 경우, 또 여성·이주노동자 등 사회적 소수자가 차별적인 고용조건을 강요당하는 경우, 노동자 개인의 사생활이 사용자에 의해 감시당하는 경우, 이를 기본인권에 대한 침해라는 관점에서 접근할 수 있다. 즉 피고용자라는 특별히 불리한 지위와 관련하여 기본인권에 대한 침해가 발생할 경우 이를 노동인권의 범주에 포함시켜 다룰 수 있다.

2. 노동인권에 관한 법규

(1) 세계인권선언과 '사회권규약'

1948년 12월 12일 유엔총회에서는 유엔인권위원회가 만든 '세계인권선언'(Universal Declaration of Human Rights)을 채택했다. '세계인권선언' 제23조는 노동의 권리와 동일노동 동일임금의 권리, 노동조합을 결성할 권리 등을 규정하고 있다. 세계인권선언을 단순한 '선언'에 그치지 않도록 하고 이에 대한 법적 구속력과 제도적 장치를 마련하기 위해 1966년 '시민적 및 정치적 권리에 관한 국제규약'(이하 '자유권규약'), '경제적·사회적 및 문화적 권리에 관한 국제규약'(이하 '사회권규약')을 각각 채택했다. 우리나라는 1990년에 위 규약을 비준하여 그 적용을 받고 있다.

'자유권규약' 제22조도 노동조합을 결성할 수 있는 권리에 대하여 규정하고 있으나, 노동인권과 관련해서는 '사회권규약'에 더 자세히 규정되어 있다. '사회권규약' 제6조에서는 '노동에 의해 생계를 영위할 권리를 포함하는 노동의 권리'를 명시하고, 제7조에서는 '공정한 임금과 어떠한 종류의 차별도 없는 동등한 가치의 노동에 대한 동등한 임금' '안전하고 건강한 노동조건' '연공서열 및 능력 이외의 다른 고려에 의하지 아니하고, 직장에서 적절한 상위직으로 승진할 수 있는 동등한 기회'를 모든 사람이 향유할 권리가 있음을 규정했다. 제8조에서는 '노동조합을 결성하고, 그가 선택한 노동조합에 가입할 수 있는 권리'를 보장하고 있다.

현재 유엔경제사회이사회 내에 전문가위원회로서 '사회권위원회'가 구성되어 있고, 규약 당사국은 '사회권위원회'에 '규약에서 인정된 권리의 준수를 실현하기 위해 취한 조치와 성취된 진전 사항에 관한 보고서'를 제출할 의무가 있다. 우리나라도 1994년과 1999년 두 차례에 걸쳐 정부보고서를 제출했고, 이에 대하여 '사회권위원회'는 비정규직 노동자들의 지위개선 필요성 등에 관하여 권고한 바 있다(인권운동사랑방사회권규약해설서팀 2003).

(2) 국제노동기구와 기본협약

국제노동기구의 협약은 2004년 5월 기준으로 모두 185개가 채택되었으나 우리나라는 그 가운데 20개 협약에 가입했으며, 기본협약 가운데 결사의 자유 및 강제근로 분야의 4개 협약을 아직 비준하지 못하고 있다.[1] 특히 단결권에 관한 ILO의 기본협약으로는 '결사의 자유 및 단결권 보호에 관한 협약'(제87호)과 '단결권 및 단체교섭에 대한 원칙의 적용에 관한 협약'(제98호)이 있다. 이 제87호와 제98호 협약은 각각 142개국과 154개국이 가입하여 사실상 국제사회에서 승인된 국제규범의 지위를 갖고 있는데도 우리나라는 아직 가입하지 않고 있다(국가인권위원회 인권백서 발간위원회 2004, 55~56면, 이하 인권백서위; 조용만 외 2003, 2면).

'결사의 자유'와 관련해서는 결사의 자유위원회(CFA, Committee on Freedom of Association)라는 특별감독기관이 ILO에 설치되어 있으며, 이 위원회는 결사의 자유원칙을 위반한 진정 사건을 심의하고 관계 당사국에 대하여 권고할 수 있다. ILO는 1992년부터 2002년까지 우리나라의 노사관계와 관련하여 11차례에 걸쳐 권고한 바 있다. 권고의 주요 내용으로는 ①공무원의 단결권 보장 ②기업단위 복수노조의 합법화 ③노조 전임자 급여지급 금지규정 삭제 ④필수공익사업의 범위 축소 ⑤제3자 지원신고 및 처벌규정의 삭제 ⑥해고(실직)근로자의 조합원 자격인정 및 조합임원 자격제한 규정의 삭제 ⑦쟁의행위에 대한 형법상 업무방해죄 적용의 시정 등이 포함되었다(조용만 외 2003, 제1장).

(3) 노동인권에 관한 국내 법규

현행 헌법상 노동인권과 관련된 기본 규정으로는 제10조 "인간의 존

---

[1] 1998년 ILO 선언(1998 ILO Declaration on Fundamental Principles and Rights at Work)은 ILO 회원국 모두는 협약의 비준 여부에 관계없이 ILO 헌장이 정한 기본적인 권리에 관한 원칙을 존중하고 홍보하며 실현해야 할 책임을 진다고 규정했다. 그 원칙이란 결사의 자유, 단체교섭권의 실효적 승인(제87호, 제98호 협약), 모든 형태의 강제 또는 강요에 의한 노동의 폐지(제105호 협약), 아동노동의 완전 폐지(제138호, 제182호 협약), 고용 및 직업에 관한 차별폐지(제100호, 제111호 협약) 등을 의미한다(ILO 2002, 1~2면).

엄과 가치", 그리고 제11조 "평등"에 관한 규정이 있고, 노동기본권과 직접 관련된 조항으로는 제32조와 제33조가 있다. 제32조는 모든 국민은 근로의 권리를 가지며, 국가는 고용증진과 적정임금 보장을 위해 노력해야 한다고 규정하고 있다. 또 근로조건의 기준은 인간의 존엄성을 보장하도록 법률로 정하며, 여성의 근로에 대해서 부당한 차별을 하지 못하도록 규정하고 있다. 제33조에서는 근로자는 근로조건의 향상을 위하여 단결권·단체교섭권 및 단체행동권을 가진다는 것을 명시하고 있다.

노동3권의 보장과 관련된 법률로는 '노동조합및노동관계조정법' '교원의노동조합설립및운영등에관한법률'이 있다. '강제 또는 강요에 의한 노동의 폐지' '아동노동의 완전 폐지'와 '고용 및 직업에 관한 차별폐지'와 관련된 법률로는 '근로기준법'이 있다. 특별히 남녀차별을 금지하는 법률로는 '남녀고용평등법'과 '남녀차별금지및구제에관한법률'이 있다. 이 밖에도 실업시 생활보장에 관한 '고용보험법', 산업재해시 치료와 보상에 관한 '산업재해보상보험법', 근로자에게 지급해야 하는 임금의 최저수준을 법으로 정하는 '최저임금법' 등도 노동인권과 관련된 중요한 법률들이다.

3. 노동인권의 내용

(1) 강제근로의 금지

'강제근로에 관한 협약'(제29호)과 '강제근로 폐지에 관한 협약'(제105호)이 강제근로를 금지하고 근절할 목적을 지닌 ILO의 기본협약이다. 우리나라는 제29호와 제105호 협약을 아직 비준하지 않고 있다. 우리나라 현행 근로기준법 제6조에서는 "사용자는 폭행, 협박, 감금 기타 정신상 또는 신체상의 자유를 부당하게 구속하는 수단으로써 근로자의 자유의사에 반하는 근로를 강요하지 못한다"고 규정하고 있다.

강제근로 및 이와 관련된 착취 유형으로는 '사용자에게 진 빚을 갚기 위해서 일하도록 강요당하는 처지에 있는 노동자' '불법적인 인신매매' '이주노동자에 대한 착취' '성인과 아동에 대한 상업적인 성적 착취' 등이 있다. 강제근로는 먼저, 고용주가 음식·숙소 등 명목으로 돈을 빌려주거나 기타 목적으로 선금을 지불하고, 근로자가 이러한 부채를 노동을 통해서 갚지 않으면 안되는 경제적 종속상태에서 발생할 수 있다. '불법적인 인신매매'는 부채로 인한 강제근로와 결부되어 나타나는 경우가 흔하며, 이주노동자는 그 법률적 지위가 취약하여 강제근로의 대상이 되는 경우가 있다. 또 매매춘이나 포르노그래피 제작 등의 경우 불법적인 인신매매나 신체적·심리적 학대가 이루어지는 경우가 많다.

한국에서 일하는 이주노동자에 대해서도 사업주의 폭언·폭행, 감금이 이루어진 사례가 다수 보고되어 사회문제로 제기되기도 했다(외국인이주노동자백서 2001). 한편 일본제국주의 통치하에서 태평양전쟁 시기에 발생한 조선인 군위안부 및 강제징용 문제가 ILO 전문가위원회에서 다루어져 일본정부의 적절한 조치를 권고하는 보고서가 채택되어 1999년에 발간되기도 했다(정진성 2001).

(2) 평등권

현실의 고용관계 내에는 다양한 차별이 존재한다. 평등권의 개념은 바로 이러한 고용조건 및 직업상의 차별을 문제삼는다. ILO 헌장에 부속된 필라델피아 선언은 평등의 중요성을 다음과 같이 강조하고 있다. "모든 인간은 인종, 신조, 성별에 관계없이 자유와 존엄, 경제적 안정, 평등한 기회가 부여된 가운데 물질적인 복지와 정신적인 발전을 추구할 권리가 있다." 차별철폐와 평등보장에 관한 ILO 협약 가운데 가장 중요한 것은 '동일가치노동에 대한 남녀 근로자의 동일보수에 관한 협약'(ILO 협약 제100호)과 '고용과 직업상의 차별에 관한 협약'(ILO 협약 제111호)이다. 위 ILO 협약은 '인종' '피부색' '성별' '종교' '정치적인 견해' '출생 국가' 및 '사회적인 신분' 등을 이유로 고용 및 직업상의 차별을 받아서는 안된다는 것을 밝히고 있다. 최근에는 '이주노동자' '나이' '결혼' '가정형편 및 가족부양' '장애' 등을 이유로 한 차별도 쟁점이 되고 있다. 차별금지 원칙은 채용, 훈련, 승진, 고용유지(혹은 해고), 고용조건 결정 등 고용관계의 모든 영역에서 존중되어야 한다(ILO 2002, 135~55면).

현행 근로기준법 제5조는 "사용자는 근로자에 대하여 남녀의 차별적 대우를 하지 못하며, 국적, 신앙 또는 사회적 신분을 이유로 근로조건에 대한 차별적 처우를 하지 못한다"고 규정하고 있다. 하지만 현실적으로는 여성차별, 비정규직 노동자차별, 이주노동자차별이 심각한 문제로 제기되어 있다.

남녀평등이념에 따라 고용, 교육, 재화·시설·용역 등의 제공 및 이용, 법과 정책의 집행에 있어서 남녀차별을 금지하기 위한 법률로 '남녀차별금지및구제에 관한 법률'(일부개정 2003. 5. 29)이 제정되어 있다. 이 법 제1조에서는 남녀차별에 대하여 '정치적·경제적·사회적·문화적 생활의 모든 영역에서 인간으로서의 기본적 자유를 인식·향유하거나 권리를 행사함에 있어서 합리적인 이유 없이 성별을 이유로 행하여지는 모든 구별·배제 또는 제한을 말한다'고 정의한다. 또 이 법은 남녀차별개선을 위하여 여성부장관 소속하에 남녀차별개선위원회를 설치하도록 규정하고 있다. 특히 고용 분야의 남녀차별을 개선하기 위하여 '남녀고용평등법'(2001. 8. 14. 전문개정)이 제정되어 있다. 이 법 제2조 1항은 고용분야의 남녀차별에 대해서 다음과 같이 규정하고 있다. "이 법에서 '차별'이라

함은 사업주가 근로자에게 성별, 혼인 또는 가족상의 지위, 임신, 출산 등의 사유로 합리적인 이유 없이 채용 또는 근로의 조건을 달리하거나 그밖의 불이익한 조치를 위하는 경우를 말한다. 사업주가 채용 또는 근로의 조건은 동일하게 적용하더라도 그 조건을 충족시킬 수 있는 남성 또는 여성이 다른 한 성에 비하여 현저히 적고 그로 인하여 특정 성에게 불리한 결과를 초래하며 그 기준이 정당한 것임을 입증할 수 없는 경우에도 이를 차별로 본다." '남녀고용평등법'에서는 모집과 채용, 임금과 복리후생, 교육·배치 및 승진, 그리고 정년·퇴직 및 해고 등 고용의 모든 분야에 걸쳐서 남녀차별을 금지한다.

1997년 말 외환위기 이후 비정규직 고용이 급증함에 따라, 고용형태에 따른 정규직과 비정규직의 차별이 중요한 사회적 쟁점이 되었다. 통계청의 경제활동인구조사에 의하면 전체 임금근로자 중 임시·일용직의 비중은 1997년 45.7%에서 2000년 52.1%로 증가했고, 2003년 12월 기준으로는 49.3%로 713만명에 이른다(노동부 2004, 274면). 또 최근에는 사내하청고용 및 파견근로 등 간접고용형태의 비정규직 노동자들에 대한 차별이 쟁점이 되고 있다. 이들 비정규직 노동자들은 임금 등 근로조건의 차별과 고용 불안정을 경험할 뿐 아니라, 노동조합 결성 등 노동기본권을 사실상 박탈당하고 있다. 정규직 노동자의 노조가입률은 22.7%이나 비정규직 노동자의 노조가입률은 2.4%에 불과한 것으로 나타났다(인권백서위 2004, 125면). 또 청소년 노동자의 경우 '학생인 청소년' '노동하지 않는 청소년'을 정상적인 범주로 생각하는 사회통념이 강하여, 아르바이트 등 비정규직 노동을 수행하면서 임금체불 등 다양한 피해를 경험하게 된다.

유엔의 '경제적·사회적·문화적 권리위원회'에서는 한국에서 비정규직 노동자들이 정규직 노동자와 동일한 업무를 수행함에도 불구하고 임금, 연금혜택, 실업, 의료혜택, 직업 안정성 등에서 차별 대우를 받고 비정규직 노동자 비율이 50%에 가까우며 그 대부분이 여성임을 우려하면서 "한국정부가 비정규직 노동자의 지위를 재고하고 규약하의 권리들을 보장할 것을 강력히 권고한다"고 밝히기도 하였다(국가인권위원회 2003, 95면).

유럽연합에서는 비정규직 고용을 규제하기 위한 일련의 지침(directive)을 제정했다. 유럽연합이사회는 1997년 12월에 '파트타임 노동지침'을 채택하고, 1999년 6월에는 '기간제 고용지침'을 채택했다. '파견노동에 관한 지침안'의 경우는 최근까지 통과되지 않고 있다. 유럽연합의 지침은 회원국에 대한 구속력을 지니며, 다만 지침을 달성하기 위한 형식과 방법의 선택은 회원국에 맡겨져 있다. 따라서 비정규고용에 관한 지침을 이행하기 위하여 회원국들은 자국의 법령을 개정하기도 하고, '파견노동에 관한 지침'의 경우처럼 지침이 마련되기까지 노사간에 심한 갈등을 겪기도 한다. EU 회원국은 2000년 1월 20일까지 파트타임 노동지침을, 2001년 7월 20일까지 기간제 노동지침을 이행해야 했다. 각 지침의 골자를 보면, 우선 파트타임 노동지침의 경우 파트타임 노동자가 풀타임 노동자에 비해 고용조건과 관련하여 차별받아서는 안된다는 점을 명시하고, 파트타임 노동자에게 풀타임 일자리에 관한 정보를 제공하도록 하고 있다. 그 다음으로 기간제 고용지침에서는 기간제 노동자가 상용 노동자에 비해 차별받아서는 안된다는 점을 명시하고, 기간제 노동을 연속적으로 사용하는 것을 방지하기 위하여, 기간제 고용을 갱신할 경우 이를 정당화할 객관적 사유와 최대 지속기간, 갱신 횟수 등에 관한 규제 조치를 하나 이상 도입하도록 규정하고 있다. 마지막으로 파견노동에 관한 지침은 파견노동자와 사용업체 정규직 노동자의 균등처우를 보장할 것인가의 여부를 둘러싼 이견이 해소되지 않아 아직 통과되지 않고 있다(김유선 2003). 우리나라에서는 '기간제및단시간근로자보호등에관한법률'과 '파견근로자보호등에관한법률' 개정안이 논의되고 있는데, 비정규직 노동자에 대한 보호규정이 미흡하고, 오히려 비정규고용의 확대를 불러올 것이라는 점에서 노동계의 비판을 받고 있다.

한국 내의 외국인 노동자는 2004년 40만명 수준으로 추산된다. 헌법과 근로기준법은 국적을 이유로 한 차별을 금지하고 있지만 이주노동자들은 다양한 차별을 경험한다. 외국인 노동자 가운데 미등록노동자는 '불법체류자'라는 약점 때문에 임금체불, 사기, 산업재해 등 피해를 당하고도 신고조차 하지 못하는 인권보호의 사각지대에 놓여 있다. 또 외국인 노동자는 한국인에 비해서 훨씬 낮은 임금을 받으며, 임금체불을 당하는 경우도 많고, 더 위험하고 힘든 일을 맡고 있다. 특히 여성 외국인 노동자의 경우 성폭행과 성희롱의 위험에 노출되어 있으며, 외국인 노동자의 자녀는 정규교육을 받지 못하는 경우가 많다. 2004년 8월 17일부터 '외국인근로자의고용등에관한법률'이 시행되어 고용허가제가 실시되었다. 이 법 제22조에서는 '사용자는 외국인 근로자라는 이유로 부당한 차별적 처우를 하여서는 아니된다'고 규정하고 있으나, 관련 처벌조항이 없는 선언적 규정에 불과하다. 또 외국인 노동자에게 법률상 노동3권이 인정되나 1년 단위로 계약을 연장하도록 하고, 계약 연장에 관한 절대적 권한을 사업주에게 주고 있어 노동3권의 실질적 행사가 곤란하다. 유엔 총회에서 채택된 '모든 이주노동자와 그 가족의 권리보호에 관한 국제협약'이 2003년 7월 1일 발효되었으나 우리나라를 비롯해서 이주노동자를 받아들이는 나라들은 대부분 이 조약을 비준하지 않고 있다. 이 협약에 의하면 이주노동자는 ①어느 나라로든지 떠날 수 있는 자유와 본국에 돌아가 거주할 수 있는 권리 ②생명권 ③고문이나 잔악하고 비인도적인 또는 품위를 손상시키는 대우나 처벌로부터 보호받을 수 있는 권리 ④노예처럼 되지 않을 권리 ⑤강제노동으로부터 보호받을 권리 ⑥사고, 양심과 종교의 자유, 견해와 표현의 자유 ⑦임의적인 사생활, 통신·대화 방해로부터 보호받을 권리 ⑧재산 소유의 권리 ⑨충분한 정보를 알 권리 ⑩관리·개인·그룹이나 단체가 가하는 폭력, 신체적 상해, 위협과 협박으로부터 보호받을 권리를 포함한 개인의 자유와 안전에 관한 권리 등을 가진다(이란주·설동훈 2004; 인권백서위 2004, 463~81면).

(3) 단결권·단체교섭권·단체행동권

ILO의 기본협약이라고 할 수 있는 단결권에 관한 제87호 협약에는 142개국이, 단체행동권에 관한 제98호 협약에는 154개국이 가입해 있다. 우리나라는 아직 두 협약에 가입되어 있지 않다. ILO로부터 계속적으로 노사관계법·제도의 개선을 권고받아왔음은 이미 언급한 대로이다. 단결권·단체교섭권·단체행동권과 관련한 주요 쟁점 사항인 ① 공무원의 단결권 보장 ② 필수공익사업의 범위 축소 ③ 기업단위 복수노조의 합법화 ④ 노조전임자 급여지급 금지규정 삭제 ⑤ 제3자 지원신고 및 처벌규정의 삭제 ⑥ 해고(실직)근로자의 조합원 자격인정 및 조합임원 자격제한 규정의 삭제 ⑦ 쟁의행위의 민형사상 면책 범위 문제 ⑧ 부당노동행위제도의 실효성 문제 등에 대해서 차례로 살펴보도록 하겠다.

현행 헌법은 '공무원인 근로자는 법률이 정하는 자에 한하여 단결권·단체교섭권 및 단체행동권을 가진다'고 규정하고 있으며, 국가공무원법 등을 통해 현업부서에서 사실상 노무에 종사하는 철도청, 정보통신부(체신청), 국립의료원 소속의 기능직·고용직 공무원에 대해서만 노동기본권을 허용한다. 이처럼 공무원의 노동기본권을 원칙적으로 금지하고 예외적으로 인정하는 우리나라의 현행 법제도는 ILO, OECD 등 국제기구와 국내 노동단체들의 비판의 대상이 되어왔다. ILO 결사의 자유위원회는 한국정부에 대하여 공무원도 자신들의 이익을 옹호하기 위하여 스스로 선택하는 단체를 설립하고 이에 가입할 수 있어야 한다는 원칙을 환기시키고 공무원과 사립 및 공립학교의 교사들이 단결권을 자유롭게 행사할 수 있도록 필요한 조치를 취할 것을 권고했다. 해외 사례를 보면,

공무원의 파업권을 원칙적으로 인정하는 나라로 캐나다·프랑스·노르웨이·스웨덴·이딸리아 등이 있다. 프랑스의 경우 공무원에게도 단결권과 단체교섭권·쟁의권이 모두 보장되나, 단체협약의 법적 구속력은 인정되지 않는다. 또 독일의 경우 공무원에게 단결권은 보장하나, 단체교섭권 및 쟁의권은 인정하지 않는 것으로 해석되고 있다. ILO는 군인과 경찰에 대하여 단체교섭권을 허용하지 않을 경우에도 그러한 예외 조항은 엄격한 기준에 따라 적용되어야 한다고 보았고, '국가의 명의로 권한을 행사하는' 공무원의 경우 파업권이 인정되지 않을 수도 있지만, 파업권이 제한되는 공무원의 범위는 가능한 한 명백하고 좁게 정의되어야 한다는 지침을 제시하고 있다(국가인권위원회 2003, 102면; 조용만 외 2003, 195~242면; ILO 2002). 공무원의 단결권을 보장하는 법률이 제정되지 않은 상태에서 2002년 3월 전국공무원노동조합이 설립되었고, 이후 2005년 1월 27일 '공무원의노동조합설립및운영등에관한법률'이 제정되었다. 이 법은 일반공무원의 단결권을 보장하는 최초의 법률이지만, 노동조합 가입 범위가 지나치게 제한되어 있으며 파업권을 인정하지 않아 노동단체의 비판을 받고 있다. 다른 한편으로는 공무원의 노동기본권을 어느 범위에서 보장하여야 하는가를 둘러싸고 사회적 합의를 형성해나가는 것이 중요한 과제로 제기되어 있다.

현행 '노동조합및노동관계조정법'(이하 '노조법'으로 약칭)은 '필수공익사업'의 경우 노동위원회 위원장이 특별조정위원회 권고에 의하여 중재에 회부할 수 있도록 하는 '직권중재', 혹은 '강제중재' 제도를 두고 있다. '필수공익사업'에서 직권중재가 시작되면 노동조합은 15일간 쟁의행위를 할 수 없고, 노동위원회의 중재재정 내용을 받아들여야 한다. 이 때문에 직권중재제도는 파업권을 침해할 위험성이 높은 것으로 평가된다. 현행법에서 '공익사업'은 '공중의 일상생활과 밀접한 관련이 있거나 국민경제에 미치는 영향이 큰 사업'으로 정의되고, '필수공익사업'은 다시 공익사업 가운데 '그 업무의 정지 또는 폐지가 공중의 일상생활을 현저히 위태롭게 하거나 국민경제를 현저히 저해하고 그 업무의 대체가 용이하지 아니한' 사업을 가리킨다. 현재 직권중재가 가능한 '필수공익사업'에는 철도(도시철도 포함)운송사업, 수도·전기·가스·석유정제 및 석유공급사업, 병원사업, 한국은행, 통신사업 등이 포함되어 있다. 프랑스·독일·영국 등에는 이러한 직권중재제도가 없다. ILO의 '결사의 자유위원회'에서는 우리나라의 직권중재제도와 관련하여 '필수공익사업'의 범위를 조정하라고 권고한 바 있다. ILO는 근로자의 파업권을 제한하는 것이 정당화될 수 있는 공익써비스를 '엄격한 의미에서의 필수써비스'로 보고, 이를 '그 중단이 생명, 개인적 안전, 대중의 전체 또는 일부의 보건에 위해를 초래하는 써비스'라고 정의한다. ILO에 의하면 철도, 도시철도 및 석유사업은 '엄격한 의미에서의 필수써비스'에 해당되지 않는다. 즉 ILO는 필수공익사업에서는 직권중재제도를 허용하지만, 현행법상의 필수공익사업 가운데 필수써비스로 보기 어려운 항목을 제외시킬 것을 권고한 것이다(조용만 외 2003, 143~56면).

현행 '노조법'은 부칙에서 하나의 사업 또는 사업장에 노동조합이 조직되어 있는 경우 2006년 12월 31일까지는 그 노동조합과 조직 대상을 같이하는 새로운 노동조합을 설립할 수 없다고 규정하여 기업단위의 복수노조 설립을 유예하고 있다. 다만, 2006년 12월 31일 이후 기업단위에서 복수노조 설립이 가능해졌을 때 교섭창구의 단일화를 위한 방안을 노동부장관이 강구하도록 규정하고 있다. ILO '결사의 자유위원회'는 기업단위 복수노조 설립의 금지는 결사의 자유 원칙을 심각하게 침해하는 것으로 간주하고, 기업단위 복수노조의 합법화를 신속하게 진행하며, 이를 위한 안정적인 교섭제도를 마련할 것을 한국정부에 요청한 바 있다. ILO는 복수노조의 설립 자체를 금지하는 것은 국제노동기준에 위배되는 것으로 보지만, 특정한 노동조합이 일정한 절차를 거쳐서 배타적 교섭대표권을 보유하거나 공동교섭단을 구성하는 것은 국제노동기준에 반하지 않는 것으로 본다(같은 책 55, 122~23면).

현행 '노조법' 제24조는 노동조합 전임자는 전임기간 동안 사용자로부터 어떠한 급여도 지급받아서는 안된다고 규정하고, 다시 제81조는 '노동조합의 전임자에게 급여를 지원하거나 노동조합의 운영비를 원조하는 행위'를 사용자의 부당노동행위에 포함시키고 있으며, 이를 위반할 경우 2년 이하의 징역 또는 2천만원 이하의 벌금에 처하도록 규정하고 있다. 다만, 이 조항은 부칙에 의하여 그 적용시기가 2006년 말까지 유예되어 있다. 즉 노조전임자에 대한 사용자의 급여지급 관행을 법으로 금지하고 있으나 일정기간 그 시행을 유예한 것이다. ILO는 노조전임자에 대한 급여지급은 법으로 관여할 사항이 아니므로 이 조항을 폐지할 것을 한국정부에 권고했다. 노조전임자에 대한 급여지급 같은 광범위하고 오래된 관행을 금지하는 것은 노동조합의 재정적 어려움을 초래할 수 있고 노조기능을 상당히 저해할 위험성을 내포하고 있다는 것이 ILO 결사의 자유위원회의 지적이었다(같은 책 47면).

현행 '노조법' 제40조는 단체교섭 또는 쟁의행위와 관련하여 노동조합의 상급단체나 사용자단체 이외의 자가 지원하기 위해서는 신고를 하도록 규정하고, 이를 위반하여 단체교섭 또는 쟁의행위에 간여하거나 이를 조종·선동하면 3년 이하의 징역 또는 3천만원 이하의 벌금에 처하도록 규정하고 있다. 이 조항은 전두환 정권 시절에 만들어진 이른바 '제3자개입금지조항'이 완화된 채 남아 있는 것이다.[2] ILO '결사의 자유위원회'는 이러한 '제3자지원신고제도'를 폐지할 것을 계속 권고했다. 그 이유로 신고제도가 노동조합에 부담이 되며, 처벌조항으로 볼 때 신고제도

---

2 이 조항 개정 이전인 1994년 지하철노조파업 집회에 참석해 지지연설을 한 당시 전국노동조합대표자회의의 대표는 2005년 현재까지 노동쟁의조정법상의 제3자개입금지 위반혐의로 재판을 받고 있다.

가 단순히 형식에 불과한 것이 아니며, 결사의 자유에 대하여 심각한 위협이 될 수 있음을 지적했다(같은 책 65면).

현행 '노조법' 제2조에서는 '근로자가 아닌 자의 가입을 허용하는 경우'를 노동조합의 결격요건으로 규정하고 있다. 다만 해고된 자가 노동위원회에 부당노동행위의 구제신청을 한 경우에는 중앙노동위원회의 재심판정이 있을 때까지 근로자가 아닌 자로 해석해서는 안된다는 단서가 붙어 있다. ILO는 조합원 자격 및 임원 자격을 제한하는 위의 규정을 폐지할 것을 여러 차례에 걸쳐 권고했다. '결사의 자유위원회'는 이러한 조항에 의하여 해고된 조합활동가가 더이상 조합활동을 계속할 수 없게 될 수 있다는 점, 노조집행부에 있는 자가 조합원이 아니라는 이유로 노동조합의 설립 신고를 거부하는 결과를 초래할 수 있다는 점을 문제로 지적하고, 조합원 및 임원의 자격요건의 결정은 조합규약에 의하여 위임되어야 할 사항이고 공공당국은 개입을 자제해야 한다고 지적했다(같은 책 38~39면).

노동자 파업에 대하여 형법 제314조 업무방해죄를 적용하여 처벌하는 것은 결사의 자유 원칙을 침해할 수 있다고 보고 ILO '결사의 자유위원회'는 우리 정부에 시정을 권고한 바 있다. 즉 노동자들에게 직접적인 영향을 미치는 주요한 사회·경제적 정책문제들(특히 고용··사회보장·생활수준 등)에 관련된 요구를 내건 파업을 불법으로 규정하고 업무방해죄를 적용하는 것은 안정적이고 조화로운 노사관계제도에 도움이 되지 않는다고 보고, 형법 제314조를 결사의 자유 원칙에 부합하도록 할 것을 요청한 것이었다(같은 책 23~24면). 또 노동조합이 벌인 파업 등 쟁의행위에 대하여 업무방해죄 등으로 처벌하는 경우, 사용자들은 쟁의행위를 주도한 노동조합 간부나 조합원들을 선별하여 민사상 손해배상을 청구하거나 임금이나 재산을 가압류하고, 노동조합 탈퇴나 쟁의행위 불참

등을 유도하기도 한다. 이 과정에서 노동쟁의는 노동쟁의에 참여한 노동자들의 기본 생계를 위협하는 인권침해 분쟁으로 변화되기도 한다. 민주노총의 발표에 따르면 2003년 10월 20일 현재 사용자가 노동조합 간부 및 노동조합에 대하여 행한 가압류는 45개 사업장에 775억여원이고, 손해배상청구액은 560억여원에 달하는 것으로 나타났다. 공공부문의 경우에도 발전산업, 철도청, 인천지하철공사, 서울지하철공사 등에서 손해배상청구가 제기된 바 있다(인권백서위 2004, 122~24면).

단결권 등 노동기본권을 보장하기 위한 제도로 부당노동행위제도가 있다. 부당노동행위제도는 사용자가 노동조합활동을 존중하고 이에 협력해야 하며 노동조합활동에 개입해서는 안된다는 것을 원칙으로 한다. 현행 '노조법' 제81조는 노동자가 노동조합에 가입했다는 이유로, 혹은 노동조합활동에 적극 참여했다는 이유로 노동자를 해고하거나 불이익을 주는 행위를 부당노동행위로 규정하고 있다. 그런데 현실에서는 이러한 부당노동행위가 끊임없이 일어나며, 이를 행한 사용자에 대한 효과적인 처벌이 이루어지지 않고 있다. 과거 한국의 대표적인 공기업이었다가 민영화가 추진되는 과정에서 파업을 경험한 한 기업에서는 노동조합 간부들에 대한 감시와 관리를 위해 노동조합 간부의 성향과 성격, 약점 따위를 기록한 개인별 카드를 작성하고 노조원들을 미행한 것으로 밝혀졌다. 조합간부들이나 열성조합원들이 인사고과에서 불이익을 당하는 것도 잘 드러나지 않는 부당노동행위의 한 유형이다. 또 사내하청 등 간접고용하에서는 사용자의 부당노동행위를 규제할 수 있는 제도적 장치가 마련되어 있지 않다. 즉 사내하청업체의 노동자들이 노동조합을 결성했을 경우 원청업체인 모기업이 사내하청업체와의 도급계약을 해지하게 되면, 사내하청업체의 노동자들을 해고하는 것과 동일한 효과를 갖지만, 현행법상 이를 부당노동행위로 처벌할 수 없다. 이 때문에 사내하청업체

의 노동자들은 사실상 단결권을 보장받지 못하고 있다.[3]

(4) 산업안전보건권

1998년 ILO 선언을 통해 결사의 자유 및 단체교섭권, 강제노동의 폐지, 아동노동의 금지, 고용관계 내의 차별금지 등이 '기본적' 혹은 '핵심' 노동권으로 규정되었음은 이미 본 바 있다. 그런데 스필러(Spieler)는 이러한 규정에 의해 최저임금 이하의 임금이나 장시간노동, 극도로 위험한 노동조건 등이 인권담론에서 중요하게 다루어지지 않는다고 비판한다. 그에 의하면 산업안전보건권은 건강권, 생명권, 혹은 신체의 안전 등과 관련된 것으로 노동인권 가운데서도 중심적인 권리라고 할 수 있다.[4]

산업안전보건권의 구체적인 내용은 '위험에 대해서 알 권리' '안전문제를 제기하거나 위험한 작업을 거부했다고 해서 보복당하지 않을 권리' '예측 가능한, 예방할 수 있는 심각한 위험이 없는 환경에서 작업할 권리' 등으로 구성된다. '위험에 대해서 알 권리'는 산업안전보건권에 필수적이지만, 충분하지는 않다. 왜냐하면 불리한 지위에 있는 노동자는 위험성을 알면서도 그러한 위험을 감수할 수밖에 없는 경우가 있기 때문이다. '안전문제를 제기하거나 위험한 작업을 거부했다고 해서 보복당하지 않을 권리'는 산업안전보건권의 핵심적인 권리로서 단결권과 단체교섭권의 일부이기도 하다. 예측 가능한, 예방할 수 있는 심각한 위험이 있음을 알면서도 노동자에게 작업하게 하는 것은 인권침해에 해당된다. 그런데 특정한 위험을 예방할 수 있는가는 활용 가능한 경제적·기술적 자원에 달려 있다. 사용자의 잘못에서 비롯된 위험은 보건안전에 대한 인권을 침해하는 것이 된다. 반면 사용자의 부작위에서 비롯된 예측 가

---

3 이러한 사례에 대해서는 전국민주노동조합총연맹(2004), 383~88면 참조.
4 '사회권규약' 제7조는 '안전하고 건강한 노동조건'을 누릴 권리를 규정하고 있다.

능한, 예방할 수 있는 위험의 범위는 경제적·기술적 조건에 따라 변화한다. 선진국의 경우에는 작업장에서 예측 가능한 심각한 위험을 예방하지 않은 부작위도 인권침해에 해당될 수 있지만, 자원이 부족한 나라에서는 인권침해가 되지 않을 수도 있다(Spieler 2003).

현행 '산업안전보건법'에서는 산업재해 발생의 급박한 위험이 있는 경우 노동자가 작업을 중지하고 대피할 수 있도록 하고, 사용자는 이를 이유로 노동자를 해고하거나 기타 불리한 처우를 해서는 안된다고 규정하고 있다. 우리나라의 경우 산업재해 발생 현황을 보면 산업재해를 당한 근로자 수는 1998년 51,514명에서 2003년 94,924명으로 크게 증가했다. 재해근로자 수를 전체근로자 수로 나눈 재해율도 1998년 0.68%에서 2003년에는 0.90%으로 크게 높아졌다(노동부 2004, 52면). 이는 외환위기 이후 노동시장과 노사관계가 재편되는 과정에서 노동조합운동과 노동기본권이 전반적으로 위축된 결과, 산업안전보건 분야의 인권상황 또한 악화되었음을 시사한다.

특히 한국에 와 있는 이주노동자들의 산업안전보건권은 심각하게 침해되고 있다. 최근에는 밀폐된 공간에서 보호장구도 착용하지 않은 채 유독약품으로 전자제품을 세척하는 작업을 하다 하반신이 마비되는 병에 걸린 타이 여성노동자들의 사례가 알려져 충격을 주기도 했다.

(5) 사생활권

영상씨스템(CCTV), 위치추적씨스템(GPS, 핸드폰 위치추적), 전자카드(IC-Chip 카드), 생체인식기(지문·홍채인식)를 이용한 전자감시가 확산되고 있다. 정보통신기술에 의한 노동감시 혹은 노동자의 개인정보 취득방식은 근로자가 알지 못하는 상황에서 다수의 근로자에 대한 광범위한 정보를 취득할 수 있다는 특징이 있다. 근로생활의 장에서는 근로자의 사생활권과 사업주의 노동력 처분권이 서로 충돌한다(최영호 2003).

2003년 실시된 한 조사에 의하면 조사대상 사업장 중 89.9%의 사업장에서 한 가지 이상의 노동자 감시 장비를 도입한 것으로 밝혀졌다(http://www.gamsi.net). 이에 따라 CCTV의 설치나 인터넷 메씬저, 홈페이지 이용에 대한 감시를 둘러싼 노사갈등도 제기되고 있다. 한 중소업체 노동조합은 감시카메라 설치에 반대하는 파업을 벌이기도 했다. 심지어 한 대기업 노동자들과 가족 등이 3개월 이상 650여 차례에 걸쳐 휴대폰 위치추적을 당한 것으로 밝혀지기도 했다.

노동계는 노동자의 개인정보를 다른 목적으로 사용하지 못하도록 하고 개인정보와 관련한 의사결정에 노동자와 그 대표의 참가를 보장하며 수집된 개인정보만으로 노동자를 평가하거나 차별하지 못하도록 하는 등 노동자의 프라이버씨권을 명시한 1995년 국제노동기구의 '노동자의 개인정보 보호에 대한 행동 강령' 수준으로 노동자의 개인정보 보호를 제도화할 것을 요구하고 있다(인권백서위 2004, 553~54면; 『네트워커』 15호, 32~33면).

4. 노동자 권리의 재구성과 확장을 향하여

작업장과 사무실 내에서 민주주의와 인권이 실현되는 사회가 진정한 민주주의 사회라고 할 수 있다. 시민이 작업장에 들어가는 순간 인권과 무관한 존재가 되어야 할 이유는 없다. 오히려 자본주의적 고용관계하에서 사용자가 우월한 지위를 남용하여 노동자의 인권을 침해할 위험성이 큰만큼, 인권침해의 가능성에 대해 더욱 주의를 기울이지 않으면 안된다. 이는 노동자의 권리에 대하여 인권이라는 시각에서 접근함으로써 전통적인 노동기본권을 재구성하고 확장해야 할 필요성과 그 가능성을 함께 시사해준다.

노동인권의 영역은 고용관계에 고유한 문제영역인 단결권·단체교섭권·단체행동권의 영역과 시민적 자유와 권리가 고용관계 내에서 특별히 침해되어 문제가 되는 경우로 크게 나누어볼 수 있다. 먼저, 전통적인 노동기본권의 영역과 관련하여 보면 1987년 6월 민주화항쟁과 7,8월 노동자 대투쟁을 계기로 우리나라 노동기본권에 관한 법률 및 제도가 상당 부분 개선되었지만, 여전히 국제적인 기준에는 못 미치는 부분이 많다. 앞서 보았듯이 우리나라는 ILO에 가입했지만, ILO의 핵심 기본협약이라고 할 수 있는 단결권과 단체교섭권에 관한 제87호, 제98호 협약에는 아직 가입하지 않았다. 또 공무원의 단결권 보장, 기업단위 복수노조의 합법화, 노조전임자 급여 금지규정의 삭제, 필수공익사업의 범위 축소, 제3자 지원신고 및 처벌규정의 삭제, 해고(실직)근로자의 조합원 자격인정 및 조합임원 자격제한 규정 삭제, 쟁의행위에 대한 업무방해죄 적용의 시정 등이 국제노동기준에 미달하는 것으로 지적되고 있다. 더구나 90년대 중반 이후 노동운동이 위축되면서 노동3권의 사회적 기능도 축소되어왔다. 전통적인 노동기본권이 자본주의적 고용관계의 폐단을 시정하고 평화와 민주주의, 인권을 실현하는 데 꼭 필요한 사회적 제도라는 인식을 다시 확인할 필요가 있다.

국가인권위원회의 설립 이후 시민적 자유와 권리가 고용관계 내에서 특별히 침해되는 경우, 이를 노동인권이라는 측면에서 접근하여 해결하려는 시도가 증가하고 있다. '남녀고용평등법'이나 '남녀차별금지및구제에관한법률'의 개정, 그리고 '외국인근로자의고용등에관한법률'의 제정 등은 고용관계 영역에서 사회적 소수자에게 가해지는 차별과 불평등을 시정하려는 노력이 부분적으로 결실을 거둔 것이라고 할 수 있다. 하지만 이러한 제도적 개선에도 불구하고 고용관계 내에서의 차별과 불평등은 오히려 심화되는 경향이 있다. 특히 고용형태에 따른 정규직과 비정규직의 차별과 불평등은 이미 사회통합을 위협하는 심각한 수준에 도달해 있다. 최근에는 시장원리라는 이름하에 고용관계에 대한 노동조합과 국가의 규제를 축소시키고, 이윤과 경쟁의 논리, 즉 차별과 불평등을 재생산하는 논리가 더욱 관철되고 있다. 이러한 시장 만능의 신자유주의적 논리가 득세할수록 산업현장의 노동인권 현실은 더 열악해진다는 점은 최근의 산업재해율 증가로도 나타나고 있다.

단결권·단체교섭권 등의 전통적인 노동기본권에는 노동시장과 고용관계 내의 노사간의 대등한 지위를 확보하기 위한 수단이라는 의미가 부여되었고, 그러한 한에서는 자본주의적 고용관계 그 자체에 도전하는 것은 아니었다. 그러나 앞서 살펴본 평등권·산업안전권·사생활권 등의 개념은 자본주의적 고용관계에 내재한 반인권적 측면을 잘 드러내준다. 이는 노동인권이라는 개념을 통해서 전통적인 노동기본권을 재구성하고 확장함으로써 노동운동과 시민운동, 인권운동이 새로운 연대를 형성할 수 있는 가능성도 시사해준다.

■ 참고문헌

국가인권위원회 인권백서발간위원회 『인권백서 2004년』, 2004.

국가인권위원회 『행정과 인권』, 2003.

김유선 「EU의 파트타임·기간제고용·파견노동 지침」, 정이환 외 『유럽연합(EU)의 비정규 고용지침과 주요 국가들의 노동입법 동향──독일·프랑스·영국을 중심으로』, 한국비정규노동센터 2003.

노동부 『노동백서』, 2004.

송호근 「한국의 노동과 인권」, 전남대학교 5·18연구소 『민주주의와 인권』 제2권 제2호, 2002.

외국인노동자대책협의회 『외국인이주노동자 인권백서』, 2001.

이란주·설동훈 『피부색은 달라도 모두가 평등합니다』, 국가인권위원회 2004.

인권운동사랑방사회권규약해설서팀 엮음 『사회권규약해설서 1──사회권의 역사와 성격』, 사람생각 2003.

전국민주노동조합총연맹 『비정규직 노동자 노동기본권 침해 백서』 Ⅰ·Ⅱ, 2004.

정진성 「국제노동기구(ILO)에의 문제제기의 구조──강제노동조약(ILO Convention29)/전문가위원회를 통한 군위안부 문제제기」, 『국제·지역연구』 제10권 제1호(2001년 봄호).

조용만·문무기·이승욱·김홍영 『국제노동기준과 한국의 노사관계』, 한국노동연구원 2003.

최영호 「정보통신기술을 이용한 노동감시와 근로자의 인권──이메일(E-mail)을 중심으로」, 민주사회정책연구원 『민주사회와 정책연구』 제3권 제2호(통권 5호).

Compa, Lance A. and Stephen F. Diamond (eds.), *Human Rights, Labor*

Rights and International Trade, University of Pennsylvania Press 1996.

Gross, James A., "A Long Overdue Beginning: The Promotion and Protection of Workers' Rights as Human Rights," James A. Gross (ed.), *Workers' rights as human rights*, Cornell University Press 2003.

ILO *Labour Legislation Guidlines*(2002), 한국노동연구원 옮김 『ILO 노동입법 가이드라인』, 2003.

Leary, Virginia A., "The Paradox of Workers' Rights as Human Rights," Lance A. Compa and Stephen F. Diamond (eds.), 앞의 책.

Spieler, Emily E., "Risks and Rights: The Case for Occupational Safety and Health as a Core Worker Right," James A. Gross (ed.), 앞의 책.

생각해볼 문제

1. 단결권, 단체교섭권, 단체행동권이 보장되어야 하는 이유는 무엇인가?
2. 고용관계 내에서 인권은 절대적으로 존중되어야 하는가, 아니면 일정한 제약이 불가피한가?
3. 노동인권에는 어떤 것들이 있으며 그 내용은 어떠한가?
4. 공무원 노동기본권을 보장하기 위해 어떤 제도적 노력이 필요한가?

성적 소수자의 삶과 인권의 전망

서동진

1. 성적 소수자 사회와 인권

(1) 1990년대 이후 성적 소수자 인권의 현황

지난 10여년간 동성애자를 비롯한 성적 소수자 인권은 한국사회에서 중요한 인권현안 가운데 하나로 받아들여져왔다. 이는 여성이나 이주노동자, 장애인이나 다른 사회적 약자들처럼 성적 소수자 역시 자신의 인간적·사회적 삶의 권리를 차별받아왔다는 자각이 싹트기 시작했기 때문이다. 그 결과 국가인권위원회를 비롯한 다양한 국가기관에서 동성애자의 권리에 관해 적극적으로 언급하고 있다. 예를 들어 국가인권위원회는 모든 종류의 차별을 금지하는 '차별금지법'(안)을 마련하고자 하며 이 법안에 포함될 예정인 18대 차별 가운데 하나로 "성적 지향"을 꼽고 있다. 또한 성적 소수자에 관련된 재판에서 재판부가 잇달아 동성애자들 역시 헌법상의 기본권을 누려야 한다는 판결을 내리고 있다. 바야흐로 한국사회에서도 성적 소수자의 인권을 보호하고 신장하기 위한 구체적인 법과 제도, 정책을 마련할 토대가 자리잡고 있는 셈이다. 이런 변화가 있게 된 데는 무엇보다 자신들에게 가해진 차별과 모멸에 맞선 성적 소수자들의 투쟁이 있었다. 한국사회의 성적 소수자들은 오랫동안 자신의 인간적인 존엄과 평등한 삶을 살 권리를 요구하는 투쟁을 벌여왔다. 물론 이런 변화는 한국사회에 국한된 것은 아니다. 적어도 90년대 이후 다른 나라에서도 성적 소수자의 인권을 둘러싼 괄목할 만한 변화가 있었다. 유럽을 비롯한 북미, 나아가 남미와 아시아의 일부 국가(대만·태국·일본 등) 그리고 미국 등지에서 성적 소수자의 인권을 보호하고 향상시키기 위한 법률과 정책, 제도 등이 잇달아 도입되었다. 그리고 이러한 변화는 계속 가속되고 있으며 좀더 넓게 확산될 것이다.

한편 국제사회에서 성의 권리에 관한 관심이 증대되면서 인권에 관련된 규범과 기준을 바꾸려는 움직임이 급속하게 확산되어왔다. 전지구적인 사회에 접어들면서 이런 국제인권규범은 매우 중요한 역할을 할 뿐 아니라 상대적으로 자신의 인권을 제기하는 데 소극적이었던 많은 국가의 성적 소수자들에게 큰 자극과 격려가 되었다. 유엔(UN)과 그에 속한 국제기구들(세계보건기구, 유엔인권소위원회, 유엔고등판무관실 등)에서도 성적 소수자의 인권을 보장하기 위한 국제적인 규범을 수립하는 데 관심을 기울여왔다. 또한 지역별 국제기구인 유럽회의, 유럽재판소, 미주간 인권위원회, 아프리카인권위원회 등 역시 소속 국가들이 성적 소수자의 인권을 차별하거나 억압하는 법률을 폐지하도록 하는 데 더욱 역할을 늘려가고 있다. 나아가 이들의 권리를 적극 보장하는 법률과 제도 마련에도 힘쓰고 있다. 또한 전지구적인 사회에서 인권의 규범을 확산하고 인권차별을 폐지하기 위해 노력해온 국제 비정부기구들 역시 동성애자 인권에 적극 관심을 기울이고 있다. 이를테면 국제사면위원회, 휴먼라이츠워치(HRC, Human Rights Watch) 등은 물론 국제레즈비언게이인권위원회(IGLHRC, International Gay and Lesbian Human Rights Commission),

국제레즈비언게이협회(ILGA, International Lesbian and Gay Association) 등의 조직 역시 성적 소수자의 인권향상에 큰 영향을 미치고 있다. 그런데 이런 국제기구의 활동이 근거하는 국제인권체제의 인권규범과 기준이 서구적인 문화적 기준에 따른 것이라는 이유로 많은 국가에서 성의 보수세력들의 저항과 비판에 직면하고 있는 것 역시 사실이다. 그렇지만 성적 소수자들이 보여주는 투쟁 그리고 그들이 역설하는 오랜 역사와 관습은 그런 국가의 주장을 무색하게 만든다. 어쨌든 종교적인 근본주의를 통해 사회통합을 이뤄나가려는 일부 국가(중동이나 동유럽 일부의 이슬람권 국가들이나 미국 등)를 제외하곤 이제 인권의 보편적인 규범 가운데 하나로 성적 소수자의 인권을 인정하는 추세가 자리잡아가고 있다.

(2) 한국의 성적 소수자 사회

현재 한국사회는 성적 소수자의 '권리'를 소극적으로 보호하는 것은 물론 이를 적극적으로 보장하기 위한 지속적인 방안을 구체적으로 마련해야 하는 상황에 직면하고 있다. 이미 지난 10여년간 한국사회의 새로운 성적 소수자의 세대들은 자신을 둘러싼 낙인과 편견을 극복하고 비록 주변화된 공간(서구사회에서는 이를 게토 ghetto라고 부른다)이기는 하지만 자신들의 사회적인 활동과 친교의 공간을 모색해왔다. 90년대부터 동성애자들간의 친교를 위한 모임이 만들어지고(초동회, 그리고 초기의 친구사이, 끼리끼리 등), 각 대학에 동성애자들을 위한 모임(연세대의 '컴투게더', 서울대의 '마음001' 등)이 등장함은 물론 서울을 비롯한 대도시 지역에서 동성애자와 다른 성적 소수자의 권리를 위한 사회단체와 운동조직들이 조직되어 활발한 활동을 펼쳐왔다. 그렇지만 가장 커다란 변화는 흔히 '동성애자 사회'(community)라고 불리는, 동성애자들의 개인적 친교와 사회적 활동을 위한 공간이 비약적으로 발전했다는 데 있을 것이다. 서울을 비롯한 거의 모든 도시에 동성애자를 위한 바, 클럽, 사우나, 마사지숍, 극장 들이 문을 열었고, 동성애자 소비자들을 대상으로 한 전문적인 상업 시장도 등장했다. 성적 소수자 운동을 상징하는 기념품에서 서적, 성보조기구는 물론 (남성) 동성애자를 위한 해외관광상품에 이르기까지 다양한 상품들이 성적 소수자들을 끌어들이고 있다. 성적 소수자 사회를 위한 독자적인 문화, 사회적인 활동 역시 괄목할 만하게 성장했다. '서울퀴어영화제(서울퀴어아카이브)' '퀴어문화축제' 등 다양한 행사들은 성적 소수자들이 자신들의 삶을 적극적으로 표현할 기회를 마련해주는 것은 물론 성적 소수자들을 위한 공적인 공간으로서 큰 역할을 해왔다. 또한 이외에도 도서출판, 미술전시, 토론회와 공청회, 교육모임 등 다양한 행사와 공적인 이벤트가 열림으로써 성적인 소수자들은 전과는 비교할 수 없으리만치 다양한 사회적인 활동을 할 수 있게 되었다.

한편 성적 소수자 사회가 만들어지고 발전한 데는 미디어의 역할을 인정하지 않을 수 없다. 전화사서함 써비스에서부터 인터넷 웹싸이트에 이르기까지 가상공간은 성적 소수자들이 자신들의 존재를 알리고 친교를 형성하는 데 결정적인 역할을 했다고 볼 수 있다. 특히 디지털미디어를 사용하는 데 익숙하고 적극적인 젊은 세대의 성적 소수자들은 자신의 공적인 정체성을 보호하면서 안전하게 친교를 나눌 수 있다는 점에서 폭발적으로 가상공간에 모여들었다. 또한 가상공간은 성정체성에 관한 자각과 인정 그리고 성적 소수자로서의 자아정체성을 구성하는 데 필수불가결한 다양한 이야기의 틀과 재료를 제공했다. 동성에게 친밀한 감정을 느낀다는 것만으로는 자신이 누구인지 알 수 있는 것은 아니기 때문이다. 비이성애자에게 부과된 다양한 사회적인 낙인과 편견은 특별한 성행동에만 관련된 것이 아니라 그의 삶 전체를 대상으로 한다. 따라서 많은 비이성애자들은 '나는 누구인가'를 설명할 수 있는 '정체성의 이야기'를 절박하게 찾을 수밖에 없다. 그런 점에서 디지털미디어는 극도의 고립과 무력감 속에서 자신이 누구인지 인식해야 했던 이전 세대와는 전연 다른 방식으로 성적 소수자로서의 삶을 시작할 수 있도록 도움을 주었다.

아울러 디지털미디어의 특성으로 인해 젊은 세대의 성적 소수자들은 전지구적인 성적 소수자의 문화의 흐름을 쉽게 접하고 그것을 수용할 수 있었다. 따라서 기존 세대의 성적 소수자들이 은밀하고 고립된 지역 안에서 구전된 기억과 입말을 통해 자신을 정의하고 설명할 언어·문화적 틀을 만들어냈던 데 비해, 현재의 젊은 세대의 성적 소수자들은 거의 전지구적인 성적 소수자 세계에 속해 있다고 해도 과언이 아니다(물론 이는 또한 소수적 성정체성의 미국화라고 불러야 옳을 것이다). 레즈비언, 게이, 트랜스젠더, 탑/바텀, 부치/팜프 등 성정체성을 가리키는 용어는 물론 성생활에 관련된 속어와 문화적 관습을 표현하는 언어, 사회운동에 관련된 용어(몇개만 꼽아본다면, 호모포비아homophobia, 커밍아웃 coming-out, 아웃팅outing, 게이 프라이드gay pride, 게이 커뮤니티gay community, 마이너리티minority 등이 있을 것이다)에서부터 성적 소수자에 관련된 전문적인 학술적 지식과 개념(퀴어이론queer theory, 게이 레즈비언스터디즈gay, lesbian studies, 뉴퀴어씨네마new queer cinema 등)에 이르기까지 모두 '수입된' 용어들에 의존한다.

(3) 성의 전지구화, 성정체성의 미국화

물론 비이성애적 성정체성이 서구, 특히 미국의 성적 소수자의 정체성에 의해 지배당하고 정의되는 현상을 소수적인 성정체성의 '식민화' (colonization)라고 간단히 평가하기란 어렵다. 성적 소수자의 정체성 역시 전지구적으로 순환하는 상품을 통해 전달되고 형성된다. 성적 소수자의 성애적인 이미지를 매력이나 세련됨 같은 가치와 결합시키는 브랜드 의류나 화장품에서부터 이미 전지구적인 히트상품이 된「퀴어 애즈 포크(Queer as Folk)」 같은 케이블 티비 씨트콤이나 「퀴어 아이 포 스트레잇 가이(Queer Eye for Straight Guy)」 유의 리얼리티쇼에 이르는 문화상품까지, 성적 소수자의 정체성을 표현하고 전달하는 상품은 폭발적으로 증가하고 있다. 소수적 성정체성을 매개하는 것은 굳이 상품에 한정되지 않는다. 자신의 영향력을 확대하고 더 많은 기금과 자원을 얻으려고 애쓰는 국제적인 비정부기구(국제레즈비언게이인권위원회, 국제레즈비언게이협회, 에이즈에 관련된 국제비정부기구 등)의 활동 그리고 미국을 중심으로 한 서구사회에서 발간되는 학술저널이나 여러 학문적 담론 역시 '미국화된 동성애 정체성'을 확산하는 데 중요한 역할을 한다. 이는 유럽은 물론 아시아·남미·아프리카를 비롯한 세계 전역에서 나타나는 현상이다. 이에 관해 성적 소수자의 인권을 둘러싼 사회운동 내부에서도 다양한 입장의 차이가 나타나며 심각한 논쟁으로 이어지기도 한다.

예를 들어 프랑스에서의 논쟁을 살펴보면, 많은 성적 소수자들은 오랜 공화주의적인 전통을 내세우며 '특수한 이해관심을 가진 별도의 사회집단'으로 성적 소수자가 조직되는 것을 경계한다. 그리고 동성애자 사회를 특수한 사회로 가정하는 것을 미국식 모델이라고 비판한다. 이들은 동성애자로서의 인권은 보편적인 시민으로서의 권리를 주장하는 것이지 동성애자라는 특수한 집단의 권리를 주장하는 것이어서는 안된다는 입장을 펼친다. 그들은 프랑스사회가 다양한 이익집단의 연합이 아니라 어떤 차이를 불문하고 추상적이고 보편적인 개인의 권리를 보장하는 사회라는 입장을 강조한다. 그런 점에서 시민으로서의 권리에서 벗어나 성적 지향에 따른 특수한 이해에 기반한 권리를 주장하는 것은 프랑스의 사회규범과 맞지 않는 미국식 모델의 영향에 휩쓸리는 것일 뿐이라고 주장한다. 그렇지만 프랑스식 전통이냐 미국식 모델이냐 하는 도식적인 구분은 많은 점을 놓치게 된다. 특히 프랑스의 에이즈 정책이 동성애자 사회의 입장에서 개입하지 않음으로써 높은 사망률을 초래했다는 반성이나 전지구적인 소비문화에 빨려들어간 젊은 세대들이 자신들의 '게이 라이프스타일'을 점차 선호하고 있다는 주장을 고려해야 할 것이다.

따라서 시민으로서의 '권리의 보편성'을 주장할 것인가, 아니면 미국을 비롯한 일부 사회의 주장처럼 다양성을 존중하는 사회라는 관점에서 '다문화주의적(multiculturalist) 관용의 사회'를 내세울 것인가 등은 장차 성적 소수자의 인권을 둘러싼 사회의 틀과 목표를 규정할 때 중요한 쟁점이 될 수 있을 것이다. 여기에서 강조할 점은 성적 소수자의 인권을 주장하는 맥락이 매우 다양하다는 것이다. 시민으로서의 성적 소수자, 특수한 사회집단(미국을 중심으로 영향력을 발휘하는 일종의 인종적 소수자ethnic minority 모델)으로서의 성적 소수자, 병리적인 집단으로서의 동성애자 등에 이르기까지 성적 소수자의 인권을 주장하는 맥락은 서로 다르며 이 맥락에 따라 그 범위와 내용, 자격 역시 다를 수밖에 없다. 따라서 성적 소수자의 인권을 보장한다는 것은 그들의 삶을 '인정'하는 것에 그치지 않고 사회적인 권리의 분배와 조정에 관련된 다양한 활동을 뜻하는 것으로 이해해야 옳을 것이다.

그러나 이런 소수적 성정체성의 미국화 혹은 전지구화는 또다른 문제와 얽혀 있다. 그것은 바로 각 사회에 존재하던 소수적 성정체성과 게이, 레즈비언, 트랜스젠더 같은 성정체성을 가리키는 개념 사이에 빚어지는 긴장이다. 대다수 비서구사회에는 비이성애적인 소수적 성정체성이 존재해왔고 현재에도 많은 사회에서 사회의 위계를 나눌 때나 성을 분류할 때 그러한 자신들 나름의 구분법을 사용하고 있다. 그러나 최근 특히 80년대를 전후한 에이즈 위기와 소비자본주의의 확산은 기존의 소수적 성정체성과 새롭게 유입된 소수적 성정체성의 체계 사이에 단절과 연속의 문제를 제기했다. 예를 들어 필리핀의 바클라(bakkla), 인도네시아의 반치(banci), 와리아(waria), 태국의 캐터이(kathoey) 등은 남성 동성애자(게이), 성전환자(트랜스젠더), 이성복장착용자(트랜스베스타이트

transvestite) 등 어떤 개념과도 정확히 맞아떨어지지 않는다. 예컨대 인도네시아의 와리아는 대부분 문맹이며 하급의 노동에 종사하고 여성의 일부로 여성사회에 참여한다. 그러나 그들은 성전환자라거나 이성복장 착용자가 아니다. 그들은 와리아라는 독자적인 성일 뿐이다. 반면 '호모'라고 불리는 남자들은 '진짜 남자' 혹은 '사나이'(인도네시아어로는 '라키-라키 아스리laki-laki asli')와 쎅스를 한다. 만약 '호모'끼리 쎅스를 한다면 그것은 '레즈비언'이다. 호모는 여장을 할 수도 있다. 이런 식의 성의 분류가 비단 인도네시아에만 해당되는 것은 아니다. 많은 사회가 이처럼 독특한 성의 분류체계, 위계의 구조를 가지고 있다. 이는 성 (sexuality)과 성별(gender) 가운데 어느 것을 강조하고 그에 따라 어떤 분류를 만들어내느냐에 따라 매우 다른 조합이 가능함을 보여준다. 또한 이런 성(sex)과 성별의 구분 역시 역사적인 변화와 무관하지 않으며 또한 모든 사회에 일률적으로 동일한 것도 아니다. 간단히 말하자면 이런 분류와 조합에 따라 서로 다른 성의 종(種)들이 만들어질 수 있고 그에 따라 사회에 참여하고 친족공동체와 관계를 맺는 방식, 사회·경제적인 활동을 영위하는 형태 역시 달라질 수밖에 없다.

이는 한국사회에서도 크게 다르지 않다. 90년대에 접어들어 성적 소수자에 대한 긍정적인 표현법이라는 취지로 '교정' 작업이 진행되었다. 이는 동성연애자나 호모 같은 용어는 동성애자를 비하하고 모욕하는 표현이므로 동성애자나 게이, 레즈비언 같은 긍정적인 표현으로 바꾸어야 한다는 것이다. 그러나 이런 작업을 동성애자를 존중하고 사회적인 인정을 표시하는 캠페인으로 받아들이는 것은 일면적인 생각이다. 그것은 다른 한편으로는 소수적 성정체성을 이름짓고 정의하는 용어와 분류, 의미를 설정하고 강화하는 과정이기도 하기 때문이다. 이를테면 동성연애자는 동성애자에 대한 경멸적인 표현이라거나, 게이라고 불렸던 여장남자들에 대한 표현은 트랜스젠더가 맞다거나, 호모라고 불렸던 사람들이 게이라거나 하는 주장 등은 허위적이고 편견에 물든 생각을 올바르고 긍정적인 표현으로 대체하는 것처럼 받아들여졌다. 그렇지만 이미 말했듯이 그것은 단순히 허위를 진실로, 부정적인 것을 긍정적인 것으로 대신하는 것이 아니라 새로운 성의 분류와 정의(定意)를 만들어내고 또한 이를 강화하는 것이었다. 따라서 이런 '교정'은 사실은 새로운 성정체성의 분류체계를 만들어내고 이를 과거의 것과 조정하는 복잡한 실천이라고 볼 수 있다. 이를테면 적어도 7,80년대에 동성간에 친밀한 관계를 맺었던 사람들이 스스로를 인식하는 방식을 일러 게이라거나 트랜스젠더라는 정체성을 부여한 경우는 그다지 맞지 않다. 상대의 성정체성과 상관없이 남자와 성행위를 하고 친밀관계를 맺고자 하는 지속적인 성향이 있다면 그는 '보갈'이라고 불렀다. 이때의 '보갈'의 자기정체성은 남자의 몸 안에 여성의 영혼이 갇힌 것에 가깝다고 볼 수 있다. 따라서 이들은 여장을 할 수도 있고, 이성애적인 남성성과 다른 양성적인(androgenic) 기질의 남성이라고 생각할 수도 있으며, 또한 자신의 영혼과 모순되는 몸을 여성의 몸으로 바꿀 수도 있다. 물론 '보갈' 남성과 성행위를 하거나 교제를 할 수도 있지만 자신은 남자이기 때문에 결혼을 하고 가족을 이루는 것이 마땅하다고 생각할 수도 있다. 따라서 지금의 용어로 보자면 '보갈'은 성전환자일 수도 있고, 이성복장착용자일 수도 있으며, 수동적인 남성 동성애자일 수도 있다.

그 탓에 이전 세대의 '보갈'과 90년대 이후의 출현한 젊은 세대의 '게이' 사이에는 성정체성을 인식하는 방식에 큰 차이가 있고 또한 그로부터 불화가 빚어지기도 한다. 이를테면 자신을 여성화함으로써만 게이 남성으로 정체화하는 전(前) 세대의 '보갈'을 젊은 세대는 혐오하거나 거부하기도 한다. 또한 '보갈' 세대들이 게이 남성에게는 누구나 있는 것으로 가정하는 '끼'라는 이름의 여성적 태도나 몸짓을 부정하기도 한다. 이를테면 젊은 세대의 게이 남성들 사이에서 상대를 찾으려 정보를 교환할 때 가장 많이 등장하는 요구 가운데 하나가 '끼 없는' 혹은 '끼 부리지 않는' 남자를 찾는다는 것이다. 이러한 게이 남성의 마초화나 여성적인 레즈비언의 등장에 대해서는 다양한 주장이 가능하다. 이를 동성애적인 관계가 이성애적인 역할과 위계에 동화되어버리는 현상으로 개탄하는 이도 있고, 또 자신들을 여성적인 남성, 남성적인 여성으로 규정하는 이성애주의적인 압력에 저항하는 선택으로 보는 이도 있다. 어쨌든 지금의 성적 소수자들과 과거의 성적 소수자들 사이에 연속적인 역사를 그려내고 그 안에서 본질적인 공통점을 가정하는 것은 불가능하다고 할 수 있다.

(4) 성정체성의 차이와 다양성

성정체성이 무엇이며 그것을 정의하는 사회적인 기준은 무엇인지 인식하는 일은 중요하다. 성별, 성정체성, 나아가 성을 인식하는 방식을 이해하고 드러내는 것이야말로 성을 둘러싼 지배와 복종의 권력관계를 드러내고 분석하는 일과 다르지 않기 때문이다. 그러나 이 글에서는 더이상의 자세한 분석을 피하기로 하고 일단 편의상 현재 한국의 성적 소수자들 사이에서 일반적으로 받아들여지고 있는 소수적 성정체성의 개념에 근거하여 성적 소수자를 정의하기로 한다. 이는 게이, 레즈비언, 양성애자, 트랜스젠더 등이다. 이런 성적 소수자의 정체성과 분류에 대해서는 다음으로 미루고 여기에서는 성적 소수자의 인권에 관련된 요구가 등장하게 된 배경을 요약하는 것으로 그치기로 한다.

앞서 우리는 90년대에 접어들어 성적 소수자들이 공통의 삶의 관심과 욕구, 문화적 관습과 언어세계를 만들어내며 자신들의 독자적인 삶의 공간을 형성해왔음을 살펴보았다. 이들은 '성적 소수자 사회'라고 불리기도 하는 자신들의 특수한 세계를 구축하면서, 공유할 수 있는 기억을 형성하고 공통적인 삶의 감수성과 취향, 생활양식을 만들어왔다. 그리고 이런 변화를 통해 축적된 사회적 관계와 공통적인 이해와 욕구가 성적 소수자 인권을 둘러싼 요구를 제기하는 결정적인 밑거름이 되었다. 물론 이런 성적 소수자 인권을 둘러싼 관심이 고조된 또하나의 배경으로 우리는 국제사회에서 성적 소수자에 관한 관심이 폭증하고 또 괄목할 만한 변화가 여러 국가에서 구체화되었음을 꼽을 수 있다. 아울러 국제기구, 국제비정부기구, 글로벌 미디어 등에 의해 생산되고 확산된 '인권의 전지구화'를 통해 성적 소수자의 인권은 더이상 낯설지 않은 문제가 되었다. 성적 소수자의 인권은 각국의 인권수준을 가늠하는 중요한 지표가 되어가고 있는 실정이다. 특히 한국사회의 경우 '국민의 정부'가 등장한 이후 탈냉전시대의 민주화를 위한 중요한 사회적 전략으로 국가 차원에서 인권의 보호와 증진을 내세웠다. 이에 따라 국가폭력에 의한 인권침해는 물론 그간 무시되어온 다양한 인권문제에 대한 관심이 폭발적으로 증가했다. 따라서 소수자 인권에 관한 문제가 거론될 때마다 성적 소수자의 인권은 빠지지 않는 중요한 대상이 되었고 그런 변화에 힘입어 성적 소수자 인권운동은 비록 극히 미진하지만 정부 지원을 받는 등의 다양한 성과를 이뤄냈다. 그렇지만 성적 소수자의 인권을 보호하고 향상시키기 위한 구체적인 성과를 들여다보면 거의 아무런 변화가 없었다 해도 과언이 아니다. 이는 성적 소수자의 인권에 관련된 좀더 깊은 이해와 성찰이 아직 부족하기 때문이라고 볼 수 있다. 우리는 다음에서 이런 점에 주목하면서 성적 소수자의 인권의 주체, 그리고 인권의 내용과 그 주요한 현안을 짚어보고자 한다. 그리고 가능한 한 성적 소수자의 인권을 향상시키기 위한 대안으로 어떤 것이 있을 수 있는지 생각해보기로 한다.

2. 성적 소수자 인권의 주요 현안

이 장에서 우리는 한국사회에서 성적 소수자의 인권에 관련된 주요한 과제를 점검하기로 한다. 각각의 권리 요구마다 매우 복잡한 쟁점을 함축하고 있지만 이는 줄이기로 한다. 예컨대 성적 소수자의 혼인권, 그리고 성적 소수자로서의 '성적 시민권' 등의 경우가 이에 해당한다. 그렇지만 이 장에서는 이런 문제에 대한 자세한 논의보다는 현재 한국사회에서 성적 소수자의 인권과 관련하여 주요한 과제로 생각될 수 있는 것을 중심으로 간단히 설명하기로 한다.

(1) 고용평등의 권리 보장

먼저 성적 소수자들이 고용에 있어 평등한 권리를 누려야 한다. 비록 한국사회에서 어느 기업도 공식적으로 동성애자나 성적 소수자란 이유로 고용을 금지하거나 해고하는 등의 규정을 포함하고 있지 않다. 따라서 동성애자나 다른 성적 소수자가 자신의 성정체성을 표현했을 경우 이를 이유로 고용을 막거나 해고해서는 안된다. 하지만 비록 공식적으로 성적 소수자의 고용 및 해고에 관련된 규정이 없다고 하나 현실적으로 성정체성을 빌미로 정당한 취업과 고용의 기회를 박탈당할 수 있다. 그러므로 고용평등에 관련된 현행 법규와 여러 절차에 반드시 성적 소수자를 포함시켜야 한다. 성적 소수자라는 이유로 취업할 기회를 박탈당하고 사회적인 생존을 위협당할 경우 성적 소수자들은 여전히 자신들에게 가해진 사회적 차별을 묵인한 채 은폐된 삶을 살 수밖에 없을 것이다. 또한 그것은 그들의 직장생활에 커다란 부담과 고통을 안겨줌은 물론 노동을 통하여 건강한 삶을 누릴 기회를 잃게 될 것이다. 이런 점에서 기업들이 적극적으로 동성애자를 비롯한 성적 소수자의 고용을 보장하는 지침을 제정하고 발표하도록 권장해야 할 것이다. 만약 이것이 영리적인 사기업에 적용되기 어렵다면 정부기관, 대학을 비롯한 고등교육기관, 문화예술 관련기관, 비정부단체를 비롯한 사회단체, 정당 등에서 이를 적극 실천하도록 권고할 수 있다. 정부는 부정적인 편견으로 인해 부당한 성적 소수자의 고용차별이 이뤄지지 않도록 적극적인 조처를 취해야 하며 필요하다면 이에 관련된 법을 제정해야 할 것이다.

다음으로 성적 소수자의 직업적인 활동을 평가하고 보상할 때 어떤 차별도 있어서는 안될 것이다. 무엇보다 성적 소수자들이 파트너로서 실제로 가족에 준하는 동거와 공통의 경제적 생활을 할 경우 이성애자 고용인에게 보장된 여러 가지 혜택을 이들에게도 적용해야 할 것이다. 이는 성적 소수자의 인권을 적극적으로 실현하기 위해 불가결한 부분이다. 정부기관, 교육기관은 물론 사기업 등의 경우 적극적으로 동성애자 파트너에게 수당, 의료보험을 비롯한 다양한 혜택을 평등하게 누릴 수 있도록 보장해야 할 것이다.

(2) 혼인의 권리 보장

대한민국 헌법 제36조 1항은 "혼인과 가족생활은 개인의 존엄과 양성의 평등을 기초로 성립되고 유지되어야 하며, 국가는 이를 보장한다"고 규정하고 있다. 그러나 이 규정이 이성간의 혼인만을 인정하는 것인지 아니면 동성간의 혼인을 배제하지 않는 것인지에 관해 법학자들마다 의견을 달리한다. 최근의 몇몇 판례들은 동성애자들의 재산분할권 등에 관련된 소송에서 그들을 법률혼으로 인정할 수 없다며 혼인으로 인정하기를 거부하고 있다. 예를 들어 2004년 7월 27일 인천지방법원 제2가사부의 이상인 부장판사는 레즈비언 커플이었던 원고가 상대 파트너를 대상으로 제기한 '사실혼관계 해소로 인한 재산분할 및 위자료' 청구소송에 대해 청구를 기각했다. 이들은 20년 동안 함께 살며 사실혼관계를 유지했다고 한다. 법원은 이 판결문에서 "우리 사회의 혼인이라 함은 일부일 처제를 전제로 하는 남녀의 정신적·육체적 결합을 의미한다"고 적시하며 "동성간 사실혼관계를 유지해왔다 하더라도 사회관념상이나 가족질서 면에서도 용인될 수 없다"고 주장했다. 이는 결혼을 이성애적인 것으로 정의한 최초의 판례라 할 수 있을 것이다. 그러나 어떤 법학자들이나 법 관련자들은 이성애자 혼인만 인정하는 것은 국민의 행복추구권과 평등권을 짓밟는 것이며, 헌법의 다른 조항들과 상충된다고 주장한다. 혼인에 관한 법률 규정을 개정하거나 그에 관련된 특별 법률을 제정해 성적 소수자에게 혼인의 권리를 보장해야 마땅하다.

그렇지만 성적 소수자의 혼인의 권리는 '결혼할 권리'가 아닌, '결혼을 통해서만 분배되고 향유될 수 있는 권리'를 성적 소수자에게도 보장해야 한다는 뜻으로 생각해야 한다. 이는 굳이 성적 소수자뿐 아니라 이성애적인 혼인관계 외부에 있는 다양한 관계에 대해서도 혼인한 자로서의 권리를 누릴 수 있도록 하자는 것이다. 미국 회계감사원이 분석한 바에 따르면 미국에서 기혼자의 경우 연방정부의 다양한 법률과 규정에 따라 약 1,096가지의 권리와 혜택을 누린다고 한다. 여기에 각 주에서 보장하는 것으로 약 300여가지가 추가된다고 한다. 따라서 미국사회의 생존과 생활에서 결혼이 근본적이란 말은 과언이 아니다. 결국 혼인은 사실상 성인들이 국가를 통해 여러 가지 권리와 혜택을 제공받는 가장 중요한 원천이다. 비록 미국과의 차이를 감안하고 아직 신뢰할 만한 자료를 이용할 수 없음에도 불구하고, 한국사회에서도 결혼이 상당한 역할을 하고 있음 역시 분명하다. 다시 한번 강조하지만 혼인권은 결혼제도를 통해 성적 소수자의 관계를 정당하게 인정받으려는 것과 별 상관이 없다. 이미 우리 시대의 혼인은 전통적인 가족관계에서 정의된 결혼(예컨대 대를 잇기 위한 혼인)과 점차 멀어져왔고, 이제 혼인의 이유이자 목적은 점차 부부의 친밀한 관계로 대체되어왔다. 특히 한국사회에서 높은 이혼율이 보여주듯이 결혼관계에서 일차적인 근거는 친밀성이라고 해도 과언이 아니다. 그렇다면 이성애자의 혼인과 다른 성적 소수자의 관계에는 어떤 근본적인 차이도 없다. 둘 모두 친밀성에 따른 당사자간의 합의에 따른 결합으로 볼 수 있다면 말이다.

이미 네덜란드를 필두로 다수의 국가들이 동성애자들의 결혼의 권리를 인정하고 있다. 2001년 4월 1일 네덜란드 정부는 '결혼개시에 관한 법률'(Act on the Opening up of Marriage)을 공표했다. 이 법안은 "결혼은 이성 혹은 동성의 두 사람에 의한 계약으로 이뤄진다"고 규정함으로써 동성애자 커플에게 완전한 혼인권을 부여했다. 그러나 이미 이전의 '등기파트너제'(registered partnership)를 유지하고 혼인권으로 전환하지 않고 싶으면 그럴 수 있다. 이외에도 벨기에(2003), 미국의 매사추세츠 주(2003) 등에서 동성애자들에게 완전한 결혼의 권리를 인정하고 있다. 또한 스페인을 비롯한 여러 국가에서 동성애자 커플을 이성애자와 완전히 동일한 혼인으로 인정하려는 움직임을 보이고 있다. 덴마크(1989)를 위시하여 노르웨이(1993), 아이슬란드(1996), 스웨덴(1995) 등은 '등기파트너제'를 도입하고 있다. 이는 동성애자 커플에게도 혼인과 동일한 권리를 부여하는 것인데 대부분 자녀 입양이나 이민자의 시민권에 관한 한 제한을 두고 있다. 그리고 이는 대부분 동성애자 커플에게만 그 권리를 부여한다. 단 덴마크는 이성애자 커플에게도 권리가 부여된다.

프랑스는 1999년 '시민유대협약'(civil solidarity pact: pacte civile)을 통과시켰다. 이 법안은 동성애자 커플은 물론 이성애자 커플에게도 해당되는 것으로 역시 혼인에 보장된 공적인 권리를 보장한다. 그러나 이 법안은 미국에서 널리 사용되는 '가족파트너제'(domestic partnership)에 가깝다. 이는 지방정부나 기업, 공공기관, 학교, 노동조합 등에서 지역주민이나 피고용인 가운데 동성애자 파트너들에게 혼인에 해당하는 권리를 선택적으로 보장하는 것이다. 또하나 다른 것을 꼽자면 미국의 버몬트 주에서 시행중인 '시민결합'(civil union)이다. 이는 이성애자 혼인의 권리와 책임에 해당되는 모든 것을 보장하는 것으로 혼인의 성립과 해소에 따르는 절차 역시 이성애자 부부와 유사하다. 이 제도 역시 배우자, 직계가족, 인척 등의 모든 법적인 표현을 적용받을 수 있도록 되어 있다. 한국사회가 이 가운데 어떤 제도와 법률을 선택하고 어떤 자격과 권리를 부여해야 할지 분명히 규정할 수는 없을 것이다. 그렇지만 성적 소수자에게도 혼인의 권리가 부여되어야 함은 분명하다. 그것은 혼인의 권리가 아니라 혼인한 자에게만 부여된 사회적인 권리를 평등하게 분배하고 보장하는 것이어야 한다.

(3) 동성애 혐오를 근절하기 위한 시민교육

성적 소수자에 관한 부정적이고 적대적인 사회적 편견을 바로잡기 위해 다양한 교육 프로그램을 도입해야 한다. 특히 중고등학교를 비롯한 학교, 의료기관, 경찰, 군대 그리고 교도소를 비롯한 수형시설의 경우 이런 교육 프로그램의 도입을 의무화해야 할 것이다. 청소년 교육시설의 경우 동성애자 및 다른 소수적 성의 청소년들이 다양한 폭력과 심리적인 위협에 직면할 가능성이 높다. 한국사회에서 이미 다양한 조사와 통계는 동성애자 청소년들이 학교생활에서 엄청난 심리적인 고통을 겪고 있음을 보여주었다. 의료기관의 경우 역시 이와 다르지 않다. 성적 소수자라는 이유로 치료를 기피하거나 환자로서 부당하게 대우하지 않도록 하기 위한 교육 프로그램의 도입이 필요하다. 경찰의 경우 범죄자가 성적 소수자일 때 성정체성을 이유로 모욕과 폭력, 부당한 대우가 이뤄지지 않도록 해야 한다. 또한 성적 소수자들 사이에서 벌어지는 범죄의 경우 상당수의 성적 소수자들은 경찰에 알렸을 때 자신들이 직면할 고통이 더 클 것이란 이유로 피해를 감수한다. 따라서 이들이 자신의 생명과 재산을 비롯한 다양한 권리의 보호를 요청할 경우 그들을 적극 보호해야 한다. 범죄자이든 피해자이든 성적 소수자란 연유로 많은 이들이 모욕과 수모를 겪고 자살을 시도하는 등의 여러 가지 피해가 계속되어왔다. 따라서 이런 이들을 구제하기 위한 적절한 절차와 제도가 마련되고 적극 홍보되어야 할 것이다. 이미 많은 이들이 군대에서의 성폭력에 따른 피해를 호소하고 있다. 그러나 대부분의 성폭력은 동성애자간의 성폭력이 아니라 상황적인 동성애(situational homosexuality)에 따른 경우가 많으며 이런 폭력의 피해자는 동성애자가 될 경우가 높다.

(4) 공중보건, 특히 에이즈 예방 및 감염정책에서 성적 소수자의 참여

성적 소수자가 공중보건정책에 의해 특별취급을 당하고 그로 인해 여러 가지 차별을 겪을 경우 이를 해결할 수 있도록 해야 한다. 특히 현재 에이즈 예방 및 감염정책의 경우 감염인의 권리를 적극 보호함은 물론 성적 소수자 감염인에 대한 역학조사나 입원 및 치료, 간병 등의 관행에서 특별한 불이익이 없도록 해야 할 것이다. 또한 동성애적 성행위가 에이즈와 관련있음을 암시하거나 조장하는 일체의 정보를 금지해야 하며, 동성애자들이 적극적으로 에이즈 예방에 나설 수 있도록 배려하는 정책적 지원을 행해야 할 것이다.

(5) 이민과 귀화의 권리 및 난민의 권리 보장

동성애자를 비롯한 성적 소수자들의 포괄적인 시민권을 인정하고 이

를 보장하기 위해 이민 및 귀화의 권리를 인정해야 한다. 이미 한국사회의 많은 성적 소수자들은 다양한 해외 교류의 경험으로 인해 해외 파트너와의 장기적인 관계를 원하고 있다. 따라서 이들 가운데 당당히 성정체성을 밝히고 이민을 원하는 사람이 있다면 성적 소수자라는 이유로 이민을 막아서는 안될 것이다. 이를 보장하기 위해 성적 소수자의 이민의 권리를 보장하고 이를 규정해야 할 것이다. 또한 이는 귀화의 권리에서도 동일하게 적용되어야 할 것이다. 아울러 다른 국가에서 성지향성으로 인해 부당한 박해를 받고 한국사회에 정착하고자 하는 성적 소수자들에게 난민의 지위를 부여해야 할 것이다.

(6) 성 자기결정의 권리 보장

최근 하리수 씨의 호적정정소송에서 보듯이 성전환자의 성별 규정에 관한 인권적 접근 역시 절실히 필요하다. 현재 한국사회의 경우 무엇이 그의 진정한 성별인가를 둘러싸고 여러 의견이 공존한다. 성별을 의학적인 지식의 대상으로 정의하여 염색체·유전자·생식선 등을 판별함으로써 성을 '과학적으로' 규정하려는 관점, 성별에 관한 일반적인 통념, 즉 남성성과 여성성의 규범에 부합하느냐의 여부에 따라 규정하려는 규범적인 관점, 성별을 결정하는 것은 신체를 통제하는 개인의 권리에 속한다는 자기결정권적인 관점 등이 혼란스럽게 대립하고 있다. 물론 이런 각각의 관점은 나름의 역사적 맥락을 가지고 있다. 또한 성별을 결정하는 주체도 전문가·법률가·개인 등으로 서로 다르다.

그러므로 위의 관점들은 성별 정체성을 판별하는 지식의 종류, 그것을 결정하는 권한의 주체, 그에 따르는 처분방식 등이 각기 다를 수밖에 없다. 예를 들어 군대에서 성전환자의 경우 정신질환자로 정의하고 이들을 병역의무에서 제외시킨다. 또한 의료제도의 경우 성전환수술을 암묵적으로 행하고 있고 시술 대상에 해당하는 성전환자와 제외되는 성전환자를 구별하는 과정에서 성전환자에 대한 나름의 의학적 정의를 만들어내고 있다. 한편 하리수 씨의 호적정정 사례에서는 그가 사회적 통념에 비추어볼 때 여성이라는 점을 들어 그의 성별 변경을 인정했다. 이는 사회적 통념과 일치하지 않는 여성성을 보일 경우 여성임을 인정하지 않는다는 논리와 다르지 않다. 결국 이는 성별의 전환을 인정한 것이 아니라 기존의 성별 통념에 순응함을 인정한 것에 불과하다. 그러므로 성전환자의 성별을 결정하는 문제에 대한 새로운 접근이 필요하다.

먼저 우리는 양성구유자(the hermaphrodite)와 성전환자들의 성별 자기결정권을 존중해야 한다. 여성이나 남성으로 성전환을 한 이들의 직업활동과 사회활동에 대한 어떤 차별이 없도록 해야 하며 이를 위한 보호장치로 관련 법률을 마련해야 한다. 여성으로 성전환하고자 하는 이들이 성전환수술 비용을 마련하기 위해 매매춘에 종사하는 등의 악순환을 막기 위해 이들이 성전환 혹은 성결정을 위한 의료적 시술을 원할 경우 이에 대한 의료적 급부가 제공되어야 한다. 아울러 성전환자와 양성구유자들이 성별 결정에 관한 정보에 쉽게 접근할 수 있도록 하는 사회적 장치가 마련되어야 할 것이다. 아울러 성전환자의 군 입대 면제는 물론 이에 따른 불이익과 의료적 낙인 역시 사라져야 한다.

(7) 성적 시민권(sexual citizenship) 보장

마지막으로 우리는 성적 시민권이라는 포괄적인 권리를 제기할 수 있다. 사실 권리라는 개념은 성과 아무런 관련 없는 추상적인 것으로 생각되어왔다. 그렇지만 많은 사람들이 주장하듯이 추상적인 시민의 권리는 이성애중심의 사회를 유지하는 가치와 규범 또한 내장하고 있다. 그런 점에서 시민권을 탈이성애화하고 그 안에 성적 소수자의 성의 관심과 요구를 포함시켜야 한다는 주장이 제기되고 있다. 우리는 이를 성적 시민 권이라고 부르기로 한다. 단적으로 미국사회의 경우, 동성애자들의 성적인 욕망과 삶을 표현하는 예술작품에 관한 국가지원을 중단하라는 다양한 압력이 계속되어왔다. 동성애자들의 성적인 욕망은 매우 사적이고 은밀한 문제에 불과하며 그들의 '특수한 이해'(special interest)를 표현하는 행위에 시민으로서의 지원을 제공해서는 안된다는 것이다. 이는 물론 동성애자의 삶은 시민의 삶으로 간주할 수 없으며 동성애자가 시민으로 살기 위해서는 이성애자와 동일한 욕망·체험·상상·의식을 가져야 한다는 것이다. 이는 "동성애자로서 당신의 집 안에서 얼마든지 자유롭게 살아도 되지만 공적인 공간을 침범해서는 안된다"는 논리이다. 따라서 동성애자를 비롯한 성적 소수자들은 공적인 공간에서 자신의 일상적인 삶, 성적인 욕망과 체험을 표현하고 교류할 기회를 영원히 제지당하게 된다. 이미 많은 사회에서 공중도덕이란 이름으로, 혹은 도시계획, 환경정비, 이웃집단의 민원 등의 이유로 동성애자들의 중요한 공적인 공간인 유흥업소·서점·극장 등을 폐쇄하려는 공격적인 움직임이 일고 있다. 이는 한국사회에서도 암묵적으로 이루어지고 있다. 많은 동성애자들과 성적 소수자들은 학교의 교육과정, 공중미디어, 학술 및 문화예술에 관한 지원을 갈망하고 있다. 따라서 그런 영역에서 성적 소수자의 시민적인 권리를 확대하기 위한 조처가 있어야 할 것이다.

3. 성의 평등을 위하여

우리는 지금까지 한국사회에서 성적 소수자의 인권과 관련하여 보장되어야 할 주요한 권리와 추진되어야 할 사회적인 과제를 살펴보았다. 그것은 ①고용평등의 권리 ②혼인의 권리 ③공공기관에서의 성적 소수자 권리와 관련한 교육 ④ 공중보건, 특히 에이즈 예방 및 감염정책에서 성적 소수자의 참여 ⑤ 이민과 귀화의 권리 및 난민의 권리 ⑥ 성 자기결정의 권리 ⑦ 성적 시민권 등이었다. 현재 국가인권위원회법은 제30조 2항에서 성적 지향을 이유로 한 차별행위가 평등권을 침해하는 행위라는 점을 밝히고 있다. 그 법에 따를 경우 성적 지향을 이유로 고용이나, 재화·용역·교통수단·상업시설·토지·주거시설의 공급이나 이용에 있어서, 그리고 교육시설이나 직업훈련기관의 이용에 있어서 특정한 사람을 우대·배제·구별하거나 불리하게 대우할 경우 이는 평등권을 침해한 행위로 간주된다. 물론 이에 따른 피해가 있을 경우 성적 소수자는 구제와 배상을 위한 활동을 할 수 있다. 따라서 국가인권위원회의 법만으로도 앞서 언급한 다양한 권리가 한국사회에서 '제도적으로' 보장되고 있음을 알 수 있다.

그렇지만 불행하게도 한국사회에서 이런 보장은 성적 소수자의 인권을 향상시키고 그들의 삶의 질을 변화시키는 데 직접적으로 기여하지 못하고 있다. 앞서의 법적인 보장이 요구하는 권리의 주체는 결국 '커밍아웃'한, 즉 자신을 성적 소수자로 등록한 공적인 주체이다. 한국사회에서 성적 소수자들은 이런 권리의 주체가 될 엄두를 거의 내지 못하고 있다. 이는 이런 법률적인 보장과 상관없이 법률적으로 보호받지 못하는 많은 영역에서 성적 소수자에게 행해지는 수많은 차별과 굴욕을 잘 알고 있기 때문이다. 따라서 단지 더 나은 복지혜택과 수당을 위해 자기의 삶의 존엄과 긍지를 송두리째 파괴당하면서까지 '커밍아웃'을 선택할 성적 소수자는 아무도 없다. 이미 한국사회에서 많은 성적 소수자들이 가장 두려워하는 것은 성적 소수자라는 이유로 자신의 공민적 지위를 부정당하는 공식적인 차별이 아니라 자신이 성적 소수자임을 드러내는 '아웃팅'(Outing)이 되어가고 있다. 성정체성을 당당히 드러내고 자신이 살아가는 사회 안에서 권리의 주체로 살아가길 기대하기 어렵다는 것이다.

특히 글의 앞머리에서 지적했듯이 전지구적인 미디어 네트워크와 자본의 흐름을 통해 전달되는 다양한 정보와 상품을 소비함으로써 동성애자들은 더이상 과거와 같은 고립감과 지적이고 문화적인 갈증에 시달리지 않는다. 또한 성적 소수자를 소비자로 겨냥한 시장은 갈수록 성장하고 있다. 미국에서 유행하는 게이 씨트콤을 케이블 텔레비전에서 볼 수 있고, 싱가포르의 아시아 게이 축제와 파티에 참가할 수 있으며, 씨드니의 마디그라 축제에서 퍼레이드를 벌일 수 있다. 따라서 성적 소수자들은 자신을 안락하고 편안하게 환대하는 게이 시장의 소비자로서, 그러나 자신의 주된 삶이 이뤄지는 직장·학교·가족의 세계에서는 가장한 이성애자로서 분열된 삶을 살고 있다. 이것이 성적 소수자의 인권운동을 제약하고 위협하는 중요한 장벽이다. 성적 소수자의 인권은 자신을 흉보는 이성애자들을 인터넷 게시판에서 비난할 때 사용하는 장신구 같은 수사가 되어가고 있다는 체념의 목소리가 성적 소수자 인권운동가들 사이에서 널리 퍼지고 있다. 특히 가처분 소득이 높고 대졸 이상의 학력을 지닌 중산층 남성 동성애자들이 성적 소수자에 관련된 모든 것을 독점함으로써 여성 동성애자와 성전환자를 비롯한 성적 소수자들은 더욱 큰 고통과 불행을 감수해야 하는 실정에 있다.

그렇지만 물론 이는 비관할 만한 일이 아니다. 새로운 성적 소수자들이 은둔한 소비자로서의 즐거움을 만끽할 뿐이라고 힐난하는 것은 좁은 생각이다. 그러한 삶의 세계를 만들어내고 또한 그들이 적극적으로 자신들의 욕망을 추구할 용기와 욕구를 가지게 된 데는 바로 지난 기간 동안 꾸준히 벌어진 성적 소수자의 인권운동이 있었기 때문이다. 새로운 전지구적인 자본주의, 글로벌 소비문화의 등장, 네트워크로 연결된 지구적 소통체계는 우리가 살아가는 성의 질서와 관계를 변형시키고 또 그 속에서 살아가는 성적 소수자들의 삶과 욕망 역시 변화시킨다. 우리는 쌘프란시스코의 전위적인 게이 하위문화에 대해 해박해질 수 있지만 인도네시아와 짐바브웨의 성적 소수자의 절박한 삶에 관해서도 동시에 알 수 있게 되었다. 우리는 세계 전역에서 열리는 화려한 게이 파티에 참여할 수 있지만 또한 동시에 부실하고 차별적인 공중보건정책으로 목숨을 잃어가는 동성애자 에이즈 감염자의 권리를 위해 국제적인 시위에 참가할 수도 있다. 성적 소수자의 인권운동이 직면한 이러한 위기는 또한 그런 점에서 새로운 '전지구적인 성적 소수자 시민'으로서 새로운 인권의 요구를 만들어내고 보다 변화된 삶을 만들어내는 지평이 되어줄 것이라고 믿을 수 있다.

■ 참고문헌

곽진영 「미국사회의 변화와 연방대법원의 기능——동성애자 권리 이슈를
　　중심으로」, 『국제정치논총』 제43권 4호, 한국국제정치학회 2001.
김송혜숙 「한국 여성동성애자운동과 페미니즘——끼리끼리 활동을 중심으
　　로」, 『여성과사회』 제10권, 한국여성연구소 1999.
다니엘 헬미니악 『성서가 말하는 동성애——신이 허락하고 인간이 금지한
　　사랑』, 김강일 옮김, 해울 2003.
데니스 올트먼 『글로벌 섹스——섹스의 세계화, 침실의 정치학』, 이수영 옮
　　김, 이소출판사 2003.
서동진 『누가 성정치학을 두려워하랴』, 문예마당 1996.
＿＿＿ 「성적 시민권의 정치학과 비이성애적 주체」, 『한국의 소수자, 실태
　　와 전망』, 한울아카데미 2004.
서현진 「미국의 소수자 권리보호에 관한 연구——동성애자 권리문제를 중
　　심으로」, 『국제정치논총』 43권 4호, 한국국제정치학회 2003.
제프리 웍스 『섹슈얼리티——성의 정치』, 서동진·채규형 옮김, 현실문화연구 1997.
케빈 제닝스 『역사 속의 성적 소수자』, 김길님 옮김, 이연문화사 1996.
한채윤 「동성애——결혼과 가족의 획일성 깨기」, 『사회비평』 제33권, 나남
　　2002.

■ 추천 인터넷 싸이트

끼리끼리(http://www.kirikiri.org)
동성애자인권연대(http://www.outpridekorea.com)
친구사이(http://www.chingusai.net)
한국성적소수자문화인권센터(http://www.kscrc.org)

생각해볼 문제

1. 소수적 성정체성은 특정한 성행위나 그 대상을 가리키는 것인가 아니면 성행위와는 구분되는 특정한 집단의 자연스런 관습과 생활 형태를 가리키는가? 아니면 이성간의 결혼과 가족체계를 유일하게 바람직한 성의 관계로 바라보면서 만들어낸 인위적인 사회적 개념인가?

2. 성의 소수자가 성에 근거하여 자신이 누구인가를 설명하고 정의할 수밖에 없다면 이성애자에게 성은 정체성과 어떤 상관이 있는가?

3. 계집애 같은 남자, 사내 같은 여자라는 동성애자 남녀에 대한 편견은 성차별주의와 어떤 상관이 있는가?

4. 역사적으로 동성애자를 비롯한 성적 소수자에 관한 살해, 구금, 폭력 등이 이루어진 배경은 무엇인가?

5. 동성애자의 친밀감에 바탕한 관계를 혼인으로 간주할 수 없는 이유는 무엇인가?

장애인 인권의 동향과 대안

김용득 · 이동석

1. 장애문제의 성격

사람이 사람답게 살아야 하는 것, 이것은 사람으로서 태어나면서 누구나 갖게 되는 당연한 권리이다. 1948년 유엔총회에서 채택된 '세계인권선언' 제1조는 "모든 사람은 태어날 때부터 자유롭고, 존엄성과 권리에 있어서 평등하다. 사람은 이성과 양심을 가지고 태어났으니, 서로 형제애의 정신으로 처신해야 한다"고 규정하고 있다. 우리나라 헌법에서도 인간의 기본권을 다양하게 인정하고 있다. 그러나 이러한 원칙적 입장에도 불구하고 장애인은 인간으로서의 기본권리를 충분히 누리지 못하고 살아가고 있는 것이 현실이다.

최근 조사 결과에 의하면 한국의 장애인들은 광범위한 영역에서 차별과 인권침해를 받고 있는 것으로 나타났다. 우리나라에서 장애인에 대한 차별이나 인권침해가 있다고 생각하느냐는 질문에 응답 장애인의 86.7%가 많이 발생하고 있거나 매우 많이 발생하고 있다고 응답했다. 또한 장애인이라는 이유로 본인이 차별이나 인권침해를 받고 있다고 느끼느냐는 질문에 전체 응답자의 85.1%가 그렇다고 응답했으며, 이 중 30.1%는 항상 느끼고 있다고 응답했다. 차별이나 인권침해를 전혀 느끼지 않는다는 장애인은 3.8%에 불과했다(한국장애인단체총연맹 2001). 또한 한국보건사회연구원의 조사에 의하면 취학에서 차별을 경험한 장애인은 55.0%, 학교생활에서 차별을 경험한 장애인은 63.0%, 결혼문제에서 차별을 경험한 장애인은 66.1%, 취업문제에서 차별을 경험한 장애인은 68.8%, 직장생활에서 차별을 경험한 장애인은 60.7%, 지역사회생활에서 차별을 경험한 장애인은 42.5%로 나타났다(변용찬 외 2001).

이처럼 인권국가를 표방하는 나라에서 광범위하게 장애인에 대한 차별 및 인권침해가 벌어지는 것은 인권을 바라보는 계층간의 차이에 기인한다고 볼 수 있을 것이다. 인권이란 매우 보편적이면서도, 다른 한편으로는 시대적·사회적 조건 속에서 규정되는 역동성을 갖는다. 인권의 개념에서부터 인권의 주체, 인권의 내용과 범주는 늘 지배세력과 피지배세력간의 긴장관계 속에서 변화해왔으며, 인간의 존엄성과 자유와 평등을 진정으로 구현해나가려는 노력 속에서 새롭게 정의되고 확장되어왔다. 인권의 내용과 범주를 구체적으로 규정하는 시각은 각자가 속한 계급이나 경제·사회·정치적 지위에 따라 달라질 수밖에 없다. 자본가와 노동자, 남성과 여성, 성인과 아동, 장애인과 비장애인, 기득권을 장악한 자와 그렇지 않은 자 사이에는 인권을 해석하고 바라보는 시각이 다를 수밖에 없기 때문이다(황정미 2001). 즉 지배세력 및 지배세력에 의해 이념을 공유당해온 국민들은 기본적인 생존권만을 유지하면 장애인 인권이 보장되는 것이라고 생각했기 때문에 장애인에 대한 '시혜'를 제공함으로써 모든 것이 충족될 것이라고 믿어왔다. 그러나 이제 장애인들은 비장애인들과 동등한 권리를 요구하고, 인권개념의 확장을 요구한다. 장애인 인권은 현재까지의 보편적 인권개념이 인권의 주체가 되는 '인간'을 '비장애인' '육체적으로 완전한 사람', 특히 '남성'으로 바라보았다는 문제의

식에서 출발한다. 따라서 두 집단간의 개념 괴리만큼 인권침해 및 차별이 발생하게 되는 것이다. 결국 장애인 인권확보를 위해서는 보편적 인권의 개념, 특히 장애인 인권의 개념에 대한 새로운 정립 및 공유가 필요하다.

장애인 인권을 확보하기 위해서는 인권이라는 추상적 목표를 달성하기 위한 수단이 필요하다. 예를 들어 현재 장애인에게 참정권이 부여돼 있다. 그럼에도 장애인들은 참정권을 박탈당하고 있다고 주장하는데, 그 이유는 참정권이라는 추상적 목표를 달성하기 위한 수단—예를 들어 거소투표방법의 편리성, 시설에의 투표소 설치, 편의시설이 갖추어진 투표소 설치, 이동이 불편한 장애인을 위한 이동써비스 등—이 마련되어 있지 않기 때문이다. 결국 인권이라는 것은 추상적 목표만을 말하는 것이 아니라 추상적 목표를 달성하기 위한 구체적인 수단, 즉 사회적 지원의 완벽한 제공까지 포괄하는 개념으로 보아야 할 것이다.

결국 장애인 인권의 개념정립 및 장애인 인권을 확보하기 위한 구체적인 수단을 찾는 것이 중요한 문제가 된다. 장애인 인권의 개념을 정립하기 위해서는 장애에 대한 개념 정의가 바뀌어야 한다. 장애는 개인적·신체적인 문제가 아니라 개인적·신체적 손상에 대해 사회가 적절한 지원을 하지 못함에 따라 장애인의 완전한 사회참여를 가로막기 때문에 발생한다. 또한 장애와 관련된 사회문제의 원인을 장애인 개인이 아니라 장애라는 차이점을 충족시켜주지 못하는 경제적·사회적 과정에서 찾는 시각이 필요하다. 그리고 인권확보를 위한 구체적인 수단도 국가나 민간에 의한 '시혜'나 '자선'이 아닌 '권리'의 관점에서 보아야 한다. 장애인도 단순히 써비스를 제공받는 객체가 아니라, 자기결정에 따른 사회적 지원에 의해 포괄적 권리를 보장받는 주체로 사회생활을 향유할 수 있어야 할 것이다.

따라서 본고에서는 첫째, 장애인문제를 왜 인권으로 해결해야 하는

지, 즉 장애를 인권의 맥락에서 이해해야 하는 근거를 제시할 것이다. 둘째, 세계적인 차원에서 장애개념의 변화와 장애와 시민권과의 관련성을 규명할 것이다. 셋째, 장애인 인권확보를 위한 국제기구와 주요 선진국들의 노력을 살펴볼 것이다. 넷째, 한국사회에서의 장애인 인권 실태를 살펴봄으로써 광범위하게 퍼져 있는 장애인 차별 실태를 확인하고, 이러한 문제를 개선할 수 있는 인권확보 방안을 제시할 것이다.

2. 장애인 인권의 이해

(1) 장애개념의 변화

개별적 모델과 사회적 모델

장애의 개념적 모델은 크게 개별적 모델과 사회적 모델로 구분될 수 있다. 개별적 모델은 장애를 개인이 가진 의학적·기능적 문제라고 보는 시각이며, 치료모델 또는 개인중심의 모델이라고 할 수 있다. 반면 사회적 모델은 장애인이 살고 있는 사회환경의 문제를 중요하게 인식하는 시각이며, 사회행동모델 또는 환경중심의 모델이라고 할 수 있다(권유경, 2001).

장애라는 현상을 질병, 종양 및 건강 조건 등에 의해 직접적으로 야기된 '개인'의 문제로 간주하는 개별적 모델에는 근본적으로 중요한 두 가지 측면이 있다. 첫째는 개인의 장애'문제'에 그 핵심을 둔다는 점이다. 둘째는 이러한 문제가 장애로 인한 근본적인 제한 혹은 심리적인 상실에 기인한다고 보는 점이다. 이러한 관점은 장애의 개인적 비극이론을 구성하는 것으로 장애를 불행한 개인에게 발생하는 끔찍한 사건으로 바라본다(Oliver 1996).

이 관점은 '의료전문가에 의한 개별적 치료'라는 형태의 의료보호를 해결책으로 제시하며 장애 관리의 촛점을 개인의 좀더 나은 적응과 행위의 변화에 둔다. 이에 따라 주된 이슈는 건강보호가 되며, 이에 장애를 완화시킬 수 있는 건강보호정책을 강조한다. 일명 기능제약모델(이익섭 1993)이라고도 하며 기존의 의학적·경제학적 정의가 여기에 포함된다.

장애 현상을 장애를 가진 사람의 사회통합이라는 관점에서 '사회적인' 문제로 간주하는 사회적 모델은 개별적 모델에서 전제하는 두 가지 강조점을 완전히 무시하는 데서 시작된다. 즉 장애를 개인에게 귀속된 것이 아니라 사회적 환경에 의해 창조된 조건들의 복잡한 집합체로 보는 것이다. 즉 장애란 장애인에 대한 제한을 함축하는 모든 것으로 편견과 제도적인 차별, 접근 불가능한 공공건물과 사용 불가능한 교통체계, 분리교육과 노동의 배제 등을 의미하는 것이다. 장애는 장애인 개인에게 있는 개별적인 제한이 아니라 장애인의 욕구를 사회 내에 수용하고 사회가 이에 적합한 써비스를 제공하는 데 실패했음을 의미한다. 이러한 사회적 실패의 결과는 사회 전체에 걸쳐 체계적으로 제도화된 차별을 통하여 장애인들에게 전달된다.

장애문제를 관리, 해결하기 위해서는 '사회행동'이 필요하다. 그리고 장애인이 전영역의 사회생활에 완전히 참여할 수 있도록 하기 위한 환경개조를 필수요건으로 삼으며 이를 실천하는 것을 사회의 집합적인 책임으로 본다. 이 모델은 사회 변화를 요구하는 이데올로기적인 것이며 정치적으로는 인권과 관련된 것이다. 따라서 장애문제 해결을 위한 모든 의도와 목적은 매우 정치적이어야 하며, 장애인과 관련된 주요 과제는 장애인들이 직면한 편견과 차별을 해결하는 데 있다고 한다. 일명 소수집단모델(이익섭 1993)이라고 일컬어지며 장애에 대한 사회학적·정치학적 정의가 이에 해당된다.

표1 장애의 개념모델 비교

개별적 모델(the individual theory)	사회적 모델(the social model)
개인적 비극이론(personal tragedy theory)	사회억압이론(social oppression theory)
개인적 문제(personal problem)	사회적 문제(social problem)
개별적 치료(individual treatment)	사회적 행동(social action)
의료화(medicalisation)	자조(self-help)
전문적 권위(professional dominance)	개별적·집합적 책임 (individual and collective responsibility)
숙련가(expertise)	경험(experience)
적응(adjustment)	긍정(affirmation)
개별적인 정체성(individual identity)	집합적 정체성(collective indentity)
편견(prejudice)	차별(discrimination)
태도(attitudes)	행위(behaviour)
보호(care)	권리(rights)
통제(control)	선택(choice)
정책(policy)	정치(politics)
개별적인 적응(individual adaptation)	사회변화(social changes)

출처: Oliver 1996

이 두 모델은 개인적 지체와 구조적 지체 모델로도 설명이 가능하다 (심상완 2002). 개인적 지체는 환경 변화가 없더라도 개인의 기능이 저하 되어 지체되는 경우와 개인보다 환경이 급속도로 발전함에 따라 개인이 지체되는 것을 말한다. 구조적 지체는 개인은 더 높은 능력과 기대를 갖 고 있는데 사회환경이 이를 뒷받침하지 못할 경우에 발생한다. 이 모델 은 고령화사회에서 노인이 환경과의 관계에서 지체되는 현상을 설명한 것인데 장애개념에도 유용하게 사용될 수 있을 듯하다. 마찬가지로 개인 의 기능이 저하되어 환경의 욕구에 부응하지 못하는 경우도 있지만 장애 인 개인의 욕구나 능력을 사회환경이 지원해주지 못하기 때문에 장애가 발생할 수도 있는 것이다. 전자에 강조점을 둔 것이 장애개념 중 개별적 모델이며, 후자에 강조점을 둔 것이 사회적 모델이다.

두 모델의 원인이 다른만큼 문제해결방식도 다르다. 개별적 모델은 개인의 재활, 즉 개인을 적절히 변화시켜 사회에 통합시키는 것을 목표로 하는 데 비해 사회적 모델은 장애인의 욕구를 사회구조가 충족시켜주지 못해서 장애가 발생하는 것으로 보기 때문에 사회환경의 개선, 사회적 지원(편의시설, 사회인식의 개선 등)을 확대하여 구조적 지체를 줄여 나가는 것을 목표로 한다.

세계보건기구(WHO)의 장애개념 변화

WHO의 장애 분류는 초기에는 의료적·개별적 모델이 주도했다. 국제질병분류(ICD, International Classification of Diseases)에 따라 장애를 분류했고, 이에 따라 장애에 대한 대처도 의료적 치료가 주를 이루었다. 장애는 질병이며, 질병의 치료를 통해 극복될 수 있었다. 그러나 만성질병 및 후유증의 증가에 따라 질병 자체뿐만 아니라 질병의 결과로 발생하는 현상에 주목할 수밖에 없었으며, 신체적 영역(질병)을 벗어난 개인적·사회적 영역에서의 불리함에 대한 명명 및 관리가 필요하게 되었다. 이런 문제제기를 한 그룹은 재활전문집단이었으며, 이들의 주장이 수용되어 1976년 ICD-9에서는 질병과 불리(handicap)를 구분하여 질병의 결과 발생하는 현상을 사회적 불리라고 했다. 그러나 이 개념은 ICD 분류에 통합되지 못하고 보조적으로 사용되는 수준이었다(WHO 1997).

장애개념을 명확히 하고 장애의 사회적 원인을 주장하는 세력에 의해 세계보건기구는 1980년 손상, 기능제약, 사회적 장애에 대한 국제분류(ICIDH, International Classification of Impairments, Disabilities, and Handicaps)를 발표했다. 질병으로 인한 개인적 기능의 상실, 사회적 불리를 포함시킨 이 분류법은 장애의 원인에 사회적 원인을 포함시킬 수 있는 여지를 남겼다. 그러나 이 분류법은 손상에 따라 기능의 장애가 발생하고, 기능의 장애에 따라 사회적 장애가 발생한다는 원인론적 모델이라는 점에서 많은 비난을 받았다. 또한 적용하는 데 어려움이 많고, 사회환경에 대한 고려가 부족하다는 점도 지적되었다. 특히 사회적 모델에 입각할 경우 장애문제는 질병에 의한 문제가 아니라 질병의 결과를 받아들이지 못하는 사회환경의 문제이기 때문에 사회환경에 대한 고려가 없는 장애 분류는 비난받을 수밖에 없었다.

1997년의 ICIDH-2 분류법은 위와 같은 비판을 수용하여 손상(impairment), 기능제약(disability), 사회적 장애(handicap)를 단선적인 원인론이 아닌 상호 관련성을 갖는 것으로 보았다. 또한 기능제약, 사회적 장애는 사회의 문화에 따라 다르게 수용될 수 있다는 점, 사회환경에 의한 장애를 강조하기 위하여 사회적 맥락을 추가하고, 사회적 맥락은 각 구성요소의 관계에 영향을 미치는 것으로 보았다. 또한 '사회참여'가 장애인 정책의 주요 이슈가 된 점을 감안하여 활동(activity)과 참여(participation)라는 용어를 사용하게 되었다(WHO, 1997).

2001년 확정된 기능·장애·건강에 대한 국제분류(ICF, International Classification of Functioning, Disability and Health)는 ICIDH-2에 대한 세계 각국의 의견을 종합 정리한 것으로 상황적 요인이 각 구성요소의 관계뿐 아니라 각각의 구성요소에도 영향을 미치는 것으로 본다. 또한 좀더 적극적이고 긍정적인 용어를 사용한다(김용득 2002).

결국 WHO의 장애개념은 개별적 의료모델에서 사회적 환경중심모델로 전환되어가고 있다고 할 수 있다. 초기에 장애를 규정하는 모델은 개별적 손상이나 능력의 장애를 강조하는 개별적 모델에 기반한 것이었으나, 사회적 모델이 그 설득력을 확장함에 따라 사회적 모델의 요소를 통합하여 개별적 모델과 사회적 모델을 동시에 설명하려는 시도들이 이루어지고 있는 것이다. 사회적 모델로 변화하면서 재활보다는 장애인 인권에 촛점을 두게 되었으며, 환경적 요인을 강조함에 따라 인권확보를 위한 국가와 사회의 적극적인 역할이 더욱 강조되고 있다.

장애개념 변화의 의미

위에서 보았듯이 이제 장애라는 것은 단순히 신체적 기능의 저하만을 의미하지 않는다. 신체기능의 저하가 원인이 되겠지만 그것만으로 장애가 발생하는 것이 아니라, 신체기능이 저하됨에 따라 사회로부터 배척(exclusion)당하거나 억압(oppression)당하는 사실이 더욱 중요하고 이 자체가 장애가 되는 것이다. 따라서 장애인은 '장애로 인해 사회적 배제 기제에 의해 불이익을 당하는 사람'이라고 볼 수 있다.

현재까지의 장애개념이 질병 또는 신체의 손상에 촛점을 두었으므로 장애인 복지의 핵심은 그 손상을 얼마나 최소화시킬 것인가 하는 것이었고 손상에 따라 부족해진 부분을 채워주는 것이었다. 채워주는 주체가 민간이 아닌 국가가 되면서 자선이 아닌 복지 급부가 되기는 했으나 여전히 장애인은 열등한 존재, 도움을 받아야 하는 존재로 남아 있었다. 그러나 앞으로 장애인 인권을 확보하기 위해서는 장애인의 문제를 장애인이 가진 신체적·정신적 문제보다는 그러한 요소를 문제화시키는 사회적 환경에서 비롯되는 것으로 보아야 할 것이다. 결국 장애에 대한 정의에는 개인의 손상뿐만 아니라 그것을 문제시하고 억압하는 사회현상을 포함시켜야 한다. 장애의 문제를 개인의 손상이 아닌 사회의 억압으로 볼 경우 이의 해결을 위한 정책수단은 사회적 억압을 제거하는 방향으로 나아가야 한다(Oliver 1996). 사회적 억압은 의식적이든 무의식적이든 장애인을 기피하려는 차별적 사회기제에 의한 것이기 때문에 이런 차별적 사회기제를 없애는 것이 중요해진다.

(2) 장애와 시민권

사회적 모델의 주창자인 올리버(Oliver)는 시민권이란 국가와 시민간의 관계에 위기가 발생할 때 이러한 위기를 매개하고 조정하는 역할을 한다고 본다(1996). 전제적 국가가 시민계급에 의무만 부여하고 권리를 보장하지 않았을 때 공민권이라는 개념이 도입돼 시민계급의 권리를 국가가 보장하도록 했으며, 여성과 다수 노동계급의 국정참여와 권리가 제한되었던 19세기에는 정치권의 확장을 통해 국가와 시민계급의 권리와 의무를 다시 규정했다. 그리고 빈곤과 질병의 문제가 대두된 20세기에는 사회권을 중심으로 시민의 복지적 권리가 새로운 권리로 규정되었다.

그러나 지금까지의 시민권 개념 변천사는 다수를 위한 시민권 확장의 역사였다. 마셜(Marshall)이 주목한 시민권 확장의 역사도 결국은 사회의 다수를 위한 시민권 확장의 역사였다. 이러한 과정에서 소수집단은 시민권의 영역에서 사회적 배제를 경험할 수밖에 없었으며, 이와같은 소수의 배제는 사회적 갈등을 야기시켰다. 20세기 후반 진행된 여성운동, 인종운동, 장애운동 등은 이러한 갈등의 양상을 잘 보여준다.

마찬가지로 테일러(Taylor)에 따르면, 복지국가의 기본 목표는 시민권에 입각한 보편적 권리의 증대였으나 보편적 시민권 개념은 계급·성·민족 같은 특별한 사회적 권력관계를 간과했다고 주장한다. 다시 말해 추상적이고 보편적인 시민권과 그에 기반한 복지권은 백인과 남성중심적, 그리고 민족국가적 관점을 내재하고 있으며, 따라서 사회적 소수자(빈자·여성·소수인종·장애인·아동·동성애자·이민노동자 등) 같은 특정 개인과 집단을 소외시키고 배제하는 구조를 가지고 있다는 것이다. 즉 복지의 확대로 인하여 중산층 이상 다수의 사회권(빈곤의 위험에 대한 방지, 건강권과 이를 위한 공중위생의 확립, 교육권, 노동권 등)은 확보되었으나, 소수자의 사회권은 논의 대상에서 원천적으로 제외되었다. 다수집단은 '사회통합(social integration)'이라는 명목하에 복지 영역에서 소수자의 권리를 보장해주는 듯했으나, 이로 인해 장애인, 여성, 흑인 등은 사회에 대한 의존성만 더욱 커졌고 사회의 안정을 위해 사회와 일정 거리를 유지해야 하는 존재가 되어왔다.

따라서 이제는 사회권에서 배제된 소수자와 국가의 갈등 해결을 위한 싯점이 도래한 것으로 보아야 한다. 갈등의 원인은 장애를 가진 사람이 사회에 참여할 수 있는 선택권을 가로막는 어떤 상황 또는 장벽에서 발생하는 것이다. 즉 장애인이 사회에 참여하지 못하고 사회와 일정 거리를 두고 격리되기 때문이다. 이런 격리는 물리적 죽음으로 가기 전에 사회적 죽음의 상태에 머물러 있는 것이나 다름없다. 장애인 차별의 문제는 장애 유무에 따라 역할이 고정되고, 인간이 사회생활을 시작하는 교육·고용에서의 기회균등이 이루어지지 않음에 따라 모든 사회 분야에서 실질적인 불평등을 초래하는 사회적 구조(제도와 문화)에서 발생한다. 이 장애에 따른 차별구조는 장애인과 비장애인의 사회적 차이를 재생산하고, 장애인에 대한 차별적 고정관념을 지속화하며, 장애인의 자율성과 평등성의 정신을 해치는 문제점이 있다.

결국 장애문제를 해결하기 위해서는 사회에 내재해 있는 '사회적 억압'을 제거하는 것, 즉 장애인에 대한 차별기제를 제거하고 인권을 확보하는 것이 유일한 방법이라고 할 수 있다.

3. 장애인 인권 관련 동향

(1) 장애인 인권 관련 선언

1948년 제3차 유엔총회에서 '세계인권선언'이 채택되었다. 이 선언은 "모든 인간은 출생부터 자유로우며 존엄과 권리에 있어서 평등하다"는 자유와 평등의 원칙을 천명했고, "모든 인간은 개인의 존엄성과 그의 생애를 자유로이 발전시키는 데 필요한 경제적·사회적·문화적 권리를 실현할 권리를 보장받는다"고 하여 자기실현의 권리를 선포했다. 모든 분야에서의 차별금지를 천명함에 따라 장애인도 정당한 사회구성원으로서 그 권리를 주장할 수 있다고 본다.

유엔은 스스로 권리를 획득하는 것이 곤란한 정신지체인들이 다양한 활동분야에서 그들의 능력을 발휘할 수 있도록 원조하고, 가능한 한 그들이 일반적인 생활(normal life)에 통합될 수 있도록 촉진할 필요가 있음에 유의하여 1971년 12월 20일 정신지체인권리선언을 채택했다. 정신지체인은 다른 사람과 동등한 권리를 가지며, 적절한 의료·교육·재활·훈련을 받을 수 있는 권리, 경제적 보장과 적절한 생활수준에의 권리 및 직업선택·취업의 권리, 가족 또는 위탁부모와 함께 살 권리 및 공공부조 수급권과 시설 입소시에 가능한 한 정상적인 생활과 가깝게 운영되는 조건에서 생활할 수 있는 권리 등을 가진다고 명시해 포괄적인 권리 보장을 하고 있다. 이 선언은 정신지체인도 다른 사회성원들과 더불어 일반적인 사회생활을 영위할 수 있어야 하고, 자신들이 스스로의 권리를 지킬 수 없는 이들에게도 사회정의와 평등의 규범이 관철되어야 한다는 권리사상이며, 이러한 제반권리를 보장하기 위해 각국이 정책을 세워나가야 한다는 방향성을 제시한 것으로 볼 수 있다.

4년 뒤 제30차 유엔총회(1975년 12월 9일)에서 결의된 '장애인권리선언'은 정신장애인, 신체장애인을 포함한 모든 장애인에 관한 것이다. 즉 신체적·정신적 장애를 예방하고, 장애인들이 능력을 최대한 개발할 수 있도록 원조하며, 가능한 한 통상적인 생활에 통합될 수 있도록 촉진할 것을 말하고 있다. 이 선언도 장애인의 광범위한 권리를 인정한다. 일상적이고 만족스러운 생활을 영위할 수 있는 권리, 다른 시민들과 동등한 시민권 및 정치적 권리, 자립생활을 지향하는 원조를 받을 권리, 재활써비스를 받을 권리, 경제적·사회적 보장 및 만족스러운 생활수준을 누릴 권리, 경제·사회계획의 각 단계에서 장애인들의 특별한 욕구가 고려될 권리, 가족이나 부모와 같이 생활하며, 모든 사회적·창조적 활동과 오락

활동에 참여할 권리 등의 보장이 필요함을 밝히고 있다.

이처럼 유엔이 '정신지체인의 권리선언' '장애인의 권리선언'을 채택했지만, 선진국에서조차 이 선언이 완벽하게 실현되기는 대단히 어려웠다. 따라서 1976년 유엔총회는 1981년을 '세계 장애인의 해'로 정하고, 그 주제로 '완전참여'를 결정했으며, 이 목표를 실현하기 위한 효과적인 사업을 추진하고자 1982년 유엔총회에서 '세계행동계획'을 채택했다. 이 행동계획에는 평등과 참여의 원리, 장애인이 놓여 있는 사회환경문제의 인식과 해결, 바람직한 사회상으로서의 공생의 원칙 등의 정신이 내포되어 있다.

이외에도 '1983년~1992년 유엔 장애인 10년(UN Decade of Disabled Persons, 1983~1992)' '1992년 장애인의 기회평등화에 관한 기본규칙' '1992년 아태장애인 10년(Asian and Pacific Decade of Disabled Persons, 1993~2002)' 등의 선언이 있는데, 그 정신은 앞의 장애인 권리선언과 비슷했으며 내용은 이를 구체화하기 위한 행동계획에 관한 것들이었다.

우리나라에서도 1998년 12월 '한국장애인인권헌장'이 선포되었다. 이 헌장은 국무회의의 의결을 거쳐 대통령이 서명하여 제정된 것이다. 한국장애인인권헌장의 성격은 장애인이 누려야 할 기본적인 권리와 장애인 사회참여, 평등을 통한 사회통합의 원칙을 제시하고, 일반시민과 더불어 살아갈 수 있는 사회를 만들기 위한 기본원리를 제시한 것이다. 특히 이 인권헌장은 정부에 의해 일방적으로 만들어진 것이 아니라 정부가 위임한 장애인단체, 학계, 그리고 관련 전문가 등으로 구성된 장애인인권헌장 제정위원회에 의해 만들어진 것이라는 점에서 의의가 있다. 인권헌장은 장애인의 인간 존엄과 가치를 확인하고 건전한 사회구성원으로 장애인의 자립 노력과 인권보호, 사회참여와 평등을 보장하는 기본원리를 밝혔으며, 장애인의 차별받지 않을 권리, 인간다운 삶의 권리, 시민권과 정치적 권리, 자유로운 이동과 의사표현·정보이용 권리, 교육과 근로의 권리, 가족과 함께 생활할 권리, 학대·멸시받지 않을 권리, 법률상의 도움을 받을 권리, 여성 장애인의 권리, 국가정책 참여 권리 등의 기본 권리를 명시했다.

세계인권선언, 장애인인권선언, 한국의 장애인인권헌장 등은 선언적 규정이기 때문에 도덕적·윤리적·정치적 의미를 가질 뿐 법적 구속력이 없다는 점에서 장애인의 인권을 향상시키는 데 한계를 가질 수밖에 없었다. 그럼에도 일반적인 인권 외에 특수하게 장애인에게 필요한 인권, 즉 추상적 인권을 확보하기 위한 수단을 제시했다는 점에서 의의가 있다. 세계장애인인권선언 중 자립생활을 지향하는 원조를 받을 권리, 재활써비스를 받을 권리, 경제적·사회적 보장 및 만족스러운 생활수준을 누릴 권리, 경제·사회계획의 각 단계에서 장애인들의 특별한 욕구가 고려될 권리 등이 장애인에게 각별히 요구되는 권리라는 것을 밝힌 점에 의의가 있다고 볼 수 있다. 그러나 이 규정들은 아직도 장애의 개념이 기능적 수준에 머물러 장애인을 보호받아야 할 존재로 보기 때문에 사회환경 개선을 위한 노력에까지는 미치지 못하고 있다. 한국의 장애인인권헌장도 차별금지의 원칙 및 각종 권리를 나열하고 있지만 구체적인 실천 수단이 없기 때문에 장애인의 실제생활에 직접적으로 와닿지 못하는 한계가 있다.

선언보다 좀더 국가에 대해 강제력을 가질 수 있는 것이 국제협약이다. 국제적인 인권 확보를 위해 제정된 주요한 협약 중 장애인과 관련있는 협약은 사회권규약(The International Covenant on Economic, Social and Cultural Rights), 자유권규약(The International Covenant on Civil and Political Rights), 고문 등 방지협약(The Convention against Torture and Other Cruel, Inhuman or Degrading Treatment or Punishment), 아동권리협약(The Convention on the Rights of the Child), 여성차별금지협약(The Convention on the Elimination of All Forms of Discrimination against Women), 인종차별금지협약(The International Convention on the Elimination of All Forms of Racial Discrimination) 등이다. 그러나 이 협약들은 장애인의 특수성을 반영하고 있지 못하기 때문에 유엔은 장애 인권리협약을 제정하기 위해 준비하고 있다(Quinn & Degener 2002). 또한 2002년 11월 개최된 아시아태평양국가인권기구포럼(APF) 제7차 연례회 의에서 장애인권리협약안이 의제로 채택되었으며, 이후 장애인권리협 약 성안을 위한 노력이 진행되고 있다.

(2) 장애인 인권확보를 위한 세계적 동향

세계적으로 장애문제에 대해 '동정'의 관점에서 '권리'의 관점으로 변 환이 일어난 것은 20년전부터이다. 장애문제를 인권의 문제로 본다는 것은 장애인을 객체가 아닌 주체로 바라보는 것을 의미한다. 이는 장애 인을 문제의 대상이 아닌 주권자로 바라보는 것을 의미하며, 문제의 원 인을 장애인 개인이 아니라 경제적·사회적 과정이 장애라는 차이점을 충족시키지 못한다는 데서 찾는 것이다(Quinn & Degener 2002).

세계적으로 인권이라는 추상적 목표를 달성하기 위한 구체적인 수단 으로 '차별금지의 원리'(Non-discrimination principle)를 사용하고 있다. 이 원리는 고령·여성·아동의 인권을 확보하기 위한 방안으로 사용되는 데, 유엔의 최근 조사에 의하면 39개국에서 차별금지 및 동등기회 법률 을 제정한 것으로 나타났다(Quinn & Degener 2002). 이러한 취지에 따라 장 애차별금지법 또는 인권법을 통해 장애인 인권을 확보하고자 노력하는 나라들을 살펴보면 다음과 같다.

미국

세계적으로 장애인에 대한 차별금지를 처음으로 법제화한 것이 미국의 장애차별금지법인 ADA(Americans with Disabilities Act of 1990)[1]이다. 이 법은 기본적으로 1964년 제정된 시민권법(Civil Rights Act of 1964)의 구조와 틀을 장애인 영역에 확장·적용하여 마련된 것이라고 볼 수 있다. 1964년 제정된 시민권법에 규정된 차별사유는 5가지, 즉 인종, 피부색, 종교, 출신국가, 성별(고용관계에 한정)이다. 그러나 이외에도 장애 같은, 법의 평등 보호의 실현을 위해 추가로 금지해야 할 차별현상이 광범위하게 존재하므로 시민권법을 개정하여 이들을 포함시켜야 한다는 주장이 제기되었다. 그러나 시민권법에 장애를 포함시킬 경우 오히려 시민권법의 실효성을 약화시킬 수 있고, 장애는 기타의 차별사유와 그 성격이 다를 뿐만 아니라 실질적인 구제를 부여할 수 있는 수단이 다르다는 반론이 제기되었다. 다른 일각에서 종래의 장애인 차별금지법제들이 제한된 영역에 대해서만 적용되고 판단기준이 불분명하며 권리구제수단도 미비하다는 인식 아래 좀더 포괄적이고 강력한 장애인 차별금지법을 제정하여야 한다는 주장이 제기되었으며, 이에 따라 ADA를 제정하기에 이르렀다. 이 법은 고용에서 장애인 차별행위를 금지하는 제1장, 공공써비스 영역에서 장애인 차별행위를 금지하는 제2장, 민간이 운영하는 공공편의시설 및 써비스 영역에서 장애인 차별행위를 금지하는 제3장, 통신에서 장애인 차별을 금지하는 제4장 및 기타 사항을 규정한 제5장으로 구성되었는데 그중 제1장은 2년의 유예기간을 두고 1992년 7월 26일 발효되었다.

캐나다

캐나다는 1977년 '캐나다인권법'(Canadian Human Rights Act)을 제

---

[1] 이 법의 공식명칭은 An Act to establish a clear and comprehensive prohibition of discrimination on the basis of disability이다. the Americans with Disabilities Act of 1990으로 약칭한다.

정했으며, 이 법은 이후 몇차례에 걸쳐 부분 개정 보완되어 오늘에 이르고 있다. 이 법은 국민의 동등권 보장을 위한 구체적이고도 진보적인 프로그램과 법을 개발해온 캐나다의 인권보호에 관한 법률로, 다양한 차별금지 사유를 규정하고 그러한 사유에 근거하여 발생하는 차별행위에 대한 법적 안전조치를 제시하고 있다. 이 법에 의하여 1978년 '캐나다인권위원회'(Canadian Human Rights Commission)가 설립되었으며, 개인적 차별 진정에 대해 효과적이고 시기적절한 조치를 제공하고 인권교육을 증진하며 국민 의식 함양과 고용 및 공공재화 접근시 평등의 장애를 제거하는 데 노력하고 있다.

독일

독일의 장애차별금지법인 '장애인균등법'은 2002년 5월 1일부터 시행되었다. 이 법은 "장애인에 대한 차별을 제거, 예방하고 사회 속에서 삶에 대한 균등한 참여를 보장하며 스스로 결정하는 삶을 살아갈 수 있도록 하기 위함"이라고 명시했다. 장벽 제거, 공공기관의 차별금지, 수화 및 다른 의사소통자원들의 사용에 관한 권리, 정보·출판물에 대한 접근권, 정보제공의 접근권, 소송에서의 대행권한 등의 내용을 포함하고 있다. 행정기관에 의해 차별당하거나 그 차별이 시정되지 않을 경우 사회법원·노동법원 등 특수법원을 통해 구제받을 수 있다.

영국

영국에서의 장애차별금지법 제정은 1979년 몇몇 장애인 단체들이 노동당에 장애인에 대한 규제에 대처하는 위원회(Committee On Restrictions Against Disabled People) 수립을 요구한 것이 그 시발점이 되었다. 운동의 결과 80년대 초부터 개개인의 의원들에 의해 법안이 속속 상정되었으나 장애인도 시민이라는 원칙을 밝히는 수준에 그쳤다. 이후 여러 의원에 의해 관련 법률이 제안되다가 1995년 정부안이 통과되었다. 이 법안은 고용, 교육, 부동산 이용, 재화 이용, 공공교통수단 이용에서의 차별을 금지하고 있다. 또한 이 법에 의해 국가장애위원회(The National Disability Council)가 설립되었으나 법률기능과 관련하여 부서의 장에 대한 기본적인 자문 기능만 가질 뿐, 차별의 조사·구제에 대한 법적 권한은 갖지 못했다(Bourn 1996). 더구나 이 법의 제정과 동시에 1944년 제정, 1958년 개정된 장애인고용법에 의한 의무고용제가 폐지되어 장애인 고용이 더욱 악화되었고, 장애인 차별에 대한 실제적인 진전도 없었다(이성규 1996). 이런 문제 때문에 1999년 장애인권리위원회법(Disability Rights Commission Act 1999)이 제정되어 장애인권리위원회(DRC, Disability Rights Commission)가 설립되었다. 이 법에 의해 국가장애위원회는 폐지되고 이를 대신해 장애인권리위원회가 설립되었으며 인종평등위원회, 기회균등위원회와 비슷한 권한을 갖게 되었다. 이 위원회는 장애인 차별에 대해 조사할 수 있고, 권리구제의 수단으로 장애인과 피진정인의 합의를 도출하도록 노력했다. 특이한 사항은 합의 후 피진정인으로 하여금 이행 계획서를 세우게 하여 5년간 위원회가 직접 관리하는 방안을 마련한 점이다.

호주

호주에서는 '호주인권및기회평등위원회'(Australian Human Rights and Equal Opportunity Commission)가 장애인차별금지법을 집행한다. 1986년 제정된 '인권및기회평등위원회법'에 의하여 설립된 독립적 기구로, 장애인차별금지법과 인종차별금지법, 성차별금지법, 장애인차별금지법, 프라이버씨법을 집행한다. 이 위원회에서는 인권교육 및 홍보, 인권 및 차별금지관련 연방법에 따른 진정의 조사 및 조정, 인권침해 및 차별적 관행에 대한 광범위한 조사의 실시, 정부의 국제인권조약 이행 점검 및 관련 정책 개발, 인권의 보호 및 촉진을 위한 법·정책·프로그램 및 활동의 점검 및 권고 등을 하고 있다.

4. 우리나라 인권실태와 확보방안

(1) 한국사회에서의 장애인 인권실태

전세계적으로 6억명 이상의 장애인들 중 2/3 이상이 후진국에 살고 있다. 그리고 후진국의 장애인들 중 2%만이 교육을 받고 있다(Quinn & Degener 2002). 우리나라는 이보다는 사정이 나으나 보건사회연구원의 실태조사에 따르면 전체 장애인 중 22.1%는 초등학교조차 다니지 못한 것으로 드러났다(변용찬 외 2001). 이처럼 장애인들의 교육수준이 낮다보니 취업과 경제생활은 물론 결혼도 어려워진다. 이러한 제약과 차별이 또다른 장애를 만들고 장애문제를 심화시키며 실제로 사람들을 사회로부터 격리시켜 많은 장애인들을 지역사회의 짐스러운 존재로 만든다. 우리나라뿐 아니라 전세계적으로도 장애와 빈곤, 사회적 배제 사이의 관련성은 직접적이고 강한 것으로 나타난다(Quinn & Degener 2002).

우리나라의 경우 헌법에서 각종 인권을 보장하고 있으며, 헌법 제37조 1항에서는 "국민의 자유와 권리는 헌법에 열거되지 아니한 이유로 경시되지 아니한다"라고 규정함으로써 광범위한 권리를 인정하고 있다. 장애인도 인간이고 대한민국 국민이기 때문에 당연히 인권이 보장되어야 한다. 그러나 청각장애인은 헌혈을 하고 싶어도 할 수 없고,[2] 장애인은

---

2 1999년 11월, 제주도에서 두 여성 청각언어장애인이 수화통역사와 함께 헌혈을 하려고 했으나 청각언어장애인이라는 이유로 채혈을 거부당했다. 사유는 혈액관리법 7조 및 시행규칙 7조에 의한 것이며, 청각언어장애인은 채혈이 건강기준에 미달하는 자로 되어 있으며, 이에 따른 대한적십자사의 내부지침에 의해 헌혈 부작용시 의사소통의 장애가 예상되기 때문이

투표를 하고 싶어도 투표소가 2층에 위치할 뿐 아니라 투표소까지 가는 길이 불편하여 참정권을 포기해야 하고,[3] 휠체어 리프트가 추락하여 사망하는[4] 등 한국의 장애인들에게 인권이 보장되고 있는지, 장애인을 인권의 대상으로 보고 있는지에 대해 의문을 갖지 않을 수 없다.

따라서 이 장에서는 우리나라에서 발생하는 장애인 인권침해의 사례를 살펴봄으로써, 장애인 인권확보를 위해서는 어떤 정책적 노력을 기울여야 하는지 살펴보고자 한다. 장애인 인권침해에 대한 연구조사는 아직 미비한 상태이다. 한국보건사회연구원에서 5년마다 장애인실태조사를 실시해 차별경험을 조사하고 있고, 한국장애인단체총연맹에서는 1999년 1,567명의 장애인을 대상으로 인권침해 실태를 조사하여 발표했으며, 사회복지공동모금회의 지원을 받아 장애인 상담을 하고 있는 '장애인 전화'(1588-0420)에서도 상담 내용을 바탕으로 장애인 차별에 대한 기초조사를 실시하고 있다. 또한 각 장애인단체에서도 단체별 상담사례를 바탕으로 인권실태를 조사하고 있다. 이중 장애인 인권운동단체인 장애우권익문제연구소에서 1997년부터 2002년까지 실시한 인권침해 상담 현황을 살펴보면 다음 표와 같다(권선진 외 2002).

이 기간 동안 상담된 인권침해 건수는 597건이지만, 사례 152건을 중복 처리하여 총 749건의 인권침해 사례를 분석했다. 이와같이 중복 인권침해가 발생하는 이유는 교육차별 상황에 있던 사람은 자연스럽게 고용차별을 겪게 되고, 이어 생존의 문제로 이어지는 차별의 악순환 때문이다. 차별 사례를 유형화하면 노동권, 여성장애인의 권리, 생존권, 건강권,

라는 것이다. 이 차별에 대해 장애인단체들이 대한적십자사에 강력 항의하였으며, 이에 따라 청각장애인 헌혈 제외 조항은 삭제되었다.

3 1996년부터 제기된 장애인단체의 요구에 의해 30%대에 이르던 1층 이외의 투표소가 2002년 4월 지방선거, 2002년 12월 대통령선거에서 7% 수준으로 떨어졌다. 그러나 투표소에 진입하기 위해 계단을 통과해야 하는 등 이동 불편의 사례가 아직도 많다.

4 2001년 1월 22일 개통된 지 6개월이 안된 오이도역 장애인 수직리프트가 추락하여 장애인이 참사하는 사고가 발생했다.

표2 장애인 차별 실태의 일반 현황

연도	노동권	여성장애인의권리	생존권	건강권	교육권	문화향유권	형사상의권리	시설장애인의권리	가족권	참정권	소비자권리	정보접근권	접근권	계	%
1997~89	3	—	1	—	8	—	—	—	1		—	—	1	14	1.9
1990~95	4	1	—	—	—	—	—	—	1	—	1	—	—	7	0.9
1996~99	1	9	5	—	3	—	2	1	11	—	2	1	2	37	4.9
2000	26	27	14	8	13	2	7	1	29	4	11	59	13	214	28.6
2001	39	20	8	11	19	6	8	2	25	11	10	32	20	211	28.2
2002	48	8	25	11	7	7	2	1	35	—	20	83	19	266	35.5
계	121	65	53	30	50	15	19	5	102	15	44	175	55	749	100
%	16.2	8.7	7.1	4.0	6.7	2.0	2.5	0.7	13.7	2.0	5.9	23.4	7.3	100	

교육권, 문화향유권, 형사상의 권리, 시설장애인의 권리, 가족권, 가족생활권, 참정권, 소비자 권리, 접근권, 정보접근권 등으로 나눌 수 있다.

인권침해에 관해 연도별로 살펴보면 2000년에는 28.6%, 2001년에는 28.2%이고 2002년이 35.5%로 가장 많은 것으로 나타났다. 장애인 차별 실태가 가장 극명하게 드러나는 부분은 정보접근권으로 23.4%를 차지한다. 이는 장애를 가진 사람들이 정보에 목말라 있거나, 정보가 있는지도 모른 채 그 권리를 침해당하는 경우 등으로 나타난다. 예컨대 전신마비 장애를 가진 사람이 기표를 도와줄 아내와 함께 기표소에 들어가려 했으나, '비밀투표 원칙을 지켜야 한다'며 선거감시원이 막아 투표를 하지 못하고 돌아온 사례가 있다. 하지만 장애로 인해 혼자 기표할 수 없는 장애를 가진 사람은 선거법에 의해 대리인과 함께 기표소에 들어갈 수 있다. 그러니까 이 사례는 정보를 제대로 알지 못해 참정권을 침해당한 경우로, 이에 관한 전형적인 예에 속한다.

다음으로 차별이 많이 일어나는 영역은 노동권으로 16.2%를 차지한다. 자아성취와 경제력을 확보하는 삶의 주요영역인 노동에 대한 인권침해는 장애를 가진 사람들에게 상당히 큰 상처가 될 수 있다. 특히 장애를 이유로 면접에서 탈락되거나, 아예 원서접수를 거부당하는 경우도 상당수에 이른다. 가정 안에서 당하는 차별 사례도 13.7%의 높은 수치를 기록했는데, 가정 내에서 성폭력과 폭력의 피해를 입거나 중도에 장애를 가졌다는 이유, 장애 자녀를 출산했다는 이유로 이혼을 요구받는 등 가족권을 침해받고 있는 것으로 나타났다.

장애를 이유로 결혼을 반대하는 경우도 상당수 있었는데, 그 중에는 터무니없이 많은 예단을 요구하는 경우도 있었다. 다음으로 눈에 띄게 나타난 인권침해 영역은 여성장애인의 권리로 8.7%에 해당된다. 여성장애인의 권리침해는 주로 모성권침해와 폭력에 의한 것으로 그 침해 정도가 심각한 상황이다. 일반여성들도 이런 일련의 인권침해를 받고 있으나, 여성장애인의 경우 문제가 되는 것은 여성 그리고 장애라는 '이중의 고통'의 늪에 빠져 있다는 것이다. 즉 장애라는 이유 때문에 폭력의 대상이 되기도 쉽지만, 저항이 불가능함으로 인해 고통의 정도가 더욱 심각하다. 더욱이 장애를 이유로 이혼을 요구받는 경우 양육권 포기를 강요당하는데, 재판과정에서도 이런 판결이 자주 나타나 모성권 침해가 심각한 상황이다.

한편 이동권 또는 건축물접근권 등의 인권침해는 7.3%에 달하고 생존권과 관련된 인권침해 사례도 7.1%나 된다. 장애로 인해 교육에서 소외되고 결과적으로 노동권을 침해받으며 결국에는 생존의 문제에 직면했다는 상담이 주류를 이룬다. 교육권은 6.7%로 원서접수가 거부되거나 장애를 이유로 입학을 거부당하는 경우가 많았으며 전학·편입 등을 거부당해 통합교육을 받지 못하고 있는 것으로 나타났다.

장애를 이유로 보험가입이 제한되거나, 구매권을 행사할 수 없는 소비자의 권리침해도 5.9%로 나타났다. 건강권이 우리 사회의 주요 관심사로 대두되고 있으나, 장애인의 건강문제에 관한 사회적 관심은 아직도 미흡하다. 장애인의 건강권과 관련된 인권침해 사례는 4.0%를 차지한다. 주로 자신의 건강문제를 진지하게 상담해주지 않는 의사에 대한 불신 등에 관한 언급이 많았으며, 비용이 없어 치료나 수술이 불가능한 경우, 그리고 간병인 등 의료도우미를 필요로 하는 경우가 많았다. 자기표현, 자기방어 능력이 약한 정신지체인 등을 적법 절차를 무시한 채 인신 구속하거나, 임의성이 없는 진술을 강요하는 등의 형사상의 권리침해는 2.5%로 나타났다. 또한 성폭력 등을 당한 장애인(청각·언어 또는 정신지체 장애인)을 수사할 때, 보호자나 수화통역사 없이 수사하면서 증거 불충분으로 사건을 종결시키거나, 정신지체인 등 자기표현이 명확하지 않은 사람들의 증언을 일관성 또는 신빙성이 없다는 이유로 무조건 배척하는 경우도 있었다.

한편 문화향유권이 2.0%를 차지했는데 장애를 가진 사람들이 문화를 향유할 수 있는 능력이 없을 것이라는 편견으로 문화향유 참여를 거부하거나, 편의시설이 설치되어 있지 않아 아예 접근할 수 없는 경우도 있었다. 또한 장애인의 참정권을 가로막는 사례도 2.0%를 차지했는데, 편의 시설이 없어서 투표소에 접근할 수 없거나, 후보에 대한 정보를 알 수 없어서 투표하지 못하거나, 투표소에서 여러 이유로 투표권을 침해당한 경우 등이 여기에 해당된다. 마지막으로 가장 낮은 인권침해 사례로는 시설장애인의 권리로 0.7%를 차지했는데, 이는 각종 언론과 사회 고발 등을 통해 나타난 시설문제를 제외하고 개인이 직접 상담을 요청한 경우만을 포함했기 때문에 실제보다는 낮은 비율을 보이고 있는 것으로 판단된다. 시설장애인의 권리침해는 주로 시설 책임자나 직원 등에 의한 체벌이나 성폭력, 그리고 공동체생활로 인한 사생활 권리침해 등의 형태로 나타나고 있다.

(2) 장애인 인권확보 방안

차별금지의 제도화

전세계적으로도 장애인 인권을 확보하기 위하여 차별금지의 원리를 도입하고 있다. 따라서 우리도 장애인 인권의 확보를 위해 차별금지 원리를 도입하고 이를 뒷받침할 수 있는 '장애차별금지법'의 제정이 시급하다고 할 수 있다.

장애에 따른 차별은 사회적 차별의 한 유형으로, 인간의 존엄과 평등을 지향하는 민주사회에서는 당연히 차별철폐를 위한 법 제정과 집행기준이 요구된다. 차별철폐는 평등의 이념을 실현하는 것이며, 인간으로서의 기본적인 권리를 보장하는 것이다. 장애인에 대한 차별 여부는 해당 시책이나 시설이 시민권을 보장해주거나 보장해줄 수 있는 배려가 되어 있느냐에 의해 결정된다. 즉 인권을 확보하기 위한 구체적인 수단, 사회적 지원(social support)이 없는 것도 차별로 보아야 진정한 차별의 제거가 가능할 것이다. 따라서 광범위한 일상생활에서 보편적 시민권을 배척하는 각종 차별로부터 장애인을 보호하기 위해 실효성 있는 '장애차별금지법'의 제정이 요구된다.

결국 '장애차별금지법'은 장애인의 사회권을 보장하기 위한 법으로서 장애인을 차별에서 구제하기 위한 실효성 있는 장치가 필요하며, 또한 장애인의 평등권을 확보하기 위해 긍정적 조항을 담보해낼 수 있어야 할 것이다(유동철 2002). 또한 장애차별금지법의 제정은 헌법상의 평등권 명령을 구체화할 뿐 아니라, 차별을 위법한 행위로 규정함으로써 이에 관한 피해의 구제를 법적으로 보장하는 법적 의의를 갖고, 차별 여부를 결정짓는 판단 기준과 소송에서의 근거로 활용될 것이다.

인식개선

인식의 변화를 위해, 즉 장애인에 대한 '다름'[5]을 없애기 위해서는 우리 사회에서 장애인을 많이 목격할 수 있어야 한다. 즉 비장애인과 장애인이 자주 만날 수 있는 기회를 만들어 낯섦을 없애야 한다는 것이다. 이에 대한 대책으로 편의시설의 확대를 들 수 있다. 다름을 최소화할 수 있는 방법은 의식적으로 우리 머릿속의 안전감 영역(comfort zone)을 넓히는 것이다(Miller & Sammons 1999). 우리가 장애인을 보면서 어색해하고 심지어 불안을 느끼는 것은 일상에서건, 언론매체에서건 장애인을 쉽게 접하지 못했기 때문이다. 이는 사회환경이 장애인의 활동을 제한하기 때문인데, 이러한 사회적 환경의 개선을 위해서는 편의시설의 설치가 우선되어야 한다.

또한 이런 인식의 변화를 일반화하기 위해서는 장애인에 대한 편견을 제거하고 장애를 만드는 사회현상에 대해 문제의식을 가질 수 있도록 교육해야 한다. 장애인의 인간다운 생활이 보장되기 위해서는 사회에 장애인이 맞춰가는 것이 아니라, 비장애인이 장애 및 장애인을 어떻게 이해

---

5 Miller와 Sammons(1999)에 의하면 우리가 누군가를 다르다고 느끼는 것에는 세 종류가 있다. 친숙지 않은 다름(unfamiliar differences), 예상치 못한 다름(unexpected differences), 불안을 유발하는 다름(unsettling differences) 등이 그것이다. 친숙지 않은 다름은 생소한 것을 볼 때 느끼게 되는 것으로, 다른 문화권 사람이 인디언의 주술, 중국인 새해기념일 행사, 오페라 등을 볼 때 느끼는 것과 같은 것이다. 예상치 못한 다름은 친숙하기는 하지만 다른 쎄팅(장)이나 상황에 처하게 될 때 느끼는 것으로, 가령 남자 비서와 일하게 되거나, 텔레비전 축구중계를 여성 아나운서가 할 때, 시각장애인 오페라 가수, 다리 하나가 없는 스키선수, 휠체어를 탄 뉴스 리포터 등을 볼 때 느끼게 된다. 불안을 유발하는 다름은 불안에 의해 심적으로 괴로움을 느끼는 다름으로 비전형적 체형, 예측하지 못한 행동을 보았을 때 본능적인 '생존'의 기전에 의해 불안을 느끼게 되는 것이다.
　우리는 장애인을 보았을 때 우리와는 다르다는 인식을 하게 되며, 개인에 따라 단순하게 친숙지 않음에서 불안을 느낄 수도 있다. 이런 반응이 일어나는 이유는 개인마다 개인안전감 영역(personal comfort zone)이 다르기 때문이다. 개인안전감 영역이라는 것은 다름에 대해 위협을 느끼지 않고 편하게 느낄 수 있는 정도(또는 상황)를 말하는 것으로 사람은 성장하면서 다르게 느끼는 대상의 항목들을 지속적으로 수정하며, 안전감 영역을 넓혀나간다. 즉 만나는 사람, 텔레비전, 미디어, 광고, 영화를 통해 다름의 영역을 넓혀나간다는 것이다.

할 것이며, 더불어 살기 위해 어떤 행동과 인식을 해야 하는지에 대한 교육이 우선되어야 한다. 일본의 경우 초등학생을 대상으로 '배리어프리'(barrier-free) 행동계획을 수립, 교육하는 곳이 있으며 호주도 인권교육의 일환으로서 시각장애 체험교육을 실시하고 있다.[6] 이처럼 우리도 어렸을 때부터 장애를 체험하고, 어떻게 함께 살아가야 할 것인가를 의무적으로 교육시켜야 할 것이다.

또한 장애인에 대한 언론의 태도도 바뀌어야 한다. 언론에서 다뤄지는 장애인에 대한 상은 두 가지인데, 하나는 장애를 훌륭히 딛고 일어선 인간승리의 상이고 다른 하나는 불행을 극대화하여 동정을 유발하는 장애인상이다. 이렇게 그려진 장애인상은 비장애인들에게 여과없이 전달된다. 그나마도 현실사회에서 자주 만나지 못하는 장애인은 언론을 통해 나와 다르거나, 뭔가 불쌍하거나, 아니면 대단한 노력으로 엘리뜨가 되어 살아가는 사람으로 비춰진다. 이로써 언론은 장애인을 우리 사회에서 동떨어진 하나의 계층으로 만드는 역할을 한다. 따라서 언론은 이제 장애인상을 영웅이나 불쌍한 사람이 아니라 동등한 시민권을 가진 사람으로 보여줘야 한다. 또한 장애인 문제를 장애인 개인의 문제가 아니라 장애를 만드는 사회의 문제로 다뤄야 할 것이며, 장애인이 사회에서 주체적으로 살아가기 위한 사회적 환경을 개선하는 데 촛점을 두어야 할 것

6 학급의 학생중, 절반의 학생은 눈을 가린다. 나머지 학생은 각자 '시각장애 체험을 하는 사람' 집단에서 한 명의 짝을 골라(이때 말하는 것은 허용되지 않는다) 약 10분간 가능하면 안쪽과 바깥쪽 두 방향 모두에서 걷는다. 안내하는 사람은 '시각장애 체험을 하는 사람'이 힘들도록 해서는 안된다. 또한 보행은 무리가 없어야 하며, 안내하는 사람들은 그 시각장애 체험을 하는 짝에게 가능한 한 많은 경험을 얻을 수 있게끔 노력해야 한다. 예를 들면, 그들에게 물건을 만져서 식별해보도록 하고, 1분 동안 그들을 홀로 내버려두거나 평탄한 지면 위에서 함께 뛰어본다. 안내하는 사람들은 시각장애 체험을 하는 사람들이 상상력을 동원하도록 노력한다. 약 10분쯤 후에 학생들 모두가 교실에 돌아와서 역할을 바꾸어 다시 짝 고르기를 한다. 일단 활동이 끝나면 학생들에게 어떤 느낌을 받았는지 정서적 반응들을 말하게 하는데, 예를 들면 '시각장애 체험시'의 공포감, 무력감 또는 자유의 느낌이나 안내하는 사람으로서의 책임감 등에 대해 말해보도록 한다.

이다(조문순·이동석 2002).

지원써비스 체계 구축

기존의 복지정책도 새로운 패러다임에 맞게 재구성되어야 한다. 장애인에 대한 차별철폐뿐만 아니라 장애인이 지역사회에서 독립적으로 살 수 있도록 지원 방안을 강구해야 한다. 장애인이 지역사회 안에서 독립적인 생활을 하기 위해서는 여러 지원이 필요하다. 단순한 복지혜택이 아니라 헌법에 보장된 평등을 추구하기 위한 '긍정적 조치'가 있어야 한다. 예를 들면 장애인이 버스에 탈 수 있도록 기회를 주는 것이 아니라, 버스에 안전하고 편하게 탈 수 있도록 리프트 등을 설치해야 한다. 또한 다양한 지원으로 집세보조 프로그램, 주택반차별 입법, 고용차별의 철폐 및 고용확대 등이 필요하다(Chubon 1996).

또한 자립생활을 지원하기 위한 기관이 필요하다. 이 기관은 모든 장애인이 자신의 생활을 자립적이고 주도적으로 꾸려갈 수 있도록 지원해주고 이를 위한 써비스를 제공한다. 주요 써비스로는 권익 옹호, 동료 상담, 정보 및 의뢰써비스, 자립생활기술훈련, 주택, 활동보조써비스, 이동써비스, 여가 및 레크리에이션, 장비관리 및 수리, 장비임대, 복지급여에 대한 상담 등이 있다. 지원 프로그램에서 중요한 것은 장애인 스스로의 '선택권'과 '자기결정권'이 신장되어야 하며, 써비스를 제공받는 장애인의 '주도적인 참여'가 보장되어야 한다는 것이다(김용득 2002; 김동호 2000).

집합적 역량강화

장애문제를 소위 전문가 그룹에 맡길 경우 장애인은 언제까지나 '환자' '클라이언트'의 지위를 벗어날 수 없다. 장애문제는 장애대중의 '집합적 역량강화'를 통해서만 해결될 수 있다. 역량강화에 대해서 우리는 흔히 권력을 가진 사람들이 권력을 가지지 못한 사람들에게 권력의 일부를 나누어주는 과정이라고 생각한다. 현재의 장애인 써비스 관련 정책은 전문가가 적절한 실천의 개발을 통해 장애인들의 역량을 강화시켜줄 수 있다는 가정에 토대를 두고 있다. 또한 장애인을 사용자나 소비자로 재명명함으로써 역량강화를 시킬 수 있다고 주장하고 있다. 그러나 역량강화는 이처럼 가진 사람이 가지지 못한 사람에게 전달할 수 있는 물건이 아니다. '역량강화'란 힘을 가지지 못한 사람들이 억압에 대항하는 투쟁에 참여하는 집합적 과정이다. 이러한 투쟁의 중심에는 억압받는 약자들의 인식이 있다. 따라서 집합적 역량강화는 집단이 인식된 억압에 반대하는 투쟁을 시작하는 과정이라고 할 수 있다. 이와같은 '집합적 역량강화'를 통해서, 즉 장애대중의 적극적이고 민주적인 참여를 통해서만이 장애문제를 해결할 수 있다(Oliver 1996). 이를 위해서는 장애인단체의 민주적 운영 및 공공선을 위한 의제 형성이 필수적이다. 장애인운동은 장애인 개인을 위한 집단행동이 아니다. 장애인운동이 제기하는 정치적인 의제들은 더 넓은 공동체와 관련된 것들이어야 한다. 그래야만 더 많은 장애인들이 자신의 정체성을 인정하고 운동에 참여할 것이다(조문순·이동석 2002).

5. 새로운 패러다임 — 자선에서 권리로

지금까지 장애개념의 변화, 장애문제 대처방법의 변화를 통해 왜 장애인문제를 해결하기 위하여 인권이라는 개념을 사용하는가를 살펴보고, 한국의 실태와 외국의 사례를 통해 앞으로 장애인문제를 어떻게 해결해야 할 것인지에 대한 방안을 제시했다.

장애는 개인적·신체적인 문제가 아니라 개인적·신체적 손상에 대해 사회가 적절한 지원을 하지 못함에 따라 장애인의 완전한 사회참여를 가로막기 때문에 발생하는 것이다. 장애인이 직면한 차별·배제의 문제들을 포괄하는 방향으로 장애인 인권개념을 다시 정의함과 동시에 장애인 인권의 상황을 감시하고 개선하는 효과적인 법적·제도적 장치를 마련함으로써 인권개념을 포괄적으로 확장할 필요가 있다. 또한 인권확보를 위한 구체적인 수단도 국가나 민간에 의한 '시혜'나 '자선'이 아닌 '권리'의 관점에서 강구되어야 한다. 장애인은 써비스를 단순히 제공받기만 하는 객체가 아니라, 자기결정에 따른 사회적 지원에 의해 포괄적 권리가 보장되는 주체로서 사회생활을 향유할 수 있어야 할 것이다. 또한 인권을 확보하기 위한 구체적인 수단, 즉 사회적 지원이 없는 것도 차별로 보아야 진정한 차별의 제거가 가능할 것이다.

장애인 인권은 장애인집단의 실천적인 인권운동에 의해 확보되어야 한다. 장애인집단은 장애인 인권의 내용과 범주를 스스로 만들어가야 할 것이다. 이를 위해 장애인에 대한 사회적 차별기제가 무엇인지, 이를 해결하기 위해서는 어떤 노력이 필요한지에 대해 스스로 답해야 한다. 이 노력에는 장애에 대한 사회의 전반적인 패러다임의 변화가 우선되어야 할 것이다. 패러다임의 변화는 점진적인 의식의 변화를 통해서가 아니라 제도의 변화와 정착과정을 통해 가져올 수 있는 것이다. 따라서 장애의 패러다임을 바꿀 수 있는 제도의 개혁이 중요해진다. 이를 위해 '장애차별금지법'의 제정 및 빠른 정착이 가장 시급하다고 볼 수 있다.

■ 참고문헌

「장애인, 여성투표 참여 호소」 경향신문 2002년 12월 10일자.

국가인권위원회『호주 및 뉴질랜드 국가인권위원회 방문보고』, 2002.

권선진 외「장애인 차별실태 자료분석을 통한 인권의식 개선방안에 관한 연구」(미발표원고), 국가인권위원회 2002.

권유경「장애의 개념과 장애등급에 관한 고찰」, 김용득·유동철 엮음『한국장애인 복지의 이해』, 인간과복지 2001.

김경희「남녀고용평등과 적극적 조치의 정치 ―미국 AT&T사를 중심으로」, 이화여대박사학위논문, 2000.

김동호「자립생활패러다임에서 본 한국장애인복지관 연구」, 연세대석사학위논문, 2000.

김용득「장애인복지 이념의 동향」, 김용득·유동철 엮음 앞의 책.

_____ 「장애개념 변화와 사회복지실천 함의」, 『한국사회복지학』 제51호.

_____ 「장애담론과 한국장애인 복지의 변천」(미발표원고), 성공회대 사회문화연구소, 2002.

나카노 요시타스 엮음『국제연합과 장애자문제』, 엔파와멘토 연구소 1997.

변용찬 외『2000년도 장애인 실태조사』, 한국보건사회연구원 2001.

심상완『고령사회 대비 복지 과학기술 정책 연구』, 과학기술정책연구원 2002.

유동철「장애인 시민권 모델을 위한 시론 ―장애차별금지법」, 『사회복지연구』 제19호.

이동석·안선영「장애차별금지법 법안 설명」, 『장애차별금지법 제정을 위한 공청회 자료집』, 장애우권익문제연구소 2002.

이성규「장애인차별금지법 ― 영국의 장애인차별법을 중심으로」, 『장애인고용』, 1996.

이익섭「장애인에 관한 국제문헌과 행동지침」, 『연세사회복지연구』 제1권,

1993.

조문순·이동석 「장애인의 인간답게 살 권리를 확보하기 위한 일 제언」『대구 재활연구』제12호.

한국장애인단체총연맹『한국 장애인 인권백서』, 2001.

황정미 「여성인권정책」(국회입법조사관실 입법자료), 2001.

Bourn, C. and J.Whitmore, *Anti-Discrimination Law in Britain*, Sweet & Maxwell 1996.

Chubon, R. A., *Social and Psychological Foundations of Rehabilitation*, Charles & Thomas Publisher 1996.

Miller, N. B. and C. C. Sammons, *Everybody's Different,* Paul H. Brookes Publishing Co. 1999.

Oliver, M., *Understanding Disability*, St. Martin's press 1996.

Quinn, G and T. Degener, *Human Rights and Disability*, New York · Geneva: United Nations 2002.

Taylor, D., "Citizenship and Social Power," D. Taylor (ed.), *Critical social policy*, SAGE 1996.

WHO, *ICIDH: International Classification of Impairments, Disabilities and Handicaps: A Manual of Classification Relating to the Consequences of Disease*, Geneva: Author 1980.

WHO, *ICIDH-2: International Classification of Impairments, Activities, and Participation. A Manual of Dimensions of Disablement and Functioning. Beta-1 Draft for Field trials*, Geneva: Author 1997.

WHO, *ICF: International Classification of Functioning, Disability and Health*, Geneva: Author 2001.

Wolfensberger, W., *The principle of normalization in human services*, Toronto: Leonard Crainford 1972.

생각해볼 문제

1. 장애문제는 인권문제인가? 왜 인권으로 접근해야 하는가?

2. 장애인의 인권확보를 위한 구체적인 수단에는 어떤 것들이 있는가?

3. 장애의 개념은 고정된 것인가, 아니면 변화하는 것인가?

4. 장애인의 차별제거를 위한 입법은 인권법의 일부에 포함되어야 하는
   가 아니면 독립적 입법이어야 하는가?

5. 우리나라의 장애인 차별 사례로 어떤 것들이 있는가?

6. 우리나라 대중매체는 장애를 어떻게 묘사하고 있는가?

7. 장애에 대한 과거의 패러다임과 새로운 패러다임은 어떻게 대비되는
   가?

| 글쓴이 소개 |

김동춘(金東椿) 성공회대 사회과학부 교수

김용득(金用得) 성공회대 사회복지학과 교수

서동진(徐東振) 문화평론가, 성공회대 강사

신원철(申源澈) 부산대 사회학과 교수

이동석(李東錫) 장애우권익문제연구소 장애차별금지법 제정위원

이영환(李榮煥) 성공회대 사회복지학과 교수

조경란(趙京蘭) 성공회대 연구교수

조효제(趙孝濟) 성공회대 사회과학부 교수

정희진(鄭喜鎭) 경희대·서강대 강사

허상수(許尙秀) 성공회대 연구교수